Filecoin 原理与实现

焜耀研究院 ◎ 编著

图书在版编目（CIP）数据

Filecoin 原理与实现 / 焜耀研究院编著 . —北京：机械工业出版社，2022.7
（区块链技术丛书）
ISBN 978-7-111-71346-3

Ⅰ. ① F… Ⅱ. ①焜… Ⅲ. ①数字货币 Ⅳ. ① F713.361.3

中国版本图书馆 CIP 数据核字（2022）第 145488 号

Filecoin 原理与实现

出版发行：机械工业出版社（北京市西城区百万庄大街 22 号 邮政编码：100037）
责任编辑：赵亮宇　　　　　　　　　　　　责任校对：薄萌钰　张　薇
印　　刷：三河市宏达印刷有限公司　　　　版　　次：2022 年 10 月第 1 版第 1 次印刷
开　　本：186mm×240mm　1/16　　　　　印　　张：15.5
书　　号：ISBN 978-7-111-71346-3　　　　定　　价：89.00 元

客服电话：（010）88361066　68326294

版权所有·侵权必究
封底无防伪标均为盗版

本书编委会

主任：张成龙

成员：李 昕　石涛声　王 麟　李 涛　王 钞　李君龙

推 荐 序 Foreword

The Internet is evolving. In the last 80 years, computing has transformed humanity. The Internet has become humanity's nervous system. The network carries most human activity — most of what humans do today is in some way transmitted or enabled through computers and the internet. Our species is transitioning from a pre-computing to a post-computing civilization. In the last 25 years, we have built a super-power machine: the Web. The Web enables individuals and groups to create and gift superpowers to everyone else, by creating an App and sharing it with the world. The Web has also evolved, into Web 2.0 and now Web 3.0. In the last 5 years, Web 3.0 has brought verifiability, resilience, and cryptoeconomics into the foundational technologies we use. We are in a transitional moment: today, we are building the platforms of the future. Money, transactions, contracts, computation, data storage, distribution, and bandwidth are all being transformed by new public incentivized utilities. Filecoin is one of these utilities, it is one of these platforms of the future.

Blockchain enables decentralized Internet. Through about 30 years of development, the Internet dramatically changed the world. Web 2.0 moved the world on from static desktop web pages designed for information consumption and served from expensive servers to interactive experiences and user-generated content that brought us Uber, Airbnb, Facebook and Instagram. The rise of Web 2.0 was largely driven by three core layers of innovation: mobile, social and cloud. We are also seeing the Web is more centralized. The Internet is dominated by large cloud service providers such as Amazon AWS, Microsoft Azure, Google, Alibaba and Tencent Cloud. The users do not have their data's ownership and have to trust these monopolies. Thanks to blockchain technology, the Web 3.0 is empowered and brings disruptive attributes to the Internet - Openness, Decentralization, Trustlessness, Verifiability and Permissionless. These have been well proved in value transactions (Bitcoin) and programmable computations (Smart contracts in Ethereum) with public blockchains.

Filecoin brings a verifiable storage network to the world. Filecoin is one of the prime parts of Web 3.0, focusing on decentralized storage as one of the three pillars of Internet infrastructure. Differentiated with cloud storage, Filecoin is a decentralized and crowdsourced, token-incentivized, verifiable, algorithm defined storage market. The network values its data, and eliminates the intermediate of data storage, and at the first time, provides verifiable data retrieval. The way the network is constructed, can uniquely battle misinformation. Facts are stored immutably and can be cited wherever they are needed. The network is also for clients and storage providers to join freely for their interests. This increased competition could provide lower prices and more choices for consumers. It could also lead to entirely new types of applications that can programmatically store themselves and interact with Filecoin without human involvement.

Filecoin is the fastest growing storage network. The Filecoin community just celebrated the first anniversary of Filecoin Mainnet on Oct.15, 2021. After one-year ecosystem growth, these numbers below need to mention:

- 12 EiB of total network storage power
- 3,362 Filecoin storage providers
- 230+ organizations building on the network
- 465 new projects entering the ecosystem
- 7,500+ project contributors on GitHub
- 10,000+ developers participating at hackathons

It's a great honor to work with the dedicated community members who work hard to make those numbers realistic, and the Filecoin ecosystem keeps growing at an incredible speed.

It's good to know that Filecoin mainnet storage power grows even faster after being upgraded to Hyperdrive version (Filecoin v13 network upgrade) , at about 50PiB each day. It is not just the largest and fastest growth distributed storage network, but one of the fastest growth storage services as well among all the decentralized and centralized networks.

Filecoin is evolving. It's been 8 years since the first version of the Filecoin white paper was published, and 5 years since the Filecoin project officially started. Great work requires time to cultivate. There were a bunch of challenges to overcome for a secure and workable decentralized and verifiable storage network. A lot of innovations and creative implementations brought Filecoin to the mainnet. Filecoin is the first storage network which provides proof of storage via PoRep and PoSt, which is the key attribute of a decentralized network. Filecoin is also the first to have useful consensus as a blockchain. The power for block generation is actually the real storage for data storing and retrieval. Filecoin designed an effective economics to maintain storage service quality. All these are well designed, secure and workable. However, after the mainnet launched and celebrated the first anniversary of it, there is still a long way to go to build a mature decentralized storage market. There is much research on the way, including higher efficient proving mechanisms and algorithms, scalability to ZiB, even YiB storage capacity support, retrieval market building up, smart contract support, etc.

This book: A good reference for those learning Filecoin or to contribute to decentralized storage networks. Huge thanks to IPFSForce team for compiling many important Filecoin researches, specifications and implementations together in this book. This cannot happen if there is no deep understanding and long-time follow-up and contribution with Filecoin development. This book is also well organized to give a thorough introduction, and also provide a lot of details of why Filecoin is designed like this, including Filecoin expected consensus, crypto economics, and proof of storage, which are critical, I would suggest technical engineers read these to get the rationale behind this network. The implementation part describes a lot of details of how the complex system is built, which provides great support for ones who want to join Filecoin network. The last part - Thinking more about Filecoin, is a great portion to let people continuously think and look forward to Filecoin's future after you read all of the book and close it.

Filecoin's mission as a decentralized storage network is to store humanity's most important information, this is the mission we have set since the very first phase of Filecoin project. There is still a lot of work to be done going forward to make Filecoin the best storage network for storage providers, users, developers, entrepreneurs, and fellow Web 3.0 visionaries, but we have strong confidence with so many ecosystem partners getting involved to work together and lead the way to a Web 3.0 world.

互联网推动着人类的发展。在过去的 80 年里，计算机改变了人类的生活方式，互联网已经演进成为人类的另一套"神经系统"。如今，人类的大多数活动都与网络相关联，要么借助计算机完成，要么通过网络来传输信息。我们也似乎正在从计算前文明向计算后文明过渡。在过去的 25 年里，人类打造了一套超级强大的系统：Web。通过 Web，人们能够创建应用程序并与世界分享一切，这赋予了人类超越以往任何时期的能力。Web 一直在演进，从之前的 Web 2.0，到现在的 Web 3.0。在过去的 5 年里，Web 3.0 将可验证性、弹性和密码经济学引入了互联网的基础技术之中。今天，我们正处于过渡时期：我们正在构建未来的平台。货币、交易、合同、计算、数据存储、分发和带宽都正在被新的公开激励算法和网络所改变。Filecoin 是这些新兴网络之一，也是未来的 Web 3.0 平台之一。

区块链使互联网去中心化成为可能。通过大约 30 年的发展，互联网极大地改变了世界。互联网本身也从最初的静态桌面设计、以推送信息为主，逐步演进到 Web 2.0，多数网络应用提供交互式体验，依靠用户自己生成网络内容，从而为我们带来了 Uber、Airbnb、Facebook 和 Instagram。Web 2.0 的兴起主要由三个核心创新底层推动：移动、社交和云。在 Web 2.0 发展的同时，我们还看到 Web 更加集中。互联网由亚马逊 AWS、微软 Azure、谷歌、阿里巴巴和腾讯云等大型云服务提供商主导。网络用户没有数据所有权，他们使用网络的同时必须信任这些企业。区块链技术给网络世界带来了改变，并为互联网带来了颠覆性的属性——开放性、去中心化、无须信任、可验证和无须许可，为 Web 3.0 的发展提供了可能。这些已经在使用公共区块链的价值交易（比特币）和可编程计算（以太坊中的智能合约）中得到了很好的证明。

Filecoin 标志着可验证的存储网络的诞生。Filecoin 是 Web 3.0 的主要组成部分之一，专注于互联网基础设施三大支柱之一的去中心化存储。与云存储不同，Filecoin 是一个去中心化、人人可参与、通证激励、可验证、算法定义的存储市场。Filecoin 重视数据价值，消除了数据存储的中间环节，并开创性地提供了可验证的数据检索。Filecoin 采用独有的技术，保证不可变和可验证的存储，并能够及时发现存储错误。Filecoin 采用基于算法的激励模型，供客户和存储服务提供商自由加入。在这样一个能够自由竞争的网络中，消费者可以享受更低的价格，拥有更多选择。其去中心化还为新型应用实现无须人工干预的自动存储和内容交互提供了可能。

Filecoin 是增长最快的存储网络。Filecoin 社区于 2021 年 10 月 15 日庆祝了 Filecoin 主网一周年。下面这些数字反映了 Filecoin 一周年的实际发展情况：

- 12EiB 的总网络存储能力。
- 3362 家 Filecoin 存储服务提供商。
- 230 多个组织建立在网络上。
- 465 个新项目进入生态。
- GitHub 上有 7500 多个项目贡献者。
- 10 000 多名开发者参加黑客马拉松。

Filecoin 生态系统以令人难以置信的速度不断发展着，这些与敬业的社区成员的努力分不开，我个人也非常荣幸与这些社区成员合作，共同推进Filecoin的发展。

值得一提的是，Filecoin主网存储能力在升级到Hyperdrive版本（Filecoin v13网络升级）后增长更快，每天大约增长50PiB。它不仅是最大和增长最快的分布式存储网络，也是所有去中心化和中心化网络中增长最快的存储服务之一。

Filecoin也在持续演进中。第一版《Filecoin白皮书》发布距今已经8年，Filecoin项目正式启动也已经5年了。伟大的工作需要时间来验证成果。想实现一个安全且可行的去中心化和可验证的存储网络，需要面对许多挑战。Filecoin主网包含了许多现实的创新和创造性的实践。Filecoin是第一个通过PoRep和PoSt提供存储证明的存储网络，这是去中心化网络的关键属性。Filecoin也是第一个拥有有用共识的区块链。块生成的算力实际上是数据存储和检索的真正存储容量。Filecoin设计了一种有效的经济学来维持存储服务质量。所有这些都经过精心设计，安全且可行。然而，在主网上线之后，要建立一个成熟的去中心化存储市场还有很长的路要走。这条路上还要进行很多研究，包括更高效的证明机制和算法、ZiB的可扩展性，甚至YiB存储容量支持、检索市场建立、智能合约支持等。

本书是学习Filecoin或进行去中心化存储网络开发的优秀参考资料。非常感谢IPFSForce团队撰写本书。本书汇集了许多重要的Filecoin研究、规范和实现，也体现了IPFSForce团队对Filecoin开发的深刻理解和长期的跟进与贡献。本书的组织结构清晰，不仅给出了全面透彻的介绍，而且提供了很多关于Filecoin设计原理的细节，包括Filecoin预期共识、加密经济学和存储证明，这些都很关键。我建议技术工程师阅读这些内容以了解该网络的基本原理。本书的实现篇描述了很多复杂系统的构建细节，为想要加入Filecoin网络的读者提供了很好的支持。最后给出的关于Filecoin的思考，激励人们继续思考和期待Filecoin的未来。

Filecoin作为去中心化存储网络，其使命是存储人类最重要的信息，这是我们从Filecoin项目之初就设定的。要使Filecoin成为存储服务提供者、用户、开发人员、企业家和其他Web 3.0远见者的最佳存储网络，还有很多工作要做。我们对有众多生态系统合作伙伴参与并合作充满信心，让我们共同引领通往Web 3.0世界的道路。

Juan Benet

Filecoin创始人

协议实验室创始人

前　言

　　回望过去 80 年，计算机改变了人类的生活方式，网络承载了人类的大部分活动。如今，我们正在快速迈进数据时代的新纪元。从自动驾驶汽车到人形机器人，从智能个人助理到智能家居设备，我们周围的世界正在发生根本的变化，改变着我们的生活、工作和娱乐方式。希捷在《数据时代 2025》中将上述人类的数字化进程描述为"全球数据圈"（global datasphere）。数据存储是数字化最重要的基础，也是发展得非常快的领域。据 IDC 预测，到 2025 年，全球数据圈将扩展至 163ZB（1ZB 等于 1 万亿 GB），相当于 2016 年所产生的 16.1ZB 数据的 10 倍。这种超速增长是过去数十年计算技术发展的必然结果。计算能力、数据存储和可用性的巨大进步催生了数字技术与服务的全新应用类型和场景。由此产生的需求反过来又推动着我们收集、管理、处理和交付数据的能力得到进一步发展，从而顺应企业工作流程和人们日常生活的需求。

　　本书介绍分布式存储网络 Filecoin 是如何从数据出发来构建 Web 3.0 的。Filecoin 是一个使用区块链技术的去中心化、点对点的数字存储市场，属于计算第一性原理中的存储部分。Filecoin 构建在星际文件系统（IPFS）之上，并设计了具备强大可组合性的存储单元——扇区来实现互联网的通用"磁盘"，允许用户出租这些未使用的"硬盘"空间并获得通证回报，其主要目的是为世界各地的组织和个人提供一种新的数据存储方式。本书不仅介绍 Filecoin 的演进历程、设计细节和最新发展，还介绍第三代区块链的核心技术，比如信标链、PoW+PoS 的融合共识、Actor 行为人模型、Gas 资源定价模型、DAG 链、通用虚拟机等。本书是 Web 3.0 工程师、科研工作者、分布式存储从业者、区块链爱好者不可多得的学习材料和案头参考书。

写作概述

　　焜耀研究院诞生于原力区。自 2017 年开始，原力区作为一个分布式存储的技术社区涉足分布式存储技术 IPFS/Filecoin 的推广、研究和开发工作。Filecoin 是在 IPFS 之上建立的以区块链为技术底层的去中心化存储和检索市场，也是一套完整的协议。

作为一个区块链项目，Filecoin 融合了大量的区块链相关的最新发展，以及在存储证明、共识机制和经济模型等方面的大量创新。这就使得 Filecoin 技术兼容并蓄，底层技术需求广泛而且比较复杂。尽管 Filecoin 是一个完全开源的项目，其原理、设计和实现都是公开的，但是对于一般读者而言，要理解 Filecoin 技术仍然比较困难，尤其在大多数技术资料都是英文论著的情况下，对于中国读者，这相当于又多了一道门槛。

幸运的是，在 Filecoin 协议、设计和实现发展的数年内，焜耀研究院全程参与，并作为重要的社区成员持续贡献设计和代码。焜耀研究院不仅是 Filecoin 技术的推广者，还是 Filecoin 集群架构客户端 Venus 的开发者和维护者。在充分理解 Filecoin 的原理和实现的基础上，焜耀研究院致力于将 Filecoin 这个最新的分布式存储技术介绍给更多的技术人员和区块链爱好者，为互联网的发展尽一份绵薄之力。

焜耀研究院在前期研究的基础上，按照从原理到实现的逻辑对内容进行组织整理。由于 Filecoin 一直处于发展过程中，所以我们对书稿不断修订，并终于在 Filecoin 主网上线一年之后完成此书。从开始筹划到完成书稿，历时 16 个月。

读者对象

本书所面向的读者群比较广泛，不仅适合那些希望了解分布式存储原理和实现的技术人员，也适合希望了解区块链技术原理和实践的读者。主要读者对象包括：

- IPFS/Filecoin 技术爱好者和生态从业者。
- 分布式系统的技术人员和开发者。
- 区块链技术爱好者。
- 网络协议和网络安全技术爱好者。
- 大型系统高效设计的技术人员。
- Web 3.0 爱好者和从业者。
- 开设相关课程的大专院校师生。

如何阅读本书

本书分为三篇：原理篇、实现篇和拓展篇。

原理篇讲述 Filecoin 的原理与设计，包括第 1～7 章。这一篇在简单介绍 Filecoin 基础知识和技术发展的基础上，着重对 Filecoin 的设计和原理进行比较详细的阐述，包括证明系统、经济系统、共识算法以及存储和检索市场的设计等，旨在帮助读者由浅入深地了解 Filecoin 的设计和创新。

实现篇讲述 Filecoin 的基础技术和实现，包括第 8～14 章。这一篇的重点在于 Filecoin 的工程实现，即 Filecoin 的大量创新如何落实到代码上，构建可以运行的系统和网络，包括 Filecoin 的节点实现、区块链的基本构建方法、虚拟机及相关角色的构建，以及存储和检索服务的保障等。本篇主要以流行的 Filecoin 实现——Lotus 和 Venus 为基础进行介绍。

拓展篇讲述 Filecoin 的技术创新和生态探索，包括第 15～17 章。这一篇主要介绍 Filecoin 的发展创新对区块链世界的影响，Filecoin 未来的可能发展方向，并对 Filecoin 生态发展之路进行初步探索。希望这些内容对读者有一些启发，并激励读者参与到分布式存储的建设中。

本书涵盖技术介绍和探讨，读者可以选择感兴趣的部分进行精读。原理篇提供了大量的基础介绍和设计背景知识，拓展篇关注 Filecoin 的发展和生态，这两篇适合所有读者阅读。实现篇包含更多的技术细节和代码，适合希望了解 Filecoin 的实现以及进行 Filecoin 开发的读者阅读。

素材、勘误和支持

Filecoin 是一个开源项目，大多数设计和代码都遵循 MIT+Apache 2.0 的开源协议，可以免费使用。Filecoin 也是一个社区广泛参与的项目，此项目的贡献者达数千人之多。我们在 Filecoin 的设计和建设过程中一直积极参与，是核心开发者之一。

本书的素材大多来源于 Filecoin 的设计和研究文档，以及对 Filecoin 的实现代码的分析。同时，我们在参与 Filecoin 建设的过程中，也产出过不少技术分析成果，其中有少量的在互联网上发表过，大多数没有发表。这些技术分析成果被包含在本书中，以构建完整的知识体系。

Filecoin 是一个新生事物，去中心化存储技术也处于发展初期。虽然我们一直参与 Filecoin 网络的设计和建设，但由于水平有限，书中难免会出现一些错误或者不准确的地方，恳请读者批评指正。为此，我们创建了 GitHub 仓库[一]用于存放相关资料。如果大家在阅读本书的过程中有任何意见或建议，欢迎通过 GitHub 以 Issue 的方式提出来，以便我们进一步改进。期待得到你们的反馈和支持。

另外，Filecoin 技术非常复杂，本书不可能面面俱到，Filecoin 的持续更新也不可能及时反映在本书之中，建议大家经常浏览 Filecoin 的网站（https://filecoin.io），以及 Filecoin 在 GitHub 上的代码（https://github.com/filecoin-project），其中有大量的项目在持续开发中。

㊀ 本书的 GitHub 地址：https://github.com/ipfs-force-community/FilecoinDesign-Implementations。

致 谢 Acknowledgements

首先要感谢这个时代,正如在本书第2章中所描述的,技术的进步是一个长期的过程,很多前辈做出了诸多贡献来推动社会文明的进步。感谢协议实验室开创了IPFS和Filecoin这些跨时代的网络协议和区块链项目,为Web 3.0奠定了基石。

其次要感谢机械工业出版社的老师们,他们花了大量时间审阅书稿并提出了非常专业和宝贵的意见,没有他们的支持,本书无法如期顺利完成。

本书是焜耀研究院全体同人数年共同研究和通力合作的成果。从研究员到工程师,从论文到设计,从编码实现到生态建设,焜耀研究院全体同人亲历和见证了Filecoin和Web 3.0的发轫和发展,并取得了不错的成绩。本书的作者团队熔理论与实践于一炉,集理解与创造于一体,历时16个月,终成此书。特别感谢石涛声研究员在本书的素材收集和整理上所做的大量工作,本书的大部分内容都是在石涛声所整理的素材基础上完成的。李昕负责全书的技术架构、章节组织、评审和全书的校订工作。本书的作者团队还包括Filecoin资深工程师王麟、王钞、李涛、李君龙等。王钞修订和审阅了原理篇的大部分章节;李涛和李君龙作为Venus的核心开发者,主要负责实现篇的修订和审阅;王麟负责拓展篇的编写和审阅。本书的许多工作是大家在业余时间完成的,是大家通力协作、反复讨论、仔细校对的成果。感谢大家的协作精神和奉献精神。

在本书的发起和写作过程中,得到了焜耀研究院主任张成龙先生的大力支持。正是张成龙先生建立和推崇的"价值、共建、共享、荣耀"文化理念,引导大家在本书的编写过程中从价值出发,共同努力,推出一本与大家共享知识和理念的书籍,实现彼此的荣耀。感谢张成龙先生的指导和指引。另外,郝梓言女士在本书的写作过程中做了很多认真细致的协调和推进工作,感谢她一贯的支持和保障。

Web 3.0的知识体系浩如烟海,区块链和分布式存储的发展也日新月异。谨以此书献给我们最亲爱的家人,以及中国众多热爱新技术、追求Web 3.0和区块链技术的朋友们。

Contents 目 录

推荐序
前　言
致　谢

原理篇　Filecoin 原理与设计

第 1 章　Filecoin 基础 ··········· 2
- 1.1　Filecoin 简介 ··················· 2
- 1.2　Filecoin 的使命 ················ 4
- 1.3　Filecoin 网络基础和基本概念 ···· 6
- 1.4　本章小结 ······················ 9

第 2 章　Filecoin 的技术发展 ···· 10
- 2.1　站在巨人的肩膀上 ············ 10
- 2.2　《Filecoin 白皮书》和技术演进 ···· 14
  - 2.2.1　《Filecoin 白皮书》·········· 14
  - 2.2.2　Filecoin 证明系统 ·········· 14
  - 2.2.3　重构共识机制 ············· 15
- 2.3　主网启动 ····················· 16
- 2.4　本章小结 ····················· 17

第 3 章　Filecoin 的证明算法系统 ······· 18
- 3.1　分布式存储的安全性 ············ 18
  - 3.1.1　世纪存储的挑战 ············ 19
  - 3.1.2　去中心化存储的优势 ········· 20
  - 3.1.3　去中心化存储网络中可能存在的作弊行为 ········· 21
- 3.2　Filecoin 的复制证明 ············ 21
  - 3.2.1　前置概念 ················· 21
  - 3.2.2　复制证明的实现 ············ 22
- 3.3　时空证明系统 ················· 25
  - 3.3.1　前置概念 ················· 25
  - 3.3.2　时空证明的实现 ············ 25
- 3.4　本章小结 ····················· 29

第 4 章　Filecoin 经济系统 ······· 30
- 4.1　海岛经济模型 ················· 30
  - 4.1.1　数据市场 ················· 31
  - 4.1.2　出口经济 ················· 31
  - 4.1.3　市场参与者 ··············· 32
- 4.2　基础设计原则 ················· 34
- 4.3　Filecoin 经济模型中的反馈机制 ···· 35

4.4 初始参数 ………………………………… 37
4.5 已验证的客户 …………………………… 38
4.6 本章小结 ………………………………… 39

第5章 Filecoin 中的共识算法 ……… 40
5.1 共识技术基础 …………………………… 40
  5.1.1 共识机制——领导人选举 ……… 41
  5.1.2 秘密单个领导人选举 …………… 41
5.2 Filecoin 共识机制的模型设计 ………… 42
  5.2.1 Filecoin 共识 ……………………… 42
  5.2.2 模型化创建区块存力 …………… 42
  5.2.3 用时空证明保障数据的
     安全性 ……………………………… 43
  5.2.4 使用存力达成共识 ……………… 43
5.3 预期共识算法的实现 …………………… 44
  5.3.1 预期共识中的 Ticket …………… 45
  5.3.2 秘密领导人选举 ………………… 45
  5.3.3 生成选举证明 …………………… 47
  5.3.4 分布函数的选择 ………………… 49
5.4 一些实现细节 …………………………… 51
  5.4.1 生成选举证明 …………………… 51
  5.4.2 领导人选举核查 ………………… 52
  5.4.3 链的选择 ………………………… 52
  5.4.4 共识错误 ………………………… 54
5.5 本章小结 ………………………………… 55

第6章 Filecoin 的其他基础组件 …… 56
6.1 加密原语 ………………………………… 56
  6.1.1 消息及签名 ……………………… 57
  6.1.2 ECDSA 签名 ……………………… 58
  6.1.3 BLS 签名 ………………………… 58

6.2 可验证随机函数 ………………………… 59
  6.2.1 随机数 …………………………… 60
  6.2.2 从 VRF 中抽取票据 ……………… 61
  6.2.3 使用随机数 ……………………… 62
6.3 Filecoin 引用的第三方库 ……………… 63
  6.3.1 Drand ……………………………… 63
  6.3.2 IPFS 协议 ………………………… 66
  6.3.3 IPLD 协议 ………………………… 66
  6.3.4 libp2p 协议 ……………………… 68
6.4 本章小结 ………………………………… 68

第7章 Filecoin 的存储和检索 ……… 70
7.1 存储的基础数据及构成 ………………… 70
  7.1.1 基础数据类型 …………………… 70
  7.1.2 存储市场合约 …………………… 72
  7.1.3 链上订单状态流转 ……………… 74
  7.1.4 存储及检索的数据流
     传输模型 …………………………… 76
7.2 存储市场 ………………………………… 78
  7.2.1 存储市场运作概述 ……………… 78
  7.2.2 存储客户端 ……………………… 79
  7.2.3 存储服务提供者 ………………… 80
  7.2.4 存储过程中的抵押及其意义 … 81
  7.2.5 存储过程中的状态变化 ……… 82
7.3 检索市场 ………………………………… 84
  7.3.1 检索市场运作概述 ……………… 84
  7.3.2 检索客户端 ……………………… 85
  7.3.3 检索服务商 ……………………… 86
  7.3.4 检索过程中的信任建立 ……… 87
  7.3.5 检索过程中的状态变化 ……… 88
7.4 本章小结 ………………………………… 89

实现篇　Filecoin 的基础技术和实现

第 8 章　Filecoin 区块链的节点实现 ⋯ 92

- 8.1　节点类型 ⋯⋯⋯⋯⋯⋯⋯⋯⋯ 92
- 8.2　节点本地存储 ⋯⋯⋯⋯⋯⋯⋯ 94
  - 8.2.1　私钥存储 ⋯⋯⋯⋯⋯⋯ 94
  - 8.2.2　IPLD 存储 ⋯⋯⋯⋯⋯⋯ 95
- 8.3　节点的网络协议 ⋯⋯⋯⋯⋯⋯ 96
- 8.4　节点的接口协议 ⋯⋯⋯⋯⋯⋯ 97
- 8.5　节点的时钟 ⋯⋯⋯⋯⋯⋯⋯⋯ 98
- 8.6　本章小结 ⋯⋯⋯⋯⋯⋯⋯⋯⋯ 99

第 9 章　Filecoin 区块链的文件与数据 ⋯⋯⋯⋯⋯⋯⋯⋯ 100

- 9.1　Filecoin 的本地文件存储 ⋯⋯ 100
- 9.2　Filecoin 的数据片 ⋯⋯⋯⋯⋯ 101
  - 9.2.1　数据片的数据结构 ⋯⋯ 101
  - 9.2.2　数据片表示 ⋯⋯⋯⋯⋯ 102
  - 9.2.3　PieceStore 抽象 ⋯⋯⋯ 104
- 9.3　Filecoin 的数据传输 ⋯⋯⋯⋯ 104
  - 9.3.1　数据传输模块 ⋯⋯⋯⋯ 105
  - 9.3.2　术语 ⋯⋯⋯⋯⋯⋯⋯⋯ 106
  - 9.3.3　请求流程 ⋯⋯⋯⋯⋯⋯ 106
  - 9.3.4　数据结构 ⋯⋯⋯⋯⋯⋯ 107
  - 9.3.5　数据流实现样例 ⋯⋯⋯ 109
- 9.4　Filecoin 的数据格式和序列化 ⋯⋯ 114
- 9.5　本章小结 ⋯⋯⋯⋯⋯⋯⋯⋯⋯ 115

第 10 章　Filecoin 区块链 ⋯⋯⋯⋯ 116

- 10.1　Filecoin 区块链系统的组成 ⋯⋯ 116
- 10.2　区块 ⋯⋯⋯⋯⋯⋯⋯⋯⋯⋯ 117
  - 10.2.1　区块的结构 ⋯⋯⋯⋯⋯ 117
  - 10.2.2　TipSet ⋯⋯⋯⋯⋯⋯⋯ 119
  - 10.2.3　链管理器 ⋯⋯⋯⋯⋯⋯ 120
  - 10.2.4　区块生产者 ⋯⋯⋯⋯⋯ 120
- 10.3　消息池 ⋯⋯⋯⋯⋯⋯⋯⋯⋯ 121
- 10.4　链同步 ⋯⋯⋯⋯⋯⋯⋯⋯⋯ 122
  - 10.4.1　链同步概述 ⋯⋯⋯⋯⋯ 123
  - 10.4.2　链同步术语 ⋯⋯⋯⋯⋯ 123
  - 10.4.3　链同步状态机 ⋯⋯⋯⋯ 124
  - 10.4.4　对等节点发现 ⋯⋯⋯⋯ 125
  - 10.4.5　步进区块验证 ⋯⋯⋯⋯ 125
- 10.5　存储算力共识 ⋯⋯⋯⋯⋯⋯ 127
  - 10.5.1　存储服务提供者 ⋯⋯⋯ 128
  - 10.5.2　区块生产者 ⋯⋯⋯⋯⋯ 128
  - 10.5.3　算力 ⋯⋯⋯⋯⋯⋯⋯⋯ 128
  - 10.5.4　信标项 ⋯⋯⋯⋯⋯⋯⋯ 129
  - 10.5.5　随机票 ⋯⋯⋯⋯⋯⋯⋯ 130
  - 10.5.6　最小区块生产者 ⋯⋯⋯ 131
  - 10.5.7　存储算力 Actor ⋯⋯⋯ 131
- 10.6　本章小结 ⋯⋯⋯⋯⋯⋯⋯⋯ 133

第 11 章　Filecoin 区块链的虚拟机 ⋯ 134

- 11.1　Filecoin 虚拟机的基本概念 ⋯⋯ 134
- 11.2　Actor 接口 ⋯⋯⋯⋯⋯⋯⋯⋯ 136
- 11.3　状态树 ⋯⋯⋯⋯⋯⋯⋯⋯⋯ 137
- 11.4　消息 ⋯⋯⋯⋯⋯⋯⋯⋯⋯⋯ 137
  - 11.4.1　Actor 的嵌套调用 ⋯⋯⋯ 137
  - 11.4.2　语法验证 ⋯⋯⋯⋯⋯⋯ 137
  - 11.4.3　语义验证 ⋯⋯⋯⋯⋯⋯ 139
- 11.5　运行时环境 ⋯⋯⋯⋯⋯⋯⋯ 139
  - 11.5.1　收据 ⋯⋯⋯⋯⋯⋯⋯⋯ 139

		11.5.2	Actor 接口	139
		11.5.3	系统调用	140
	11.6	Gas 费用		140
		11.6.1	原理	140
		11.6.2	实现	141
		11.6.3	参数	141
	11.7	系统 Actor		144
	11.8	解释器		147
	11.9	Filecoin 虚拟机的未来发展		149
		11.9.1	虚拟机子系统的扩展动力	149
		11.9.2	虚拟机子系统的架构设计	150
		11.9.3	虚拟机子系统的扩展需求	151
	11.10	本章小结		152

第 12 章　Filecoin 存储服务保障 … 153

12.1	扇区		153
	12.1.1	生命周期	154
	12.1.2	扇区质量	156
	12.1.3	扇区封装	158
	12.1.4	扇区故障	159
	12.1.5	扇区恢复	159
	12.1.6	增加存储	160
	12.1.7	扇区升级	160
12.2	区块生产		161
	12.2.1	出块系统	161
	12.2.2	证明算法	162
	12.2.3	账本管理	165
12.3	节点质押		166

	12.4	证明子系统		167
		12.4.1	扇区时空证明管理器	168
		12.4.2	扇区复制证明管理器	169
	12.5	本章小结		169

第 13 章　Filecoin 的实现案例 … 170

13.1	为什么需要多种实现		170
13.2	Filecoin 的四个实现实例		171
	13.2.1	Lotus：广泛采用的 Filecoin 实现	171
	13.2.2	Venus：Filecoin 集群软件	173
	13.2.3	Fuhon：Filecoin 的 C++ 实现	174
	13.2.4	Forest：Filecoin 的 Rust 实现	175
13.3	本章小结		175

第 14 章　Filecoin 集群架构及搭建基础 … 176

14.1	Lotus 集群		176
	14.1.1	组件介绍	176
	14.1.2	Lotus 集群硬件要求	178
	14.1.3	Lotus 的编译和安装	180
	14.1.4	运行 Lotus 集群	182
14.2	Venus 分布式存储服务		187
	14.2.1	Venus 集群的目标	188
	14.2.2	Venus 的分布式存储架构	188
	14.2.3	组件介绍	189
	14.2.4	链服务层组件部署	190
	14.2.5	独立组件部署和接入	193
14.3	本章小结		197

拓展篇　Filecoin 技术创新与生态探索

第 15 章　区块链世界中的 Filecoin … 200
- 15.1　对区块链世界的回馈 … 200
  - 15.1.1　共识：PoW 和 PoS 之外的一点小创新 … 200
  - 15.1.2　安全性挑战 … 201
  - 15.1.3　社区治理的新尝试 … 203
- 15.2　与其他区块链的合纵连横 … 204
  - 15.2.1　Filecoin 的自我定位 … 204
  - 15.2.2　与外部的互通互动 … 206
- 15.3　本章小结 … 208

第 16 章　Filecoin 新技术探索 … 209
- 16.1　构建未来 … 209
- 16.2　新的 PoRep 尝试 … 211
- 16.3　SnarkPack：零知识证明的聚合算法 … 212
  - 16.3.1　背景 … 212
  - 16.3.2　为什么需要 SnarkPack … 213
  - 16.3.3　SnarkPack 的实现 … 213
- 16.4　Winkle：抵御针对 PoS 系统的长程攻击 … 215
  - 16.4.1　概述 … 215
  - 16.4.2　机制 … 215
  - 16.4.3　总结 … 216
- 16.5　GossipSub：抗攻击的消息分发协议 … 217
  - 16.5.1　概述 … 217
  - 16.5.2　常见的攻击类型 … 218
  - 16.5.3　组网策略 … 218
  - 16.5.4　评分体系 … 220
  - 16.5.5　缓冲策略 … 220
  - 16.5.6　总结 … 221
- 16.6　本章小结 … 221

第 17 章　Filecoin 实现的发展和生态开发 … 222
- 17.1　Filecoin 的实现需要适应生态的发展要求 … 222
  - 17.1.1　Filecoin 节点实现是生态的一部分 … 222
  - 17.1.2　当前实现过于集中 … 223
  - 17.1.3　模块化的架构 … 224
- 17.2　围绕存储建立生态 … 225
  - 17.2.1　敏捷开发工具 … 225
  - 17.2.2　Filecoin 存储和检索工具支持 … 225
  - 17.2.3　Filecoin 服务于 NFT … 226
- 17.3　本章小结 … 227

原理篇

Filecoin 原理与设计

- 第 1 章　Filecoin 基础
- 第 2 章　Filecoin 的技术发展
- 第 3 章　Filecoin 的证明算法系统
- 第 4 章　Filecoin 经济系统
- 第 5 章　Filecoin 中的共识算法
- 第 6 章　Filecoin 的其他基础组件
- 第 7 章　Filecoin 的存储和检索

第 1 章

Filecoin 基础

在过去的 80 年里，计算机已经改变了人类的生活方式，网络承载了人类的大部分活动。这是一个数字化的时代，文明的存续有了更好的形式，云存储的兴起，使得人们可以随时存储数据。但是，中心化存储并不能保证"给文明以岁月"。人们随时都在产生大量数据，数据的存储需求也在呈指数级增加，随之而来的安全、稳定及效率等问题逐渐浮现，在这种情形下，分布式存储应运而生。Filecoin 就是此类项目之一，它也是 Web 3.0 基础设施的重要组成部分。

本章的目标是帮助初次接触 Filecoin 的读者建立起对免信任⊖的存储网络和存储市场的初步认识，包括 Filecoin 是什么，能够做什么，以及如何做等基础知识。本章首先简单介绍 Filecoin 网络及其包含的各个不同的角色，例如用户和存储服务提供者；然后描述 Filecoin 的使命，即在目前高速发展的存储生态中的作用和愿景；最后介绍 Filecoin 的网络构成及其组件的基本概念，为学习后续章节的内容打下基础。

1.1 Filecoin 简介

Filecoin 是基于区块链技术建立的一个用于存储数据的点对点网络，包含内置的激励系统，以保障在一个去中心化网络中实现数据存储和检索服务的质量。

⊖ 在区块链领域，这代表无须信任主体。有"去信任"和"免信任"两种说法，本书统一采用"免信任"。传统互联网中有"零信任"的说法，但这有所不同。零信任是传统互联网环境中对用户认证的一种方式和模式，与区块链中的去信任和免信任不一样。区块链中的免信任是无须信任主体的意思。

Filecoin 也是一个基于全球分布式网络的去中心化存储市场。与中心化云存储服务的定价方式不同，在这个市场中，存储用户和存储服务提供者可以通过 Filecoin 网络来达成数据存储或数据检索交易。由于 Filecoin 是一个可以议价的市场，因此可以通过全球的竞争和合作来实现廉价而高效的存储服务。同时，Filecoin 是一个开放的网络，在相同的共识和网络协议之下，人人都可以自由地为这个网络提供存储服务或成为这个网络的用户，并可以自由参与或退出。这打破了 Web 2.0 生态中的云存储服务商的垄断模式，因此，Filecoin 以及类似的去中心化存储也是 Web 3.0 发展的基础。

为了在一个免信任的网络中保证服务质量，Filecoin 采用了大量的密码学技术，引入了存储证明（包括复制证明和时空证明）和奖励抵押模型等激励措施来实现一个区块链网络。与其他公共区块链项目一样，Filecoin 可以保证在网络中多数人的行为保持理性的情况下，健康地、自我驱动地发展壮大。

在 Filecoin 网络中，用户付费将文件存储在服务者提供的存储空间中。存储服务提供者负责存储文件，并证明随着时间的推移能够一直正确地存储文件。任何想要存储其文件或通过存储其他用户文件获得报酬的人都可以加入 Filecoin 网络，其中的可用存储空间以及存储空间的价格不受任何公司的控制。Filecoin 构建了人人皆可参与文件存储和文件检索的开放市场，如图 1-1 所示。

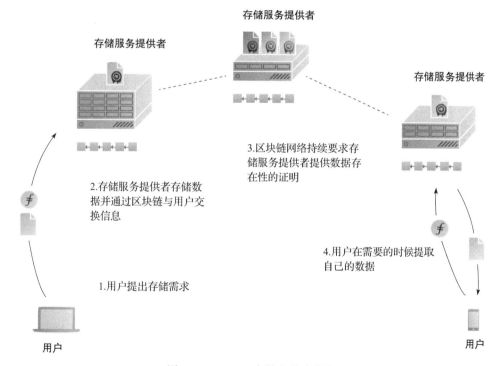

图 1-1　Filecoin 存储和检索服务

Filecoin 包括区块链和内置加密通证（FIL），存储服务提供者通过存储文件来获得 FIL 奖励。Filecoin 的区块链记录发送和接收 FIL 的交易，以及来自存储服务提供者的证明（证明服务提供者正确地存储了文件）。在 Filecoin 的存储和检索服务过程中，交易的两端是用户和存储服务提供者。它们是使用 Filecoin 网络的两个主要角色。

1. 用户

Filecoin 允许用户以低廉的价格存储文件，并验证其文件是否被正确存储。

用户可以在成本、冗余和速度之间进行权衡，选择最符合其需求的存储资源。Filecoin 的应用程序可以与网络上的任何存储服务提供者协商存储。与集中式云存储系统不同，不需要为每个存储服务提供者实现不同的 API。

在任何时候，用户都可以通过查看 Filecoin 区块链上的证明来验证文件是否被正确存储并可被检索。

2. 存储服务提供者

Filecoin 允许存储服务提供者在公开市场上出售存储。

存储服务提供者是运营数据中心和存储服务的人和组织，通过提供存储服务来赚取 Filecoin 通证。存储服务可以建立在任何具有空闲磁盘空间的联网计算机之上，也可以通过专门为 Filecoin 构建的具有大量存储空间的专用系统来提供。存储服务提供者获得 Filecoin 的区块奖励，是因为存储服务提供者为互联网提供有用的存储空间，而不是为了完成无意义的工作量证明计算。

一旦存储服务提供者实现了 Filecoin 协议，就可以进入 Filecoin 用户的整个市场。提供者不需要设计自己的存储 API 或宣传自己的产品，因为这是由 Filecoin 的协议和网络处理的。Filecoin 通过消除进入壁垒，使独立存储服务提供者能够进入市场提供服务，从而促进去中心化生态系统的蓬勃发展。

1.2 Filecoin 的使命

Filecoin 具有内置的经济激励措施，以确保文件随着时间的推移能可靠地存储。Filecoin 的使命是为人类信息存储创建一个去中心化、高效和稳健的网络存储基础。

1. 数据存储与分发网络的未来

Filecoin 是分布式的数据存储与分发网络，因此阐述什么是数字化存储网络非常重要。云存储已发展成为一个规模化行业，其价值在 2019 年已超过 460 亿美元。为了降低容量与效用的成本，数据被存储在远离终端用户的巨大数据中心。内容分发网络（CDN）在人口密集的城市中心部署存储空间及服务器以缓存附近用户的内容，作为一个行业，其价值超过 120 亿美元。随着视频和图像逐步替代文字，以及视频分辨率的提高和可访问的互联网设备数量的增加，我们生成数据的速率也在增长。图 1-2 描绘了全球存储数据规模的增长。前五名存储服务提供者控制着全球 IaaS 市场的 77%，这使得市场进入门槛非常高。任何新的市场进入者都必须在市场知名度、基础设施以及现有存储服务提供者所拥有的潜在网络效应方面接受挑战。如果没有一个可以协调与协作的平台，小型实体就无法与现有存储服务提供者在容量、规模和知名度方面进行有效竞争。

图 1-2　全球数据存储规模趋势（来源：DataAge 2025）

用户对于读取数据的需求程度不同，大多数数据永远不会被读取。用户仅仅在需要的时候才会访问文档、照片、记录或录像。还有一种情况：某些数据会非常频繁地被访问或传输，且必须通过互联网备份以降低延迟，从而使请求者可以随时使用。

如同 Airbnb 允许房东与酒店进行竞争，Filecoin 协议将允许任何拥有存储容量的提供者自愿加入并出售其存储空间，并将一些辅助性工作（如工具、文档和品牌等）交给 Filecoin 网络本身。起初，网络更适用于存储不需要经常读取的文件，但是也可以在用户的要求下存储需要快速检索的文件。随着网络的完善、协议的不断发展以及更多的工具被开发出来，用户的使用场景越来越多。目前 Filecoin 网络具有以下独特的价值定位：

❑ 可验证存储。Filecoin 协议以加密验证的方式检验用户的数据是否正在被存储，而不需要信任云存储服务提供者或其他手段。

❑ 开放性参与。任何拥有足够硬件设备和接通互联网的人都可以参与 Filecoin 网络。

❑ 分布式存储可实现本地优化。在开放性参与的推动下，Filecoin 经济中的市场力量可以比中心化存储平台更有效地传递信息，并且网络将具有更快的响应速度。用户想获取的网站或视频可以在附近的 Filecoin 存储节点中托管——以一种高效且经济的方式将数据存储在网络和用户附近，这将增加网络的实际效用。

❑ 灵活的存储选择。作为一个开放的平台，Filecoin 网络将支持许多由开发者社区基于协议进行改进或打造的附加工具和辅助服务。

❑ 网络由社区共同打造。Filecoin 为网络参与者提供了成为成功的利益相关者的机会，网络也因此越来越强大。Filecoin 参与者将通过共同努力改进 Filecoin 网络而获益。

基于市场的供需趋势，分布式存储网络与云存储方式的差异将有利于提高效率并促进分布式存储的增长。

2. Filecoin 网络的使命

作为一个全新的数据存储和分发网络，Filecoin 网络的使命是为人类信息打造分布式的、高效且强大的存储网络基础。Filecoin 网络通过激励其经济的持续增长及发展来完成这一使命。Filecoin 经济模型设计的目标是让参与者与网络目标激励兼容，以尽可能少的规则务实地奖励有效和可靠的存储。与这些机制相关的行为以及它们之间的相互作用在设计过程中都是需要被充分考虑的因素。其他经济结构和产品服务可以在这些最基础的原则上演化。本书第 4 章解释了协议特有的激励机制和经济刺激措施。协议中的每项费用、奖励或惩罚都将为网络长期效用做出贡献。

3. Web 3.0

Web 3.0 正在将中心化应用转变为去中心化应用。构建在 Web 3.0 架构上的应用可以消除中间代理。Web 3.0 没有单一的控制点，从而降低了被大公司垄断的风险，也降低了受到拒绝服务攻击的风险。Web 3.0 是一种免信任的基础结构，它允许用户拥有对其数据的所有权和控制权。

从本质上讲，Web 3.0 允许文件在对等节点之间共享，这也是 Filecoin 存在的理由。

1.3　Filecoin 网络基础和基本概念

Filecoin 网络是一个分布式的、点对点的网络，由以不同方式参与的 Filecoin 节点组成。由于所有 Filecoin 节点地位对等，所以它们在 Filecoin 网络中又称为对等节点。

对等节点通过安全的通道进行通信，使用这些通道将信息分发到网络（Gossip PubSub 模式），在它们自己之间传输数据。对等节点通过发现其他对等节点来维护一个连接良好的集群，在这个集群中，即使有成千上万个对等节点参与，信息块和消息也会迅速流动。

本节对一些基本概念进行介绍，读者了解这些基本概念，有利于阅读和理解后续章节。关于区块链本身的一些概念，本节不再赘述，请读者查阅相关书籍。

1. Filecoin 节点 / 客户端

Filecoin 节点（也称为 Filecoin 客户端）是构建 Filecoin 网络的基本单元，用于同步 Filecoin 区块链并在每个块中验证消息，为其他服务提供全局状态。节点可以管理 Filecoin 钱包并在其上接收奖励。

Filecoin 节点可以通过广播向网络发布不同类型的消息。例如，客户端可以发布一条消息，从一个地址发送文件到另一个地址。客户端也可以向 Filecoin 存储服务节点提议存储和检索交易，并在执行时为此支付费用。

运行Filecoin节点是一项基本任务，通常意味着让程序全天候运行。目前有几种Filecoin节点实现，其中Lotus是使用得最广泛的，Venus节点可以提供集群式服务。相关实现的详细介绍请参见第13章。

2. Filecoin存储服务提供者

Filecoin存储服务提供者通过执行不同类型的交易和（每30秒）向链中添加新区块来为网络提供服务，并以此获得FIL奖励。关于服务者的类型、奖励和交易执行的更多细节将在第7章介绍，这里不再赘述。

运行Filecoin服务是一项技术性很强的任务，硬件要求比较高，需要完成必要的证明。

3. 交易

Filecoin中主要有两种交易类型：存储交易和检索交易。

在存储交易中，客户端和存储服务提供者之间需要就存储数据进行沟通，这就要用到存储协议。一旦交易开始，存储服务提供者收到要存储的数据，需要反复向链证明自己在存储协议好的数据，以便可以收集奖励。否则，这家存储服务提供者将被大幅削减资产。

检索交易中则会用到检索协议。检索协议是客户端和检索服务商（也可能同时是存储服务提供者）之间的协议，用于提取存储在网络中的数据（希望是以快速和可靠的方式进行）。与存储交易不同，检索交易是在链下完成的，客户端使用支付渠道对接收到的数据进行增量支付。

4. 扇区

扇区是Filecoin上的基本存储单位，具有标准大小以及明确定义的承诺保存的时间区间。扇区的大小设计需要在安全问题与可用性之间取得平衡。存储市场决定扇区的生命周期，并设置扇区的承诺持续时间。

最大扇区寿命由证明算法确定。扇区在其生命周期结束时会自然过期。由于扇区用于存放用户数据，因此，存储服务提供者履行其承诺时，需要进行承诺抵押。在扇区有效生命期内，如果发生数据丢失或损坏，存储服务提供者会损失抵押物；反之，如果内容保存完好，存储服务提供者可以获得奖励。在扇区自然到期时，存储服务提供者收回抵押物。

5. 证明

如上所述，存储服务提供者必须证明自己按照交易条款存储数据。这意味着：
- 存储服务提供者必须存储客户端提交的所有数据。
- 存储服务提供者必须在交易的整个生命周期内保存数据。
- 存储服务提供者必须向网络表明实现了上述两个承诺。Filecoin证明系统采用加密证明来达到这些目的。

使用复制证明（PoRep），存储服务提供者可以证明其收到的所有数据经过编码后是独一无二的。任何存储服务提供者使用的物理存储方式是不能被其他存储服务提供者所复制的，即使是相同的数据，在同一个服务提供者那里也不能复用。当交易达成，密封操作完成时，服务提供者要提供存储证明。

如果交易在其整个生命周期内处于活跃状态，存储服务提供者将使用时空证明（PoSt）来证明自己仍在存储与交易相关的数据。

Filecoin 客户端和其他存储服务提供者不断验证每个区块中包含的证明是有效的，提供必要的安全性，并惩罚不遵守交易规则的存储服务提供者，从而保障网络的健康生态。

6. Gas 费用

执行消息，例如在链中包含交易或证明，会消耗网络上的计算和存储资源。Gas 是对信息所消耗资源的度量。消息消耗的 Gas 直接决定了发送方为将消息打包到 Filecoin 区块链的新区块中而支付的成本。

在历史上的其他区块链中，存储服务以本地货币单位指定 Gas 费，然后根据消息消耗的 Gas 费向区块生产者支付优先打包费用。Filecoin 的工作方式与此类似，只是需要"燃烧"一定数量的费用（发送到一个不可恢复的地址）来补偿网络资源的支出，因为所有节点都需要验证消息。这个做法借鉴了以太坊 EIP1559 提案的思想。

7. 角色

角色（actor）是用于管理状态的软件设计模式。账户、多签（multisig）、存储服务提供者和任何具有状态的东西，比如账户余额，都被实现为一个角色。

角色之于 Filecoin，相当于以太坊虚拟机中的智能合约。角色是系统的核心组成部分，对 Filecoin 区块链当前状态的任何更改都必须通过参与者触发。

8. 地址

在 Filecoin 中，地址用于标识参与者。有 4 种地址类型：

- 0——ID 地址，例如 f02438。Filecoin 中的每一个地址都会有一个唯一的 ID 与之对应。ID 地址和其他地址是一一对应的，因此在实际使用场景中是等价的，往往可以互换使用。

- 1——Secp256k1 公钥地址，例如 f1ujohbnsf4ops4f4xp4l4k3uhigbw3aidn3em2fq。Secp256k1 是目前区块链界常见的签名算法，采用这种签名主要是为了与当前的钱包和其他生态应用兼容。普通用户通常采用这种地址。

- 2——角色地址，例如 f247wa6jquoea2lpvc2eqguxljw3zzhb2g7vkvzay。用于无签名权的对象，比如存储服务提供者节点地址、多签地址，以及将来的用户可编程的智能合约地址等。

- 3——BLS 公钥地址，例如 f3we5gfqkccamxg3cwnyayyinz7mztlvkybrlmwmtcg7nosex3cw7h2flpyxxyozlskvqas7xuri6rd7t4n4aa。BLS 签名具有确定性，可以用于随机数的产生和验证。因此，在 Filecoin 网络中，BLS 公钥地址（f3 地址）使用存储节点的 Worker 地址。BLS 公钥地址也可以用作普通地址。

1.4 本章小结

本章首先简单介绍了 Filecoin 网络，包括网络参与者，如存储服务提供者与检索服务商，以及 Web 3.0 的定义标准。然后分析了数据存储与分发行业的未来，说明了 Filecoin 的使命——成为 Web 3.0 的基础设施提供者。最后介绍了 Filecoin 网络中实现的一些基本概念及其定义，如节点、交易、扇区、证明、Gas 费用、角色、地址等。

通过本章的学习，我们对 Filecoin 网络的全貌有了基本认识，接下来我们将回顾 Filecoin 的技术发展图谱，了解 Filecoin 的技术框架，然后再深度探讨 Filecoin 网络的实现原理。

拓展阅读

Filecoin 构建在成熟的项目之上，如 libp2p（网络、寻址、消息分发）、IPLD（数据格式、编码和内容寻址的数据结构）、IPFS（数据传输）和 multiformats（面向未来的数据类型）。

以下是关于 Filecoin 技术和 Filecoin 本身的一些有用的介绍材料链接。

- IPFS
  - What is IPFS？ 地址为 https://hackernoon.com/a-beginners-guide-to-ipfs-20673fedd3f。
  - IPFS concepts 地址为 https://docs.ipfs.io/concepts/。
- ProtoSchool tutorials（https://proto.school/）
  - Content Addressing 地址为 https://proto.school/content-addressing。
  - Merkle DAGs（IPLD） 地址为 https://proto.school/merkle-dags。
  - libp2p 地址为 https://proto.school/introduction-to-libp2p。
  - Anatomy of CID（Multiformats） 地址为 https://proto.school/anatomy-of-a-cid。
- Filecoin
  - Filecoin Documentation 地址为 https://docs.filecoin.io/。
  - Filecoin Specification 地址为 https://spec.filecoin.io/intro/。
  - Filecoin Blog 地址为 https://filecoin.io/blog/。
  - Filecoin Project Code 地址为 https://github.com/filecoin-project。

第 2 章

Filecoin 的技术发展

Filecoin 是一个复杂的系统，包含大量的最新发展的密码学技术，以及区块链技术的最新发展和存储的最新实践。为了厘清其技术体系，需要梳理其技术基础发展的脉络。本章介绍 Filecoin 相关的技术发展历程，为读者展现 Filecoin 的学术谱系，希望读者在了解了第 1 章内容的基础上，更全面地理解 Filecoin 的技术图谱，为后续章节的学习打下基础。

本章首先介绍现代密码学——非对称加密学的起源和发展，哈希算法、默克尔树等基本原语以及分布式共识协议的诞生，在此基础上，介绍了区块链的诞生、比特币和以此为基础的发展，以及 PoS 成为新的共识趋势。在 2.2 节，我们走进 Filecoin，探讨其两版白皮书和技术演进，这期间 IPFS 系统逐步完善，这是 Filecoin 的重要基础。2.3 节讲述 Filecoin 的研究进一步推动了 Filecoin 证明系统的详细设计以及工程化落地。经过开发网和测试网，Filecoin 主网于 2020 年 10 月正式启动。Filecoin 将走向长期的逐步完善和生态建设的阶段。

2.1 站在巨人的肩膀上

Filecoin 是一个分布式存储网络，也是一个区块链项目。区块链及其相关密码学技术和分布式系统理论的发展为 Filecoin 提供了理论基础。但是，要详细罗列密码学、分布式系统、加密经济学以及相关领域对 Filecoin 的发展做出的所有贡献是很难的。尽管如此，技术领域还是有一些突出的成就值得记忆。

图 2-1 展示了现代密码学在 20 世纪的发展。现代密码学是区块链技术图谱中的重要部分，它开始于 1970 年，英国密码学家 James Henry Ellis 提出了公钥加密技术的可能性，之后，密码学的研究在学术机构中得到发展和突破。其中，Whitfield Diffie 和 Martin Hellman 设计了

著名的 Diffie-Hellman 密钥交换算法；Ronald L. Rivest、Adi Shamir 和 Leonard Adleman 开发了 RSA 加密系统，为现代密码学奠定了基础。Filecoin 以及其他区块链项目使用的椭圆曲线加密算法和零知识证明正是基于这些前期研究发展起来的。

图 2-1　现代密码学在 20 世纪的发展

1979 年，Ralph Merkle 提出的抗碰撞散列（哈希）算法以及后来诞生的 SHA 系列算法，为区块链的数据验证提供了可能性。对于 IPFS 和 Filecoin 而言，通过哈希算法计算内容的摘要成为内容寻址的基础技术。哈希算法也是 Filecoin 存储证明所依赖的最基本的技术之一。

1982 年，Leslie Lamport、Robert Shostak 和 Marshall Pease 发表了论文《在存在故障的情况下达成一致》，正式描述了拜占庭将军问题，即自古以来困扰分布式账本实现的困境：如何在包含不可靠或不可信组件的系统中创建一种免信任的机制来实现协调一致？这成为区块链共识机制最初的理论基础。20 世纪 90 年代，戴伟发布的"电子现金"系统为比特币的诞生提供了更加明晰的思路。Markus Jakobssen 和 Ari Juels 于 20 世纪末提出的工作量证明（Proof of Work，PoW）进一步完善了验证系统的设计，这是比特币和 Filecoin 共识机制的部分设计基础。

20 世纪 90 年代末，有关分布式系统规范的研究也取得了进展。1999 年，Henning Pagnia 和 Felix Gartner 正式定义了"强公平交换"（strong fair exchange），他们认为，如果没有可信的第三方，双方不可能保证完全公平地交换数字商品。这一发现后来对 Filecoin 的检索市场结构有重要启示，促使市场参与者通过渐进地增加交易量来一步步地建立起信任。

21 世纪，区块链相关技术得到进一步发展，同时，我们可以看到与 Filecoin 设计直接相关的创意开始出现。图 2-2 展示了 21 世纪 Filecoin 相关技术的发展。

2002 年，David Mazieres 和 Dennis Shasha 在论文《从拜占庭式存储构建安全的文件系统》中描述了多用户网络文件系统的特性，展示了在不受信任的服务器上可以实现可信的网络文件系统。同样在 2002 年，贝尔实验室的 Sean Quinlan 和 Sean Dorward 开发了内容寻址存储的数据模型，建立起一种通过数据的内容而不是位置来引用数据的方法。Linus Torvalds 在 2005 年的 Git 版本控制系统中开始采用这种使用 SHA-1 的内容寻址数据模型，这样可以避免使用集中式存储库。BitTorrent 的 Bram Cohen 则独立地采用同样的方法来避免使用中央追踪服务器。这就是 IPFS/Filecoin 内容寻址变革的技术基础。

2008 年，中本聪（Satoshi Nakamoto）发表了《比特币白皮书》，它使用 SHA-256 内容可寻址的交易存储方式，并将其作为工作量证明共识方案的一部分，以克服在互联网上构建分布式账本的主要障碍，即拜占庭将军问题。比特币的发布是一个巨大的里程碑——证明了分布式账本技术可以在现代计算环境中大规模运用。

比特币的出现促进了分布式账本技术的快速发展，开启了现代区块链时代。这一时期，无论基础设施还是上层应用，都涌现了大量的创新成果。

2012 年，Peercoin 第一个推出权益证明（Proof of Stake，PoS）共识协议，替代比特币的工作量证明协议方案。在 PoS 共识协议中，根据对网络的投资权益（持有的代币或者通证）来决定获得出块权的预期比例。

Filecoin 采用了 PoW+PoS 的共识机制，以哈希函数形成的摘要作为内容寻址的基础，运用非对称密码技术实现去中心化的信任基础。Filecoin 的技术基础非常广泛，所有这一切离不开前人的研究成果，它是站在巨人的肩膀上发展起来的。

第 2 章 Filecoin 的技术发展 ❖ 13

图 2-2　Filecoin 相关技术在 21 世纪的发展

2.2 《Filecoin 白皮书》和技术演进

随着加密技术的逐步演进，哈希算法的内容寻址与加密技术相结合，使去中心化的存储成为可能。2013 年 8 月，毕业于斯坦福计算机专业的 Juan Benet 开始思考并构建为 Web 3.0 服务的存储系统，包括 IPFS 和 Filecoin，以及构建完成基础设施的基础组件，例如点对点网络协议和实现 libp2p，用 DAG 形式展示数据之间的关系和联系的 IPLD 等。

2014 年 5 月，Juan 成立了协议实验室，致力于提升互联网的分布性和普及。同年 7 月，最初版的 IPFS 和 Filecoin 论文发布，并正式组建 IPFS 社区，以分布式协作的模式开启了 Web 3.0 存储基础设施的构建。Juan 在接下来的数年时间里，不断探索、设计并付诸实践。

2.2.1 《Filecoin 白皮书》

《Filecoin 白皮书》发表于 2014 年。Filecoin 的含义有多种解释：既是一种可以将数据存储外包给分布式服务提供商的文件存储网络，也是存储交易市场，同时也是用于这个市场的通证。Filecoin 的目标是使数据可以被广泛且廉价地使用，使用计算资源来完成有用的工作（而非像比特币那样浪费能源），即有用共识。要实现这一目标，就需要在网络的协议层和服务层进行创新。Filecoin 对区块链在概念上的主要扩展是使有用共识与网络的目标相关联——存储文件和检索文件。

在 2014 年的白皮书中，Filecoin 的有用存储服务是建立在比特币的工作量证明共识协议之上的：除了破解密码难题，Filecoin 存储服务提供者还需要完成一个可检索证明，以确定存储的是一个特定文件。2014 年的白皮书指出，工作量证明的引入并不是最优的，并提出了从 Filecoin 协议中删除工作量证明的建议。在接下来的几年里，这一设想成为 Filecoin 证明系统大部分工作的基础。2017 年，协议实验室发布了 Filecoin 新版白皮书，落实了在 2104 年的白皮书中设想的去中心化存储网络和检索市场。在 2014 年版白皮书的基础上，2017 年版白皮书引入了几个重要的概念和技术创新。

2014 ~ 2017 年，Filecoin 网络最重大的概念进展之一是 2015 年推出的 IPFS。IPFS 是用于分布式文件系统中存储和共享数据的点对点超媒体协议。IPFS 是对内容寻址实际用途的概念证明：不是通过数据在网络中的位置（IP 地址），而是通过内容（哈希指纹）引用数据。作为 Filecoin 存储模型和数据访问的去中心化的一个重要组件，IPFS 中的内容寻址允许对等节点在本地交换数据，而无须连接到中心路由器。在 IPFS 方面的工作也有助于 Filecoin 开发者获得有关市场结构、激励机制以及隐私保护方面的数据和直觉。

2.2.2 Filecoin 证明系统

2017 年版《Filecoin 白皮书》描述了两种新的存储证明：复制证明（PoRep）和时空证明（PoSt）。两种证明结构基于 Juels、Kaliski、Shacham 和 Waters 等人在可证明的数据持有（Provable Data Possession，PDP）和可检索证明领域的研究成果，主要用于防止存储证明中的三大攻击：女巫攻击（sybil attack）、外包攻击（outsourcing attack）和生成攻击（generation attack）。Filecoin 的 PoRep 允许存储服务提供者（Filecoin 网络上的存储节点）证明其存储数据的副本在物理上有独立的位置，且这种证明是可验证的。Filecoin 的 PoSt 用于证明存储服务提供者在约定的时间内存储了一个特定的数据副本。PoSt 算法作为本质上有用工作量证明的基础，是 2014 年版《Filecoin 白皮书》明确提出的目标之一。

对 Filecoin 证明系统的研究还包括优化区块链中存储证明数据的方法。Filecoin 采用零知识简洁非交互知识证明（zero-knowledge succinct non-interactive arguments of knowledge，zk-SNARK）技术以压缩格式将 PoRep 证明数据和 PoSt 证明数据发布到区块链上。零知识简洁非交互知识证明简称零知识证明，是可以公开验证的有效系统，通过一个恒定大小的单个消息，在不暴露相关信息隐私部分的情况下，证明某件事情是真的。

2.2.3 重构共识机制

Filecoin 协议的关键改进之一是共识机制，即网络节点对网络状态的协定方式。与经典的比特币共识相比，Filecoin 共识协议有两个效率方面的优势：一是运行能耗远比比特币等传统工作量证明共识机制低；二是 Filecoin 协议实现了能源"再利用"，方法是为真实客户的真实数据提供可验证的加密云存储服务，而不是把能源浪费在区块链维护上。

目前的 Filecoin 共识也代表了 2014 年《Filecoin 白皮书》中描述的系统创新。2017 年《Filecoin 白皮书》提出了一种基于有用工作量证明的共识协议，在这个协议中，存储服务提供者创建新区块的概率与其有效存储占全网存储的比例成正比。这个新的共识协议旨在鼓励网络建设者投资存储资源，与网络的目标对齐，保证存储证明的计算资源可以重新使用并参与共识，这样可以提高系统的使用效率。存储服务提供者提交给网络的时空证明可以用来计算服务方的算力，使得 Filecoin 中的算力公开且可验证。

在协议实验室公开的技术报告《算力容错》中对拜占庭容错进行了建模分析，该模型基于这样一种框架：算力在 Filecoin 网络中的工作方式，其本质是衡量分布式系统对拜占庭将军问题的敏感性。这种对算力的新理解被应用到 Filecoin 的期望共识（expected consensus）协议中，该协议通过私密领导人选举来选择存储服务提供者，通过产生新区块来扩展区块链。Filecoin 中的私密领导人选举建立在已有的协议之上，例如 PoA、Snow White 和 Algorand，这些协议都是基于算力承诺来选择出块服务者。这些共识方面的技术进步借鉴了密码经济学领域的大量成果，特别是激励相融（incentive alignment）——Filecoin 的私密领导人选举和基于有用共识的区块奖励系统，在存储服务提供者和需求方之间创建了一个激励一致性，并且网络的目标是提供有用的存储。

2017 年版《Filecoin 白皮书》的出版加速了 Filecoin 的研究工作，这种活力贯穿了整个测试网阶段。

2.3 主网启动

2017年《Filecoin白皮书》和Filecoin研究路线图列出了几个需要继续研究的领域。尽管这些已确定的改进中没有一个对启动主网是关键的，但是有大量工作需要推进：证明系统的改进，可扩展的复制证明，SNARK优化以加速zk-SNARK证明的生成。这些都是从白皮书发布以来到准备启动主网期间非常活跃的研究课题。

除了优化现存协议，《Filecoin白皮书》中还建议扩展Filecoin的功能，例如，建立一个类似于比特币闪电网络的支付网络，可能需要吸收Sprite系统的特性，实现智能合约系统——用户通过区块链账本与之交互的有状态程序。

当然，在准备启动主网期间，还有很多2017年版《Filecoin白皮书》没有预料到的改进。例如，ResNetLab对Filecoin的消息传播协议进行了重大改进，以保持节点同步，避免分叉，并增强网络抵御最具挑战性攻击的能力。在这段时间，另外一个重要的改进是Drand随机信标的引入，它利用一个去中心化的网络来产生公开可验证的、无偏的随机数。Drand项目起源于EPFL的DEDIS实验室，是可扩展的抗偏分布式随机性研究的结果，现在是Filecoin领导人节点选举的重要组成部分。Filecoin需要高熵、无偏、可公开验证、不可预测的随机数来进行领导人选举，从而决定哪个存储服务提供者将产生区块链的下一个区块，并获得该区块的奖励。另外，随机数还决定PoRep和PoSt的生成。Drand提供了这种"良好的随机性"，使得Filecoin能够保证活性（用户对Filecoin历史的共识）和可验证的存储。

上述这些努力都是为了在一个去中心化、免信任的网络中建立一个可信的存储系统。许多创新都来自Filecoin项目启动之后至主网上线这几年内。以下是部分创新的总结：

- 采用零知识证明（zk-SNARK）来保证存储服务提供者确实存储了用户的数据，而且是持续完整地存储了用户数据。
- 采用堆叠深度鲁棒图（Stacked Depth Robust Graph，SDRG）和扩展图（EG）技术来满足存储证明的时延要求和时空证明时间上的安全要求，从而防止存储的欺骗（三种攻击方式）。
- 将时空证明与领导人选举相结合（ePoSt），进一步提高攻击难度和抵消因可验证延迟函数不成熟带来的风险。
- 采用创新的预期共识（EC）机制来实现高效的选举，并达到接近SSLE（秘密单个领导人选举）的效果。
- 采用贪婪最重可见子树（Greedy Heaviest-Observed Sub-Tree，GHOST）的分叉聚合机制来实现链的稳定性。
- 采用工作量证明（PoW，在Filecoin中通过计算来证明存储）与权益证明（PoS，在Filecoin提供的存储即权益）相结合的方式，在实现拜占庭容错的同时满足经济性要求。
- 利用质押和激励的模式促进存储服务提供者达成服务质量保证，从而提供有价值的服务。

除了上述创新之外,从实现的角度而言,Filecoin 也有非常多的创新。Filecoin 虽然借助了一些密码相关的库,但其整个链的实现过程基本上是从零开始,虚拟机、共识机制、经济体系、通信协议、证明相关逻辑、模块化机制及相关接口统一实现。Filecoin 团队不仅包括具有深厚学术背景和理论基础的研究员,也有具有丰富经验的工程人员,他们非常善于通过代码将思想实现出来。

由于 Filecoin 是建立在 IPFS 基础之上的,因此 IPFS 的许多最新研究成果也用于 Filecoin 之中。这与现有的其他链有比较大的区别,比如:

- 充分利用 IPLD(IPFS 的子项目)机制组织区块和消息数据。
- 区块/消息头和数据分离,有利于节省空间和传播。
- 利用 libp2p(IPFS 的子项目)建立存储节点之间的连接。
- 利用 Gossip PubSub 机制实现链数据的传播。

2020 年 10 月 15 日,Filecoin 主网正式推出,这是去中心化存储发展的一大步,也是 Filecoin 发展征程中的一小步。Filecoin 的上线,标志着协议实验室和社区共同完成了从 0 到 1 的跨越,是突破性的一步。接下来还有更多挑战需要社区贡献者和研究人员共同面对。

2.4 本章小结

Filecoin 是在加密技术和区块链技术的基础之上建立起来的,它作为第一个采用存储证明的区块链系统,展现了去中心化存储的一个完整实现。本章追溯了 Filecoin 所依赖的关键技术的进化轨迹,从区块链"史前时代"那些孕育分布式账本的技术和概念,到 Filecoin 立项以来的各种继承与创新,抽丝剥茧,揭开区块链发展的神秘面纱。从过去、现在,再到未来,以讲故事的方式展开对 Filecoin 的介绍,使读者对于 Filecoin 的发展历程有一个基本认识。

在本书的写作过程中,Filecoin 还在不停地演进,生态建设也日益完善。

从下一章开始,我们将走进 Filecoin,深入了解其实现原理。

第 3 章

Filecoin 的证明算法系统

从中心化存储到去中心化的分布式存储，数据的安全性一直是人们非常重视的问题。传统的中心化存储存在的不安全因素非常多，一旦遭到外部攻击或黑客入侵，数据极容易全部丢失。而分布式存储将数据切片后存储在多个节点中，只有拥有私钥的人才可以重组所有切片以查看数据，这样即使个别机器的数据丢失，也不至于丢失所有数据。纵然分布式存储在安全性方面有了十足进步，但是仍然存在诸多安全隐忧。Filecoin 系统中的证明算法就是为了保障分布式存储的安全性设计的。

本章主要介绍在 Filecoin 设计中如何解决去中心化存储系统的关键问题——存储证明，即通过零知识证明来解决在免信任的环境中数据存储的真实性问题。首先就分布式存储的安全性要求展开讨论，介绍分布式存储的三种攻击方式，之后分别就 Filecoin 的复制证明和存储证明的原理、模型设计与实现进行介绍，从而构成完整的证明算法系统。

3.1 分布式存储的安全性

中心化存储可以简单地理解为现有的云存储，是一个以数据存储和管理为核心的云计算系统。简单来说，云存储就是将存储资源分享到一处存储空间，使用者可以在任何时间和地点，通过任意可联网的装置访问该空间。我们日常使用的 Dropbox、iCloud、Google Drive 等就是中心化的云存储，用户把照片等数据存储在云服务上，实际上就是将数据存储于这些中心的服务器上。

去中心化分布式存储已经成为存储技术的未来发展趋势，其必要性表现在：一方面，去中心化存储可以打破云存储的寡头垄断，提供更高的存储安全性和容错性；另一方面，去中心化存储把数据的所有权还给用户，真正让用户成为数据的主人，并能够从数据的流转中获利。同时，去中心化存储面临更高的技术挑战，即如何在一个免信任的网络中提供有保障的服务，这正是 Filecoin 需要解决的问题。

3.1.1 世纪存储的挑战

随着 21 世纪互联网的高速发展，数据量爆发式增长。互联网的广大用户成为数据的主要生产者，这使得数据很分散。而在数据存储服务方面却越来越集中。如今，AmazonS3 是互联网上文件存储的巨头。造成这种现象主要有以下原因：

- 便宜，1 吉比特存储每日花费约 0.023 美元，每 1000 次读取请求花费约 0.05 美分㊀。
- 快速，全球布局，高性能可扩展架构保证满足不同用户的快速访问需求。
- 可靠，虽然发生过几次大的宕机并导致数据大部分离线，但是云存储仍然有 99.9% 的正常运行时间。
- 高度可扩展。
- 复用性强，提供友好的开发者体验。它可以轻松地与其他 Amazon 服务组件集成以实现扩展（例如 CloudFront）。

迄今为止，互联网存储领域已经有了如此出色的云存储服务，任何竞争者想要在此行业获得一席之地，都必须拥有更加优秀的服务，至少也要达到同等水平。就目前而言，去中心化存储在很多方面，如存储规模、检索效率、稳定性等，都有明显的不足，但这并不妨碍它将是互联网存储行业的未来。

首先，随着互联网的不断发展，个人云存储市场空间巨大。如此大的用户需求给存储服务提供者提出了更高的要求，只有形成技术领先优势，提供更多个性化服务以及资金实力雄厚的项目才能最终在市场的竞争中胜出。随着 IPFS、GPFS、CEPH 等被大规模采用，逐步证明去中心化存储才是解决问题的答案，其必将定义新的存储规则及经济模型。

其次，尽管现阶段中心化存储具有方便、快捷等优势，但其本身的机制和存储方式依然存在诸多风险和隐患：

- 隐私泄露问题。中心化存储用户可根据自己的喜好随时将设备中的音频、视频等文件快速上传到网盘中，这样不仅可以节省移动设备的空间，还可以在需要时非常快捷地访问网盘中的内容。但实际上，网盘的管理员可以从服务端的平台中直接查看和删除用户上传的文件，这种管理机制让用户的隐私容易泄露。例如，掌握大量数据的公司为了跟上 AI 时代的步伐，需要大量地训练数据，商业利益可能会驱使有的公司利用用户存储在个人云盘里的数据进行 AI 神经网络训练，从而提升公司的 AI 竞争力。
- 服务器安全性不高。中心化存储的服务器因其特殊的存储方式，早已经成为黑客

㊀ 数据来源：2022 年 3 月 Amazon 网站公开数据，可参见 https://aws.amazon.com/cn/s3/pricing/?nc=sn&loc=4。

入侵的首要目标。服务器上存储着大量的用户数据，对这类用户群服务的信息劫持更是黑客收入的重要来源，这就意味着服务器的安全直接影响着用户数据的安全。
- 运营终止的风险。在当下的互联网环境中，云存储服务提供者面向公众提供个人云存储服务，大型云服务商在存储上每年的资金投入高达数百亿美元，而且对私人提供云存储的盈利模式尚不清晰。中心化存储的投入是巨大的，而"廉价"是用户的主要使用需求，这就与公司运营盈利的目的相矛盾，最终可能会因服务商经营不善而关停服务。

为解决中心化存储的问题，去中心化存储登上历史舞台。

3.1.2 去中心化存储的优势

去中心化存储是把数据分布到多个网络节点，类似于区块链的分布式账本技术。存储服务提供者（托管主机）基于合约来存储客户数据，并定期证明其拥有继续提供存储服务的能力，直到合约到期。

用户也可以将自己未使用的电脑硬盘空间进行出租，从而获得一定的通证作为报酬，而拥有通证的人则可以租赁其他用户的硬盘存储空间来使用。这些来自全球的使用者可以将自己的空余硬盘空间组成去中心化的网络，这些空余的硬盘空间就变成了去中心化网络的节点。对于那些使用存储服务的人来说，安全是首要的，所以存储在去中心化网络上的数据将被切割成小块，经过加密后分散存储在众多节点上。

去中心化存储让更多的人参与到数据服务中来，让数据保存更分散，更靠近用户。相比而言，去中心化的存储服务能够在单位成本、数据安全及隐私保护方面展现出自身的优势，同时还能与多种灵活的使用方式进行集成。去中心化存储主要具有如下优势：

- 降低成本。去中心化存储能够发挥共享经济优势，主要是充分地利用用户空余的硬盘空间和没有使用的上传带宽，使存储资源的拥有者获得收益的同时，也节省了中心化存储的建设成本。
- 增强隐私性。存储的数据被分割成小块，经过加密后分散存储在众多节点上，这样能够避免中心化存储的集中式风险，即便某一块数据被泄露，也只是部分而非全部数据面临风险。
- 提高读写速度。文件在下载过程中，分片后的数据会进行重组，而且分片的数据来源于多个存储空间提供者，多点下载使去中心化存储的速度远快于中心化存储的速度。另外，在中心化存储的情况下只会部署几个核心机房，而在去中心化存储的情况下到处都是存储服务提供者，采用就近传输原则，速度也会更快。
- 区块链智能合约。通过智能合约，程序可以自己判定使用情况，进而对资源提供者进行奖励。
- 盘活存储市场。激励机制使得更多使用者愿意贡献自己的闲置资源，从而放大了整个市场的存储能力。

在去中心化存储中，如何提高网络的稳定性，如何防范存储供应商作弊和攻击网络，以及如何有效获取通证等问题是最重要的挑战。

3.1.3 去中心化存储网络中可能存在的作弊行为

在去中心化网络中，参与者通过不提供真实完整的服务来获取利益的作弊行为称为攻击。Filecoin 作为去中心化存储网络，通常面临以下三种攻击：

- 女巫攻击，是指恶意节点通过创建多个女巫身份（以多个身份声称对外提供服务），假装存储很多副本（并从中获取奖励），但实际上只存储了一次。
- 外包攻击，是指恶意节点并没有实际存储数据，但假装自己提供了存储服务，并通过快速从其他节点获取数据来应付检查。
- 生成攻击，是指恶意节点宣称要存储大量数据，但它们使用一些小体积程序有效地生成请求。如果这个程序体积小于它们所宣称的存储容量，就会导致恶意节点在 Filecoin 获取区块奖励的可能性增加。奖励本身应该与当前的存储量正相关。

存储服务提供者必须让用户相信其已经存储了用户付费存储的数据。实际上，存储服务提供者会生成存储证明（Proof of Storage），以供区块链网络或用户进行验证。为了让存储行为公开可验证，Filecoin 引入了两种共识算法：复制证明（Proof-of-Replication，PoRep）和时空证明（Proof-of-Spacetime，PoSt）。

3.2 Filecoin 的复制证明

复制证明是一种新型的存储证明，存储方需要向验证方证明自己把相应的数据存储在一个特定的存储空间中，而不是把多份数据存储在同一个存储空间中。存储服务提供者将一部分可用的存储空间（称为"扇区"）用于存储用户的数据。填充该扇区后，将其密封。密封是一组将扇区逐渐转换为原始数据唯一副本的操作。该副本与 Filecoin 存储方的公钥关联。通过复制证明，存储服务提供者可以提供公开证明，以表明其在执行证明时正在存储用户数据的唯一编码。只有拥有全部原始数据的存储方，才能向 Filecoin 区块链提交正确的 CommR（对副本的链上承诺）。

3.2.1 前置概念

复制证明是一种新颖的存储证明，它允许存储服务提供者［即证明者 P（Prover）］说服用户［即验证者 V（Verifier）］某些数据已被复制到其独特的专用物理存储中。Filecoin 的方案是一个交互协议，其中：1）证明者 P 承诺存储某些数据 D 的不同副本（物理上独立的副本）；2）说服验证者 V，证明者 P 确实通过质询/响应协议存储每个副本。PoRep 改进了 PoR 和 PDP 方案，防止了女巫攻击、外包攻击和生成攻击。

PoRep 将以下内容联系在一起：1）数据本身；2）执行密封的存储服务提供者；3）特定存储服务提供者密封特定数据的时间。换句话说，如果同一个存储服务提供者稍后试图密封相同的数据，那么这将导致不同的 PoRep 证明。这里的时间是密封数据时的一个因子，是密封发生时区块链提供的随机数（SealRandomness），这个随机数是按照固定时间（当前是 30 秒）周期性变化的。

生成证明后，存储服务提供者在证明上运行 zk-SNARK 以对其进行压缩，并将结果提交给区块链。这构成了存储服务提供者确实复制了其同意存储的数据副本的证明。

具体而言，一个 PoRep 算法是使一个有效的证明者 P 能够说服验证者 V 相信：证明者 P 存储了一份 R 的副本，一些数据 D 的物理独立副本对于 P 是唯一的。一个 PoRep 协议是以多项式时间算法元组为特征的。这个元组包含三个算法（Setup, Prove, Verify）：

- PoRep.Setup (1λ, D) → R, SP, SV。其中 SP 和 SV 是 P 和 V 的方案特定的设置变量；λ 是一个安全参数。PoRep.Setup 用来初始化证明参数，给予 P 和 V 必要的信息来运行 PoRep.Prove 和 PoRep.Verify。一些方案可能要求证明者或者有互动的第三方去运算 PoRep.Setup。
- PoRep.Prove (SP, R, c) → πc。其中 c 是验证者发出的随机验证；πc 是证明者产生的可以访问数据 D 的特定副本 R 的零知识证明。PoRep.Prove 由 P 为 V 运行，给 V 生成 πc。
- PoRep.Verify (SV, c, πc) → {0, 1}。用来检测证明是否正确。PoRep.Verify 由 V 运行，并说服 V 相信 P 已经存储了 R。

3.2.2 复制证明的实现

如果我们对整个复制证明的过程进行划分，可以大致分为副本生成阶段和零知识证明阶段。

1. 副本生成阶段

Filecoin 目前采用 Stacked DRG Proof of Replication 算法实现一个 PoRep，在说明这个算法之前有以下几个重要的数据结构需要介绍一下。

- 默克尔树（MerkleTree）：这是在区块链技术中很常用的一种数据结构。跟一般的树形结构类似，但是只有叶子层存储的是真实数据，其他节点的值都是其子节点的值进行哈希计算所得，因此每个叶子层的变化（即数据的变化）都会传递到根上，所以可以用来验证数据是否被篡改。Filecoin 用这个来检验数据是否正确。
- 堆叠深度鲁棒图（SDRG）：鲁棒图是一种图状数据结构，在该数据结构中，每个节点会向前对若干随机节点的值进行哈希计算，得出当前节点的值，因此该图一样具有防篡改的功能（需要注意的是，随机节点是在生成图状结构时确定的，即图的形状只会生成一次，之后都是这个结构，只是节点内的数据会因为首节点数据的变化而变化)。深度鲁棒图算法在此基础上提出层(layer)的概念,每一层都是一个鲁棒图,它除了向前依赖本层的若干节点之外,还依赖上一层的节点,形成堆叠,这样在控制好层数、每层的节点数以及图形关系后,该图中每个节点都可以通过提供其在图中对应的父节点来计算得出,从而可以验证是否真实地计算了整张图。

副本生成阶段包括以下两个过程:

1)密封 preCommit phase1。在此阶段,PoRep SDR 编码和复制发生。

2)密封 preCommit phase 2。在此阶段,使用 Poseidon 哈希算法执行 Merkle 证明和树生成。

下面开始以 32GB 扇区的生成为例介绍 Filecoin 复制证明算法中复制的流程:

1)根据需要存储的原始数据,按顺序填充出一个 32GB 大小的源文件,称为 UnSealedFile,在此之上构造出一棵默克尔树,称为 TreeD,其根称为 CommD。

2)生成一个 replica_id,使用存储的源数据构造的默克尔树的树根(CommD)和存储服务提供者在网络中的身份 ID,再加上这次存储生成的最终扇区的 ID,以及生成该扇区时从链上取的随机数,再加上一个算法的版本号(用来区分每种算法,目前 Filecoin 中存在 V1 和 V1_1 算法,但是 V1 已经停用),通过哈希算法构造出一个数据。

3)使用 replica_id 计算填充预先构造好形状的图形,计算得出一个深度鲁棒图,在该步骤中,需要生成每层 32GB 大小的空间,共 11 层。由于目前采用的哈希算法是 SHA256,一个数据节点的大小是 32B,因此每层共需计算 1G(2^{30})个节点。每个节点都会依赖本层的 8 个父节点和上层的 6 个父节点,根据这 14 个值(如果没有,比如第一层就没有上层,第一个就没有向前的父节点,则使用 0 填充这些节点)和 replica_id 进行哈希计算,得出当前节点的值。

4)对 11 层每一列对应位置的节点进行哈希计算(目前哈希算法使用 PoseidonHasher),得出一个 32GB 的文件,称为 TreeC,其树根称为 CommC。

5)对步骤 3 中产生的最后一层和原始数据构造出的 UnSealedFile 进行简单的模加操作,生成一个 32GB 的文件,称为 SealedFile,在此之上构造一棵默克尔树,称为 R_LAST_TREE,将其根和 CommC 进行简单的计算,生成 CommR。

6)向链上报告 CommR、存储的源文件的信息、存储服务提供者在网络中的 ID、扇区 ID、取随机数的高度(以此取得随机数的值,需要注意的是这里限制了做复制证明算法的时间,限制了入场的门槛)。

至此,复制部分已经做完,其他节点简单验证过这些信息之后会存储下来,再经过若干个区块时间之后,接受这个存储服务提供者承诺的该扇区的 Proof 来进行验证,完成证明部分。

2. 零知识证明阶段

在生成内容的副本之后,就进入了复制证明的第二阶段,即生成零知识证明,提交到链上用于验证。在介绍证明部分之前，我们先了解一些基本概念。

所谓证明，即一段能说服别人的信息。零知识，是指不透露任何关于知识本身的信息。零知识证明就是在不透露有关知识本身信息的条件下说服验证者。一个完备的零知识证明拥有以下特征：

- 完备性。如果证明者和验证者都是诚实的，并遵循证明过程的每一步进行正确的计算，那么这个证明一定是成功的，验证者一定能够接受证明者。
- 合理性。没有人能够假冒证明者，使这个证明成功。
- 零知识性。证明过程执行完之后，验证者只获得了"证明者拥有这个知识"的信息，而没有获得关于这个知识本身的任何信息。

零知识证明是一个很大的体系，在 Filecoin 中只是使用了其中的一部分，感兴趣的读者可以查阅其他资料来学习。

零知识证明可以是交互式的，也可以是非交互式的。传统的证明更多采取交互式的挑战/响应形式，这限制了其在区块链中的发展，因此 Filecoin 引入的零知识证明是一种非交互式，即证明者发送证明，挑战者可直接验证，不需要有任何一方发起挑战。

下面以 32GB 扇区的证明过程为例介绍 Filecoin 复制证明算法中的证明部分流程：

1）存储服务提供者（即证明者）在上述副本生成过程中产生的 CommR 被大家认可之后（在网络中被打包执行，且执行结果正确），会等待一定的区块时间（目前是 150 个区块高度），然后取一个此高度的随机数，注意所有节点都可以知道这个信息（都是在确定高度发生的确定的事）。

2）存储服务提供者根据这个随机数，生成若干个挑战节点的位置（其在最后的 SealedFile 的位置），根据这些位置，读取之前的所有 layer、TreeC、R_LAST_TREE 的对应位置的节点的数据，并且在提取 layer 的数据信息时，还会额外提取生成这些信息的信息（即之前所述的父节点）。至此，证明已经完成了。回顾一下这些信息生成的过程，可以发现中间每个环节都使用了哈希函数生成下一个节点，且中间有一个明文（replica_id）参与运算，存储服务提供者几乎不能构造出一个假的信息满足这些哈希关系。但是这段证明很长，在网络中存储这个信息需要付出很大代价，为此需要进行下一步，即零知识证明。

3）根据这些信息，构造一个零知识证明电路，最后生成一段 Proof。

4）将 Proof 送到网络里的其他节点上，一旦该消息被网络打包进行验算，所有的验证者都可以根据明文（replica_id）信息验证这段 Proof 是否合法，从而验证存储服务提供者是否真的用复制证明算法存储数据。

至此，复制证明算法全流程简述完毕，由于在 replica_id 中加入了存储服务提供者的网络 ID 和最终扇区的网络 ID，因此该算法防范了女巫攻击（无法使用同一份存储伪造成多份不同存储服务提供者的存储证明，因为存储服务提供者的网络 ID 是参与验证的。也无法使用同一份存储假装存储了多份，因为每一份存储都有一个独一无二的扇区 ID，这个也参与验证）。对于外包攻击（同理）和生成攻击（由于复制证明过程中需要进行大量计算，因此无法在一个验证时间，即短时间内完成这些计算，所以无法通过不存储或临时计算来躲避检查），Filecoin 设计的复制证明算法在解决这些问题时交上了一份令人满意的答卷。

3.3 时空证明系统

从存储服务提供者完成复制证明的那一刻起，必须证明自己不断存储其保证存储的数据。时空证明是一个过程，在此过程中，存储服务提供者将受到加密挑战，只有当其实际上正在存储密封数据的副本时，才能正面迎接该挑战。

存储证明方案允许用户在挑战（challenge）期间，检查存储服务提供者存储的外包数据是否正处于保存状态。我们如何使用 PoS 方案去证明数据在一定时间内一直处于被存储状态中呢？这个问题的答案就是，用户要不断地重复向存储服务提供者发起挑战。然而，每次交互所需要的通信复杂度会成为系统（如 Filecoin 系统）的一个瓶颈，因为存储服务提供者必须提交证明到区块链网络。

为了回答这个问题，我们介绍了新的证明——时空证明，它可以让验证者检查存储服务提供者是否在一段时间内存储了其外包数据。对提供者的直接要求是：1）生成顺序的存储证明（在我们的例子里是"复制证明"）来作为确定时间的一种方法；2）递归地组合执行，从而产生一个简短的证明。

3.3.1 前置概念

PoSt 方案使得有效的证明者 P 能够说服一个验证者 V 相信 P 在一段时间 t 内一直存储着一些数据 D。PoSt 包含下边多项式时间算法：

这个时间算法可以看成一个三元素的元组（Setup, Prove, Verify）：

- PoSt.Setup (1λ, D) → SP，SV。其中 SP 和 SV 是 P 和 V 的特定方案的设置变量；λ 是一个安全参数。使用 PoSt.Setup 给予 P 和 V 必要的信息来运行 PoSt.Prove 和 PoSt.Verify。一些方案可能要求证明者或者有互动的第三方去运算 PoSt.Setup。
- PoSt.Prove (SP, D, c, t) → πc。其中 c 是验证者 V 发出的随机挑战，πc 是证明者在一段时间内可以访问数据 D 的证明。PoSt.Prove 由 P 运行，并生成 πc 给 V。
- PoSt.Verify (SV, c, t, πc) → {0, 1}。用来检测证明是否正确。PoSt.Verify 由 V 运行，并说服 V 相信 P 在一段时间内一直存储数据 D。

3.3.2 时空证明的实现

Filecoin 协议采用时空证明来审核存储服务提供者提供的存储内容。在 Filecoin 中使用 PoSt，因为没有指定的验证者，并且想要任何网络成员都能够验证，所以把方案改成了非交互式。因为验证者是在公共的区块链系统中运行的，所以可以从区块链中随机发起挑战。

在 PoSt 流程中要实现的挑战有两种，即 WinningPoSt 和 WindowPoSt，每种挑战都有不同的用途。

- WinningPoSt，用于证明存储服务提供者在被询问的特定时间具有数据的副本。仅当存储服务提供者已被预期共识算法的秘密领导者选举算法选择，获得机会生成下一个区块时，才会向其发出 WinningPoSt 挑战。WinningPoSt 挑战的答案必须在较短的时间内提交，这使得其无法根据要求密封并找到挑战的答案。这保证了在面临挑战时存储服务提供者能够维护数据的副本。
- WindowPoSt，用于证明数据副本在连续的一段时间内都得以存储。这涉及定期提交证明，并且使存储服务提供者合理地保留数据的密封副本（即每次要求存储服务提供者提交 WindowPoSt 挑战时，密封数据副本的成本都更高）。

总之，WinningPoSt 保证存储服务提供者在某个特定时间点维护数据副本（即当由预期共识算法选择以创建下一个区块时），而 WindowPoSt 保证存储服务提供者随着时间的推移持续维护数据副本。

1. 术语介绍

在继续详细介绍 WinningPoSt 和 WindowPoSt 算法之前，有必要了解以下术语。

- 分区：一组同时验证的 2349 个扇区。
- 证明期：证明存储服务提供者维护的所有扇区的一个完整时间周期（当前设置为 24 小时）。
- 截止时间（deadline）：证明期内单个分区到期的时间。
- 挑战窗口：紧接截止时间之前的时间段，在此期间链可以生成挑战并计算必要的证据。
- 存储规模：单个存储服务提供者维护的已声明扇区所占的存储空间大小。

2. WinningPoSt

在每个周期的开始，通过 Filecoin 的 Expected Consensus 算法选择少数存储服务提供者来创建新区块。

每个被选择创建区块的存储服务提供者必须在当前 Epoch 结束之前提交一份证明，以证明其保留了所提议区块中包含的数据的密封副本。成功提交此证明的是 WinningPoSt，它依次授予存储服务提供者 Filecoin 区块奖励，并向其他节点收取费用以将其消息包括在区块中。如果存储服务提供者错过了纪元结束期限，那么就会错过出块和获得出块奖励的机会。在这种情况下不会产生任何罚款。

回想一下，存储服务提供者被选为创建区块的可能性由 Filecoin 的 Expected Consensus 算法控制，保证了存储服务提供者将根据其在网络中的"有效存储质量占比"成比例地被选为出块人（数学期望上如此）。

3. WindowPoSt

WindowPoSt 是一种机制，用来审核存储服务提供者的服务。在 WindowPoSt 中，每 24 小时称为一个"证明期"，并细分为一系列 30 分的不重合的区间，所以在任何给定的 24 小时证明期内总共有 48 个窗口期。每个存储服务提供者必须在 24 小时内证明所有活跃分区的可用性。单个证明计算的约束将单个证明限制为 2349 个扇区（一个分区），每个扇区有 10 个挑战点。

存储服务提供者承诺存储的扇区已经分配了截止时间，并且指定到了具体分区。另外需要重点指出的是，扇区是在证明分区的过程中得到证明。换句话说，在每个截止时间，存储服务提供者必须证明整个分区。

对于每个分区，存储服务提供者必须生成经过 zk-SNARK 压缩的证明，并将其作为消息发布到区块链中，以此证明该存储服务提供者确实已经存储了该分区。这样，在每 24 小时内至少对每个扇区（作为其所属分区的一部分）进行一次审核，并保持永久、可验证的公共记录，以证明每个存储服务提供者的持续承诺。

自然而然地，存储服务提供者存储的扇区越多，其在每个截止时间需要证明的分区就越多。这要求立即访问每个受挑战扇区的密封副本，使得存储服务提供者无法在每次需要提供 WindowPoSt 证明时再密封数据。

Filecoin 网络期望实现存储文件的持续可用性。未能为某个扇区提交 WindowPoSt 将导致故障，且其抵押品的一部分将被没收，这将导致其存储能力降低。

4. 时空证明的设计

WinningPoSt 仅由获得出块权的存储服务提供者对随机选定的扇区提供证明，因此证明比较简单，速度快，一般在数秒内就能够完成。而 WindowPoSt 则不同，每一个存储服务提供者都需要周期性地每 24 小时对所有扇区提供证明。在 Filecoin 网络中，一个存储服务提供者可以提供数百 PiB 至 EiB 级别的存储。当有大量存储时，证明时所需访问的数据量就大，所花费的时间就长。因此，WindowPoSt 的设计相对复杂。下面主要针对 WindowPoSt 的设计进行进一步说明。

在 WindowPoSt 的设计中，每个存储服务提供者在 Filecoin 网络中初始化节点时都会随机分配一个 24 小时的证明期。该证明期分为 48 个不重叠的证明区间，每个区间半小时。当向链证明时，每个扇区都被分配到这些证明区间之一，即 ProveCommit 完成后永远不会更改扇区对应的证明区间。

一个证明区间可以容纳多个分区，每个分区可以最多容纳 2349 个扇区。通常，扇区首先被分配到一个属于某证明区间的一个分区集合中，直到把这个分区填满，接下来，新的扇区会被填充到下一个证明区间的新分区中，如此循环。

一个扇区提交时，其证明周期就设定了，也就是说扇区被加入某个证明区间的某个分区，然后，在扇区的整个生命周期中，其证明周期永远不会改变。

存储服务提供者如果添加 48 个分区的扇区（约 3.8PiB），则在每个证明区间将有一个分区。当存储服务提供者有超过 48 个分区时，某些证明区间将有多个分区。这些同一个证明区间的分区的证明（即每个分区一个 zk-SNARK 证明）可以在单个消息中一起计算和提交，每个消息最多可以有 10 ~ 20 个分区，但可以在消息之间任意拆分（但是，这将花费更多的 Gas）。

WindowPoSt 证明提交必须指明它的证明区间以及其所代表的特定分区索引。在有故障扇区时，证明者可以通过 BitField 来设置故障扇区的位置编号并把此信息放入证明消息中。这样，证明者可以跳过故障扇区，仅提交正常扇区的证明，验证者也可以根据设置来验证所有正常扇区的证明是否有效。

扇区故障可能导致罚款，但不同的扇区故障系统的处理方式不同。目前存在三种类型的故障：声明故障、检测故障和跳过故障。在介绍存储创建块子系统时，对此有更详细的讨论。

总结一下：

- 存储服务提供者通过生成时空证明（PoSt）并及时为其扇区提交 miner.SubmitWindowedPoSt 来保持其扇区活跃。
- WindowPoSt 证明扇区是随时间持久存储的。
- 每个存储服务提供者在每个证明周期证明其所有分区一次；每个分区都必须在截止窗口期对应的时间（每个矿工的时间都是 24 小时，但是周期开始时间是一个随机数）之前进行证明。
- 证明期是一个 WPoStProvingPeriod（目前设定为 24 小时）周期，在正常情况下，每一个扇区在一个证明期内必须提交一次时空证明来表明数据还被正确地存储。
- 证明期在 WPoStPeriodDeadlines 证明区间中平均分配。
- 每个存储服务提供者在执行 Power.CreateMiner 时分配了不同的证明周期起始点（ProvingPeriodStart）。
- 证明区间是划分证明期的 WPoStChallengeWindow 时期。
- 扇区被分配到 miner.ProveCommitSector 的证明区间，并将在其整个生命周期保持不变。
- 为了证明存储服务提供者一直保存着一个扇区，它必须在每个证明区间提交 miner.SubmitWindowedPoSt。
- 扇区被分配到分区。分区是一组不大于密封证明允许的扇区数 sp.WindowPoStPartitionSectors 的扇区集合。
- 扇区被分配给 miner.ProveCommitSector 的一个分区，它们可以通过 CompactPartitions 重新排列。
- 分区是我们当前证明机制的副产品，这是因为可以在单个 zk-SNARK 证明中证明的扇区数（sp.WindowPoStPartitionSectors）是有限制的。如果需要证明的数量超过这个数值，则需要多个 zk-SNARK 证明，因为每个 zk-SNARK 证明都代表一个分区。有四个与截止时间相关的高度，如表 3-1 所示。

表 3-1 时空证明相关参数设置

名称	与 Open 的高度差	描述
Open	0	可以提交证明区间的 PoSt 证明的高度
Close	WPoStChallengeWindow（目前是 30 个高度）	在此期限之后的 PoSt 证明将被拒绝的高度
FaultCutoff	FaultDeclarationCutoff（目前是 70 个高度）	在此高度之后，扇区的 miner.DeclareFault 和 miner.DeclareFaultRecovered 被拒绝
Challenge	-WPoStChallengeLookback（目前是 20 个高度）	取 WindowPoSt 随机数的高度

3.4 本章小结

尽管当前的云存储已经拥有庞大的市场以及出色的表现，但是仍然存在许多问题。去中心化的存储市场在解决这些问题时也带来了新的挑战，对于这些挑战，Filecoin 提出了全新的、成体系的解决方案，并带来了一个全新的网络。Filecoin 究竟能不能成为去中心化存储市场的明珠，成为 Web 3.0 的基础设施，仍然需要经过时间的考验。

第 4 章

Filecoin 经济系统

密码经济学（cryptoeconomics）是每一个无许可区块链项目都需要涉及的领域，也是需要精心设计的激励体系的一部分。Filecoin 作为建立在 IPFS 协议和技术之上的激励层，针对分布式存储系统的特点，其经济系统得到了全面而精巧的设计。

Filecoin 的经济系统旨在通过不断调整的激励措施，以尽可能少的规则切实有效地奖励有用和可靠的存储，进而实现参与者之间的高效协作和互利共赢。本章把 Filecoin 经济模型类比为海岛经济，从 Filecoin 经济系统的设计思想入手，通过数据市场、出口经济、市场参与者等方面介绍经济模型的设计思路；然后介绍经济模型的设计原则，分析经济模型设计中的反馈机制；最后通过初始参数的详细介绍和已验证客户的设计分析，帮助读者了解 Filecoin 复杂经济体系在整个系统中发挥的作用。

由于篇幅有限，本书对整个 Filecoin 经济系统不能进行详尽的描述，在了解本书的 Filecoin 经济系统原理的基础上，读者可以参考协议实验室关于 Filecoin 密码经济学[一]的详尽描述。

4.1 海岛经济模型

Filecoin 是一个分布式存储网络，同时定义了一套在这个网络中交流的协议，通过这些协议，Filecoin 建立起为人类文明数据存储的基础——一个基于算法的存储市场和检索市场。这个市场包含众多参与者，包括研究人员、工程师、利益相关者、存储服务提供者和用户。Filecoin

---

[一] 文章网址为 https://filecoin.io/zh-cn/2020-engineering-filecoins-economy-zh-cn.pdf（此文发表较早，后期设计有部分修改，具体参数更改请参阅本书或最新的 Filecoin 设计资料 https://spec.filecoin.io/#section-algorithms.cryptoecon）。

网络的发展，需要这些参与者相互合作，不断改进网络使其适应并支持更多的应用场景。

Filecoin 的经济模型设计强调网络参与者长期合作的重要性。协议的设计目标是促进并激励参与者间的协作及互利共赢。在这个设计中，激励是通过实用型通证 FIL 来实现的。FIL 通证的拥有者被赋予了使用网络的权利。

人们可以将 Filecoin 网络视为一个海岛经济体，参与者聚集在一起生产有价值的存储商品和服务，并将它们出口到世界各地。在网络上，每一个参与者可以看到有自己特征的存储服务提供者、智能合约系统、借贷服务和其他各种用例等，每一个都可以成为其独特的业务。网络的效用和价值反映在参与者在网络中生产的商品和服务的吸引力上。

整个经济体的繁荣发展，依赖于存储服务提供者、开发人员、研究人员、客户和通证持有者等海岛居民，有效地生产有吸引力的存储相关商品和服务，并能够出口到外部世界。一个以更高效率生产更多有价值商品的经济体，将导致对商品和网络通证的更多需求。经济体中参与者购买力的增加将使它们能够扩大和改进其业务，提供更好、更便宜的服务。当海岛经济繁荣昌盛，Filecoin 网络价值将得到提升，FIL 通证的价值也将得到提升。

4.1.1 数据市场

通常，供求关系由市场平衡以确定商品或服务的价格。就 Filecoin 而言，如果你拥有额外的存储容量和计算能力，并愿意将其提供给其他人付费使用，而那些寻求数据存储的人也愿意为存储服务付费，若这两个价格达成一致，将触发交易。建立一个市场可以使消费者和生产者表达各自的偏好和定价。在繁荣的经济体中，存在所谓的"贸易所得"，其中贸易增加了交易双方的净效用（或幸福感）。

作为一个全球化的数字化市场，网络必须选择至少一种有效的价值流通工具来进行交易。因为 Filecoin 是一个无准入限制的可验证商品市场，其网络原生通证 FIL 被设计用来满足 Filecoin 网络内的价值交换。也就是说，该通证被用来充当交易媒介以促进交易和生产活动，这有点类似于多人在线游戏中虚拟经济的游戏货币。但是作为价值流通凭证，通证也可以成为价值存储，其铸造必须与为网络增加效用联系在一起。图 4-1 展示了这一数字化存储市场的一些基础互动。

4.1.2 出口经济

如果你理解海岛经济是如何利用原材料来生产有价值的商品和服务的，就很容易理解 Filecoin 的出口经济。贸易需要通过岛上的通证实现，因此必须购买此种通证才能进行交易，想要参与贸易的岛上居民就需要此种通证来开展生产活动。通常来说，开展生产活动是对资本性资产的投资，而对于 Filecoin，则通过创建区块的硬件和抵押通证来实现。

鉴于 Filecoin 经济的性质，协议必须生成自己的通证。新通证生成可以促进更多的贸易并刺激经济，但是如果供应量增长过快，则可能会伤害经济。在理想情况下，通证生成率应与价值创造率相匹配，这对协议的通证生成率提出了明确的要求。价值产生于商品交易之时，供应和需求相清算并产生贸易所得。在早期的 Filecoin 设计中，由于没有网络价值和经济规模的可靠参考数据，新 FIL 通证的铸造公式是通过尝试估算网络价值来设计的。

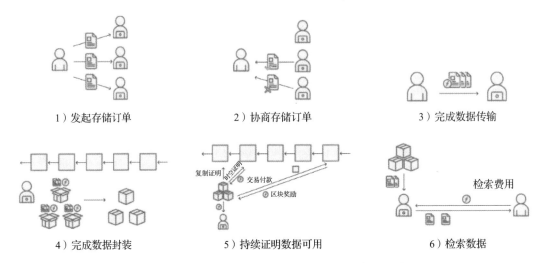

图 4-1 Filecoin 数据存储和获取交易过程中的互动

研究人员、存储服务提供者、开发者和存储用户对整个经济的总体目标是使生产尽可能地高效，并使网络生产的产品对外界具有最大的吸引力。更高的生产效率和更有价值的商品生产，将给网络存储服务和通证带来更多需求。Filecoin 经济中的恶意参与者若试图恶意利用协议，不通过真实存储来获取利益，毁灭网络价值，则将损害经济体中所有成员的利益，就像小偷对海岛经济的盗窃一样。因此，所有参与者的目标应该是获得网络上产生的商品的真实交易支付需求——这是经济能蓬勃发展的关键，在很少或没有补贴的情况下经济也可以正常运行。从长远来看，Filecoin 网络上的用户需求大到即便在几乎没有区块奖励的情况下创建区块，依然可以获利。图 4-2 是出口经济的示例，存储服务提供者汇集硬盘、数据中心和计算资源，通过由研究人员研发的算法和由开发者开发的应用程序和工具，为存储用户提供可用的存储商品和服务。

4.1.3 市场参与者

在 Filecoin 经济中，存在三个市场以及网络中参与者交换的商品或服务，这三个市场分别是存储市场、检索市场和通证交易市场。在存储市场，存储服务提供者出租可用的数字化存储空间来获利，数据存储服务将由 Filecoin 网络进行验证来保障。相反，存储用户通过支付 FIL 来存储其数据。用户和服务商之间的存储定价基于可用的存储容量和存储合约的期限来进行计算。在检索市场，用户将 FIL 支付给检索服务商以获得它们提供的数据副本。最后，在通证交易市场，参与者相互进行通证交易，从而使 FIL 在用户、存储服务提供者和其他通证持有者手中流转。网络中的参与者主要包括存储服务提供者、生态合作伙伴、生态开发者、通证持有者和客户。图 4-3 说明了五个主要利益相关者及其之间的常见交互关系。

第 4 章　Filecoin 经济系统

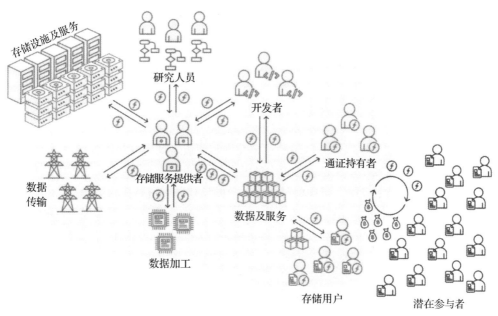

图 4-2　Filecoin 出口经济示意图

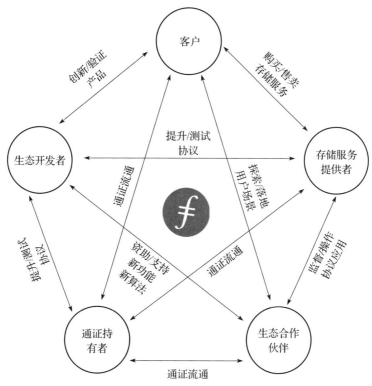

图 4-3　Filecoin 生态系统

4.2 基础设计原则

Filecoin 网络是一个复杂的多主体经济系统。Filecoin 的 CryptoEconomics 涉及系统的大多数部分。因此，本书中的许多地方都包含了相关的机制和细节。本节旨在更详细地说明有助于达成总体网络级目标的系统机制。

Filecoin 可以说是一个区块链，又不仅仅是区块链，其目标是提供有价值的存储市场。因此，在 Filecoin 的设计中，需要综合考虑多方面的因素，包括如何吸引早期参与者，如何平衡短期激励和长期激励以保持网络的稳定发展和建设，如何在提供存储时保障存储质量，如何在一个免信任的网络中保证服务者实现承诺，如何既保证网络参与者去留的自由又保证服务者不损害客户的利益等。下面就经济体部分的设计原则进行探讨。

- 通证生成，基础铸造和基线铸造相结合。Filecoin 通证是一种有限的资源。就像控制任何可用的公共资源池的消耗一样，应该控制通证在网络中的生成速度，以最大限度地为社区带来净收益。同时，Filecoin 通证又是一种与存储业务价值相关联的资源，其生成应该起到吸引参与者、促进网络建设、扩展网络容量和存储交易的作用。传统的区块链通证衰减式生成模型对于 Filecoin 不能起到较长期的激励作用。基于此，Filecoin 创新性地引入了基础铸造和基线铸造。基础铸造占比较小，按照衰减式释放的模型进行，保障网络参与者持续得到激励。基线铸造与网络容量是否达标有关，网络容量发展快，基线铸造就相应增多，保障存储服务提供者的激励的稳定性。基线铸造的目标可以总结为：1）更多地根据参与者提供的存储服务成比例地来奖励它们，而不是简单地采用时间衰减式奖励方式；2）根据近似的网络效用调整铸造率，以便在更长的时间内保持相对稳定的奖励。
- 初始质押，客户服务的保障。首先，Filecoin 要求每一位存储服务提供者在承诺服务的同时，必须提供通证质押，这个质押称为初始质押。拥有初始质押的理由如下：初始质押保证存储服务提供者在获得任何区块奖励之前，若违背了其扇区承诺，则有足够的质押用来接受惩罚。其次，要求在网络上质押权益保障了共识机制的安全性。同时，初始质押也降低了存储服务提供者离开网络的随意性，在一定程度上保障了网络服务的稳定性。
- 奖励锁仓，对初始质押数额的平衡。为了减少一个扇区的初始质押要求，网络将所有大块奖励视为质押锁仓并延期释放。但是，在每个扇区级别上跟踪区块奖励是不可扩展的。取而代之的是，协议在每个存储服务提供者的级别上跟踪奖励，并在一个固定时间区间内线性释放。
- 最短扇区生命周期，封装成本和服务收益的平衡。目前，提交扇区到 Filecoin 网络，需要先进行计算量密集的"封装"操作，扇区的生命周期越长，则其可摊销的成本越低。此外，提交扇区涉及链上交易，并需要支付 Gas 费。这些交易成本将由区块奖励来补贴，但仅适用于对网络做出贡献并具有较长生命周期的扇区。在目前的约束条件下，随着时间的推移，生命周期太短的扇区会降低有用存储的整体容量。
- 扇区终止费，对数据丢失的惩罚。Filecoin 网络的最终目标是提供有用的数据存储。不可靠的数据存储使用场景（可能会在没有警告的情况下消失）比可靠的数据存储使用场景（要事先保证在约定的时间内能够维护）少得多。因此，在大多数情况下，只要承诺的扇区从网络中消失，那么这些扇区提供的大部分价值就被抵消了。与存储服务提供者获得的收益相比，如果终止活跃扇区几乎没有什么损失，那么这将是一种反向激励，存储市场也就得不到有效管理，扇区终止费的设计将使没有履约的存储服务提供者付出成本。提前终止扇区的存储服务提供者将被处以罚款。其罚款来源即为上面提到的初始质押和奖励锁仓。
- 扇区故障检测费，对服务降级的惩罚。如果存储扇区仅是暂时中断，在数据存储迅速恢复正常运行的情况下，可以恢复这些扇区的大部分价值，因此网络无须立即收取扇区终止费。但是，即使是暂时的中断也可能造成损害，并且由于不知道扇区的信息是否可恢复或永久丢失，因此降低了该扇区的可信度。所以，如果一个扇区没有证明自己是在执行承诺（直到经过足够的天数后，网络才会将该扇区注销为终止扇区），则网络每天将收取非常少量的费用。

4.3 Filecoin 经济模型中的反馈机制

任何一个稳定运行的系统都有一些控制回路，通过一些反馈机制来保障系统的有效运行。区块链项目的去中心化特性导致在设计中更要考虑反馈机制，这在每一个区块链的设计中都有体现。Filecoin 的经济模型相对复杂，其反馈机制设计也反映在多个方面，尤其是其经济模型的设计之中。

所有这些反馈，按照控制理论，都是保持系统稳定的负反馈（negative feedback）。负反馈也称为平衡反馈（balancing feedback），在区块链中至关重要。

1. 基线释放中的反馈机制

在 Filecoin 最初的白皮书中，其通证释放模型只是简单描述成"六年减半，衰减式释放"。这看起来解决了比特币等"六年减半"的突变式通缩模型，但是，这里存在一个多数人认为的早期激励过高的问题，即早期进入者所获红利远大于后进入者，导致后进入的门槛较高。Filecoin 通过基线释放模型，来根据参与者的规模进行了一定程度的调节。这里有不少反馈思路体现在设计之中，下面举几个例子。
- 释放的额度与全网算力相关。在网络运行初期，随着时间的推移，参与者增多，释放的额度也增多，从而保障每个参与者的收益基本平衡。Filecoin 网络目前的运行基本如此，由于基线奖励的设置和调节，单 T 收益在很长一段时间内都会基本保持平衡。

- 基线释放本身在设计的过程中也经过多次改进，现在的基线释放采用 alpha-beta-filter 算法，并且其计算的网络时间只增不减。这样能够保证网络维护者（存储服务提供者）的基本权益，当有大存储服务提供者退出时，继续维护网络的存储服务提供者能够得到奖励，从而增加继续维护网络的积极性。
- 基线释放对网络算力有一个预期，当算力超出预期时，基线奖励不再提高，从而保证不会过度奖励。当网络算力变得超过设计的基线时，存储服务提供者的奖励可能主要来自通证价格的提升。

基线的设计目前看起来对网络的初期运行起到了很好的作用，其设计的基线（也就是算力目标）是否合理还需要时间来验证。除了要有很好的反馈系统之外，还需要注意两点：

- 根据主网基线的设计，创世区块中设定的初始值为 2.5EiB，每年增长 100%，网络需要比较长的时间达到极限值，因此 Filecoin 释放减半的周期一定大于 6 年，大多视算力增长何时能赶上基线而定（本书成稿时，Filecoin 总算力已经越过基线，但是，基线是持续呈指数级增长的，随着时间的推移，算力仍有可能落到基线之下）。
- 基线的值不太可能满足系统长久运行的要求，因此社区应当根据网络运行情况和算力增长情况提出调整意见，这可以反映在 FIP（Filecoin Improvement Proposal，Filecoin 改进提案）中。

2. 质押机制中的反馈机制

Filecoin 是第一个与实际应用挂钩的区块链项目，是 Web 3.0 的存储基础设施。其稳定运行至关重要，这个稳定运行的保障来自质押。其质押模型的设计也是其经济模型中的重要部分。这里面的反馈机制主要包括：

- 质押与收益直接挂钩，收益越高，质押越大。这是一个反馈系统，也符合投入越多，收益越多的原则。简单来说，就是 20 天的预期收益直接用于质押，这部分是质押的基本部分。
- 质押与流通量挂钩。这是一个抑制流通量的负反馈系统，当流通量增大时，质押相应变多，这样一来，流通量可以得到抑制，从而保护市场的稳定，这部分是质押的附加部分。
- 惩罚和服务质量挂钩。这是非常重要的，服务质量越差，惩罚越严厉，从而促进存储服务提供者提高服务质量，这也是和质押紧密相关的。

对于存储服务提供者而言，这种质押机制和锁仓机制的设计，使其付出的成本不再仅仅是设备成本和维护成本，也有大量的资金成本。成本可能比预想的更高，这有可能提高参与门槛，但同时，由于成本变高，对于网络价值的支撑也会变大。这就要靠链下的反馈系统来完成了。

3. 消息处理中的反馈机制

对于区块链而言，处理能力是一个不得不考虑的问题，毕竟是去中心化系统，所有节点都需要同步并验证。消息太多会造成积压、拥塞。Filecoin 借鉴了以太坊的 Gas 机制，但更进一步，Filecoin 率先实现了 EIP1559 的设计，即 Gas 费率的自动调节和人工调节相结合。

这个反馈系统在消息拥塞时会自动快速提高 Gas 费率，从而导致大量消息不能上链，或延迟上链，进一步可能导致服务商为降低算力损失而减少消息发送，从而缓解拥塞，起到负反馈的作用。

同时，在 Filecoin HyperDrive 版本的升级中，网络提供了 PreCommit 消息批量提交机制和 ProveCommit 消息聚合证明机制，来给存储服务提供者提供更多的调节 Gas 费用的可能。其中的聚合证明 Gas 价格最小值设置有利于维护 Gas 费用的稳定，存储服务提供者在发送消息时需要根据现实情况带来的反馈来调节消息聚合与否。

4. 质押所带来的链下负反馈环路

其实，不仅仅是在 Filecoin 的代码之中，Filecoin 的负反馈设计同时也反映到链下参与者的反馈循环系统之中。

细心的读者可能已经发现，Filecoin 上线以来，其通证价格相对比较稳定，这符合 Filecoin 的需求，也符合设计目标。这也是 PoS 带来的好处。这种稳定与 Filecoin 的质押机制有很强的关联性。这是因为算力的增长与通证价格的高低有很强的关联性，可以形成一个反馈环路。

简单来说，很多存储服务提供者都有增长算力的要求，但是要进行质押，要使用质押币，可能需要购买通证，那么就产生如下环路：

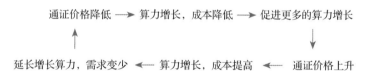

如果细心去找，Filecoin 还在很多地方进行了负反馈设计，比如区块打包的罚款，Filecoin Plus 的链下治理方式等。Filecoin 的设计比较复杂，可能有很多地方值得探讨。对于这些部分，欢迎大家通过 FIP 提出建议，通过社区讨论达成共识，以便在日后的版本中加以改进。

4.4 初始参数

经济分析和模型被开发出来用于设计、验证和参数化本章中描述的机制。密码经济学是一个新兴的领域，相关专业知识与经验尚有不足。幸运的是，在分布式存储网络领域和密码经济机制设计领域，技术发展都日新月异。

表 4-1 总结了 Filecoin 网络的初始参数。社区会继续通过监视、测试、验证和建议来使其发展和适应需求。当这些参数不能适应 Filecoin 网络的发展时，社区成员可以通过 FIP 流

程来提议更改和应用新的参数。

表 4-1　Filecoin 网络的初始参数

参数	值
基准存储量初始值	2.5EiB
基准存储量功能	100%
简单铸造 / 基准铸造的百分比	30% / 70%
奖励立即 / 延迟释放的百分比	25% / 75%
线性释放期	180 天
质量乘数	承诺存储的剩余量：1×（1× 表示存储空间容量的 1 倍，其余同理） 常规订单：1× 已经验证的客户端发送的 deal：10×
初始质押功能	该扇区未来 20 天的收益 + 共享的约 30% 的全网算力标准化后所占份额
初始质押量	1FIL / 32GiB QA Power
扇区最小生命周期	180 天
扇区最大生命周期	540 天
订单最小生命周期	180 天
订单最大生命周期	540 天
网络燃料费	随网络拥堵动态调整
扇区故障费	相当于 3.15 天的区块奖励
扇区终止费	扇区已获得的区块奖励天数的估计，最多 70 天

4.5　已验证的客户

Filecoin 在推动网络基础建设及网络容量增长的同时，也积极推动真实有价值数据的存储。Filecoin 社区发起的 Filecoin Plus 项目就是通过链上和链下治理相结合的方式来推动有价值的数据存储到 Filecoin 网络中的。Filecoin Plus 采用链下公证人的机制来对数据进行判断和验证，已验证的真实有价值数据的客户称为已验证客户，已验证客户存储到网络中的正式数据称为已验证数据。对于已验证数据，其算力权重为普通存储的 10 倍。

将已验证用户作为经济的一部分会使 Filecoin 的经济更强大、更有价值。虽然存储服务提供者可能会选择放弃交易付款和进行自我交易来填补其存储空间并获得区块奖励，但经济价值较低，因此不应予以大量补贴。但是，在实践中不可能将有用的数据从加密数据中分离出来。引入已验证用户可以通过社会信任和验证来解决此问题。用户需要经过一个简单而开放的验证流程成为已验证用户，此过程将吸引真正为 Filecoin 经济带来存储需求的用户。

验证者来自去中心化的、全球分布的实体网络，以确认已验证用户真实有用的存储需求。如果验证者评估并确认了用户对存储真实数据的需求，那么该用户将能够向网络添加一定数量的数据作为已验证用户交易，此过程称为 DataCap 配额。已验证用户在用完所有配额后可以请求增加 DataCap，验证者应进行尽职调查以确保用户不会恶意利用验证。随着时间的推移，验证过程将不断发展，变得更加高效、去中心化并且更完善。

网络上的存储需求将影响存储服务提供者提供的存储产品。已验证用户能够以更高的扇区质量乘数存储数据，从而在提供服务质量、地域分布、去中心化程度和网络的共识安全性方面发挥更加重要的作用。验证者和已验证用户必须意识到其角色所带来的价值和责任。另外，可以想象的是，存储服务提供者也可以拥有一个业务拓展团队，在全球范围内寻找有价值的数据集来满足更多的数据存储需求。除了为用户提供强大的 SLA 之外，这还将激励各个团队帮助用户完成验证过程，并开始在 Filecoin 网络上存储数据。

4.6　本章小结

Filecoin 作为分布式存储项目，本身具有激励机制。Filecoin 的使命是为人类信息打造分布式、高效且强大的基础。Filecoin 网络的经济设计，旨在通过调整激励措施，以尽可能少的规则切实地奖励有用和可靠的存储。该协议的许多机制和激励措施都经过精心设计，并且只有一个目标：在网络经济体的参与者追求自己的利益最大化的同时，让网络不断发展壮大。

第 5 章

Filecoin 中的共识算法

区块链共识机制中最重要的就是如何公平公正地获得出块权。业界对共识机制的探索从未间断。Filecoin 采用的共识机制——预期共识在前人的基础上做了大量的创新。

本章从共识机制的基础讲起，详细介绍 Filecoin 共识机制的设计和实现，包括算法和一些实现细节，让读者对预期共识有一个清晰的了解。首先介绍 VRF/VDF 的算法设计思路和原理。该算法旨在解决如何在一个去中心化的网络中使每一个参与方都能获得公平的出块权，而不会产生传统共识的巨大计算成本。然后详细介绍该算法在 Filecoin 中的具体实现。Filecoin 的存力越大，选举成功的概率越大，而为了保证存力的安全性，又引入了复制证明和时空证明，并在这两个核心算法上构建了整个共识系统。在具体的实现中，Filecoin 设计了随机数计算、选举算法、证明计算、泊松分布等，本章详细介绍这些算法的原理和一些关键参数的选择，并讨论了 Filecoin 的分叉问题。

5.1 共识技术基础

区块链中最为重要的共识机制最初是一种与垃圾邮件作斗争的工具。其最初的研究开始于 20 世纪 70 年代，开发于 20 世纪 90 年代，旨在建立一套无须仲裁的分布式系统来使用户达成协议。业界对共识机制的探索从未间断。从 PoW 到 PoS、DPoS、PBFT，再到现在比较热门的 VDF/VRF 相关的各种共识，无一不在探索更好、更安全、更经济的方式。

下面探讨共识机制的一些共性和基本特点，为后续学习 Filecoin 共识机制打下基础。

5.1.1 共识机制——领导人选举

在区块链的世界里,出块权是一个十分重要的课题。这是一个去中心化的世界,每一个参与者都有为网络服务的权利,当然也有因服务而获取报酬的权利。这个权利就是出块权,并在出块的时候获得出块奖励和交易手续费。

那么,谁具有出块权?因为区块链是一个链式结构,每一个区块高度的出块人最好只有一个,这个人是谁呢?这就类似于我们现实生活中的领导人,每一轮出块都需要有一人(或多人)来负责,这个产生出块人的过程,就是领导人选举(Leader Election,LE)。

这个选举当然不可能像我们现实世界里那样通过一人一票的方式来进行,如果这样,就可能出现操纵或贿选的情况。在区块链的共识机制中,一个理想的选举模式应当具有如下特性:

- 选举秘密(secret)进行。
- 选举是公平(fair)的,基于一套规则,在规则的基础上取决于概率。
- 最好每轮选举出一个领导人(single leader)。
- 无法预测(unpredictable)。
- 容易验证(verifiable)。
- 能够承受攻击(anti-attack)。
- 资源消耗不大(efficient)。

基于以上几点,PoW 是目前实践最好的方式,但是 PoW 有其致命的弱点——不满足最后一条。PoW 需要消耗大量能源来达成共识;另外,它不能保证每一轮只有一个领导人,因此会出现链的分叉,必须采用其他规则来进行收敛(比如最长链法则)。

5.1.2 秘密单个领导人选举

为了克服 PoW 的不足,有很多新的共识机制被提出,但在安全性、公平性和防攻击性等方面与 PoW 尚有差距。

近年来,理论界做了很多探索。自从 VRF(Verifiable Random Function)和 VDF(Verifiable Delay Function)提出之后,研究进展得很快。这些理论和实践包括 Algorand、Snow White、Stellar Consensus、BAR-Fault Tolerance Consensus、Mergeable Consensus 和 Filecoin 的预期共识。

这些共识研究要实现的目的只有一个——实现秘密单个领导人选举(Secret Single Leader Election,SSLE),也就是说,从一群持有不同(也可以相同)权利份额的参与者中,每一轮都可以高效、秘密、公平地选举出(仅仅)一个领导人。从这里可以看出,SSLE 其实实现了前面提到的全部七大特性。这个实现有很多好处,比如:因为秘密进行,在公布之前公众不知道谁被选中,能有效地防止合谋攻击;因为选举公平,能有效地激励;因为每次只有一人能够选中,能避免分叉(即不同的领导人带领区块链走向不同的分叉链);因为有效，自然节省能源。

但是，这种理论到目前为止尽管有很多进展，可是还没有找到一个可行的算法和实现。人们所面临的难题主要是效率问题，具体来讲，可以分成如下几类：

- 链上效率：要实现链上尽量少的存储需求来满足共识，还要考虑如何兼顾已有的和新进入的参与者。
- 合理的通信复杂度：这是一个选举问题，虽然通过大量的通信，比如安全多方计算的方式，完全可以实现这一目标，但是，通信过于繁复，使得成本可能增高且安全性可能降低。
- 计算的有效性：任何参与者都应该能够通过相对简单的计算实现这一选举机制。
- 可扩展性：要求支持大量的参与者，比如数十万甚至百万。
- 强健性：作为一个共识，最好能够在全网 50%（或 2/3）以上的诚实节点的支持下，使整个网络有效运行。

只有解决了以上难题，该共识机制才具有可用性。

5.2 Filecoin 共识机制的模型设计

比特币的创新在于把共识系统与激励机制和区块链紧密结合，完全实现去中心化。但比特币并不完美。共识机制有不同的形式，工作量证明（PoW）是一种成熟的模式，然而工作量的竞争对能源消耗越来越大，你一定听说过，比特币网络每年消耗的电力超过整个瑞士一年的电耗。

这些电力（工作量）消耗除了选举出块者之外，是否有其他用途？Filecoin 正在给出答案。Filecoin 共识机制的达成不再是无谓地消耗能源，同时也产生有用的存储证明。

5.2.1 Filecoin 共识

Filecoin 提出了一个有效工作的一致性协议，选举产生一个或数个存储服务提供者去产生新的区块，被选举出来的概率与它当前在网络中已经存储的数据（正在被应用的数据）占全网数据存储的比例有很大关系。Filecoin 协议使存储服务提供者更愿意投资存储而不是算力，从而达到并行化记账计算的目的。存储服务提供者通过存储并提供存储证明来参与共识。

5.2.2 模型化创建区块存力

Filecoin 提出了存力容错的概念，这是对拜占庭故障的一种重构，使得参与者对协议结果的影响因素由朴素拜占庭故障中的节点数变成了存力。每个参与者控制了网络总存力 n（对应拜占庭故障中的总节点数 n，在 Filecoin 中为总存力）中的一部分存力，拜占庭故障中的因子 f 对应 Filecoin 中的故障节点或作恶节点所控制的存力占比。

对于单个存储服务提供者 M，在时刻 t，其存力 P_{ti} 是存储服务提供者 M_i 所有有效存储的总和。

在 Filecoin 中，存力有以下属性：

- 公开。网络中当前的存储总量是公开的，通过读取区块链，任何人都可以计算每个存储服务提供者的存储量，因此任何人都可以计算出在任意时间点的每个存储服务提供者的存力和网络总存力。
- 可公开验证的。对于每个存储任务，存储服务提供者都需要生成时空证明，证明其持续提供服务的能力。通过读取区块链，任何人都可以验证存储服务提供者的能力声明是不是正确的。
- 可变的。在任何时候，存储服务提供者可以通过抵押一个新扇区并对该扇区进行数据填充的方式，添加一个新的存储到网络中。通过这种方式，存储服务提供者可以通过时间改变其存储总量。

5.2.3 用时空证明保障数据的安全性

对于每个 Δ proof 区块（Δ proof 是系统参数），存储服务提供者都必须向网络提交时空证明，只有网络中大多数算力认为它们是有效的，才会被成功添加到区块链中。在每个区块中，每个全节点会更新存力分配表（AllocTable），添加新的存储分配，删除过期的记录，标记缺少证明的记录。可以通过分配表的记录来对存储服务提供者 M_i 的能力进行计算和验证。这些可以通过两种方式来完成。

- 全节点验证。如果节点拥有完整的区块链记录，则可以从创世区块开始运行网络协议直到当前区块，并读取存储服务提供者 M_i 的 AllocTable。这个过程中验证了每一个 M_i 存储的时空证明。
- 简单存储验证。假设轻客户端可以访问广播最新区块的信任源，轻客户端可以从网络中的节点请求 M_i 在当前分配表中的记录、包含该记录的最新区块的状态树中的 Merkle 路径，以及从创世区块到当前区块的区块头。这样轻客户端就可以将时空证明的验证委托给网络。

存力计算的安全性来自时空证明的安全性。因此，PoSt 保证了存储服务提供者无法对其所承诺的存储数量说谎。事实上，它们不能声称能够存储超过其存储空间的数据，因为这会花费时间来运行 PoSt.Setup。

5.2.4 使用存力达成共识

Filecoin 通过扩展现有的（以及未来的）权益证明一致性协议（其中股权会被已完成的存储承诺代替）。Filecoin 改进了权益证明一致性协议，同时提出了一个基于预期共识（Expected Consensus，EC）的前期工作构建方案。我们的策略是在每一轮选举出一个（或多个）存储服务提供者，并且存储服务提供者赢得选举的概率与它们所分配得到的存储成比例。

提起预期共识，人们的基本直觉是不可预测的，但确定性是可验证的。Filecoin 目前在每个周期内秘密选举一个小的 Leader 集合。期望值是每个周期内当选的 Leader 为 5 个，但一些周期内可能有 0 个或者更多个 Leader。Leader 通过创建新区块并广播来扩展区块链网络。在每个周期，每个区块链将延伸一个或多个区块。在某个无 Leader 的周期内，空区块被添加到区块链中。虽然链中的区块可以被线性排序，但其数据结构是有向无环图。EC 是一个概率共识，每个周期都使得前面的区块更加确定，最终达到了足够的确定性，且出现不同的历史块链的可能性是非常小的。如果大多数参与者都通过在选定的区块链上创建区块来扩展区块链，加大这个区块所属链的重量，那么这个区块就被确认了。

Filecoin 的选举方案需要具有三个属性：公平、保密和公开可验证性。

- 公平——每个参与者每次选举只有一次试验，因为签名是确定性的，而且 t 和 rand(t) 是固定的。假设 H 是无偏地生成 L 位摘要的加密哈希函数，S_j 是 M_j 对 rand(t) 的签名，则 $H(S_j)/2^L$ 是从（0，1）均匀选择的实数，而且这个数是确定性的。利用这个数是否小于 M_i 的实际算力占比进行比较，确定是否有出块权，那么算力占比越高，其出块的概率也相应提高，出块概率与算力占比成正比。
- 保密——由于有能力的攻击者不拥有 M_i 用来计算签名的密钥，考虑到数字签名的假设，这是可以忽略不计的。
- 公开可验证——因为当选 Leader 需要提交有效的签名 S_j，这可以通过此存储服务提供者的公钥来进行验证，同时，rand(t)、P_{tj}、H、L 都是已知的，因此验证者可以在验证签名后，重复同样的计算来验证选举结果。

5.3 预期共识算法的实现

Filecoin 建立在时空证明之上。从出块者选举的角度而言，它是一种权益证明（PoS）。但是与大多数权益证明不同，权益并不是以通证（Token）的抵押来获取的，而是通过验证存储来得到的。验证存储在 Filecoin 中称为时空证明（PoSt）。但在此之前，需要有一个获得存储的过程，这个过程通过复制证明（PoRep）来实现。

预期共识是一种概率性拜占庭容错共识协议。从高维度来看，它通过在每个时期进行一次领导人选举来运作，在这种情况下，可以预期一定数量的参与者能够创造块。EC 保证这些获奖者是匿名的，直到它们通过提交所选的证据来揭示自己，即选举。每个获胜者每轮可以提交一份这样的证明，并根据其存力得到相应的奖励。此时，每个获奖者还将创建一个存储证明（也称为 WinningPoSt）。每个证明都可以从格式正确的 Beacon 条目中得出。

Filecoin 链有一个"重量"的概念，用于分叉处理。在给定回合中提交的所有有效块均构成 TipSet。TipSet 中的每个块都会增加其链的重量。因此，随着链的高度增加，其重量也会增加：同一高度包含的块越多，链就越重。最佳链是重量值最高的链，也就是说，分叉选择规则是选择已知最重的链。有关如何选择最重链的详细信息，请参见 5.4.3 节。预期每轮至少会产生数个（当前设定为 5 个）区块，如果在给定的轮次中没有人找到区块，那么存储服务提供者可以简单地使用适当的随机种子为下一个高度再次进行领导人选举，从而保证协议的活跃性。

证明中使用的随机性是通过 Beacon 从无偏随机数生成器 Drand 获得的。当存储服务提供者想要发布一个新区块时，会调用 GetRandomness 函数来提供链高（即 Epoch）作为输入。随机数通过 Drand Beacon 返回并包含在块中。有关 Drand 及其实施的详细信息，请查阅项目的文档和规范。

5.3.1 预期共识中的 Ticket

Ticket（票证）在预期共识中是一串随着链生长的可验证随机数，这里有两种 Ticket。
- ElectionProof Ticket：基于 Drand 输入运行的 VRF。特别是，存储服务提供者会获得随机 Beacon，并将其与密钥一起作为 VRF 的输入。
- 使用上述 VRF 生成的 Ticket，但输入内容包括前一个 Ticket 的串联。这意味着将在旧 Ticket 上运行 VRF 并与新的 Drand 值（以及之前的密钥）连接生成新的 Ticket。示例如下：

```
Drand_value = GetRandomness(current epoch)
Election_Proof = VRF(sk, drand_value)
VRF chain: new_ticket = VRF(sk, drand_value || previous ticket)
```

在存储算力共识（SPC）中，存储服务提供者为进行领导人选举的每个区块生成一张新的 Ticket。这意味着票证链始终与区块链一样长。

通过使用 VRF 以及公正的 Drand，可以达到以下两个目的：
- 确保领导人的机密性，这意味着在块生产者将其块释放到网络之前，谁都不知道这一轮的新随机数。
- 证明领导人选举，这意味着网络中的任何参与者都可以验证块生产者。

5.3.2 秘密领导人选举

预期共识是一种共识协议，它按照权重从加权集中选出一名存储服务提供者来进行工作。就 Filecoin 而言，参与者和权限均来自算力表，其中 Drand 权力等同于随着时间的推移而提供的存储。

预期共识中的领导人选举必须是秘密的、公平的和可核查的。这是通过在选举过程中混入随机性来实现的。就 Filecoin 的预期共识而言，区块链使用 Beacon 条目。这些种子被用作领导人选举的一个公正的随机数。每个区块标头都包含由存储服务提供者使用适当的种子派生的 ElectionProof。如前所述，可以通过两种方式在 Filecoin EC 中使用随机性：1）通过 ElectionProof 数据证明产生随机数；2）通过链上 VRF 获取随机数。

1. 领导人选举的过程

对于已经提交的区块，必须检查创建该区块的存储服务提供者，以验证其是否有资格在此轮中开采区块。

这里的设计目标包括：
- 存储服务提供者应根据其在系统中的能力得到相应的奖励。
- 系统应该能够根据期望调整每个时期放出多少块（因此称为"预期共识"）。

在制作块时，存储服务提供者将 ElectionProof 的 Ticket 进行归一化处理。

2. 赢得一个块

步骤 1，检查领导人选举。

在实际场景中，存储服务提供者可以通过调用 GenerateElectionProof 来查看自己是否被选中，这与其算力有关。调用时会查看 ElectionPowerTableLookback 高度的算力，在设置这个值的时候，要求时间周期必须长于 ChainFinality，即需要查看过去超过 ChainFinality 的算力。这是因为如果查看的周期不够长，一个不诚实的存储服务提供者可以制造出不一样的 VRF key 来增加其被选中的概率。

通常，在权益证明系统中进行攻击的步骤是：

1）存储服务提供者生成在选举的 VRF 部分使用的 key，直到找到允许获胜的密钥为止。

2）存储服务提供者对链进行分叉，并通过更换私钥来赢得选举。

在权益证明系统中，这通常是一个问题。在该系统中会从过去读取权益表，以确保没有参与者能将权益转移到它们发现要赢的新 key 上。

步骤 2，生成一个存储的 Proof。

一个选举成功的存储服务提供者从 Drand 上通过当前高度获取随机数，然后用它生成 WinningPoSt。

WinningPoSt 利用随机性来选择存储服务提供者，且必须为其生成证明的扇区。如果存储服务提供者无法在某个预定义的时间内生成该证明，那么将无法创建区块。该扇区是从过去的算力表中 WinningPoStSectorSetLookback 时期选择的。

与 ElectionPowerTableLookback 相似，设置 WinningPoStSectorSetLookback 的要求是它必须大于 ChainFinality。这是为了强制存储服务提供者无法使用算力表并更改 WinningPoSt 面临挑战的扇区（即将面临挑战的扇区设置为它们的偏好之一）。

如果 WinningPoStSectorSetLookback 不超过 ChainFinality，则存储服务提供者可以尝试创建分叉来更改其扇区分配，以使更有利的扇区受到挑战。一个简单的攻击可能如下所示：

高度 X 的算力表显示攻击者具有扇区 1、2、3、4、5，存储服务提供者决定不存储扇区 5，它如何在高度 X 获取出块？

主叉——要求存储服务提供者获得扇区 5 的 WinningPoSt，它无法提供该区的证明。存储服务提供者创建一个分叉，在 X 之前的时期终止扇区 5。现在，在高度 X，存储服务提供者面临的挑战是不同的扇区（不是 5）。

请注意，此攻击有多种变体，例如存储服务提供者引入了一个新扇区来更改将挑战的扇区。

如果有一个扇区在 WinningPoStSectorSetLookback 之后过期该如何呢？

在生成 WindowPoSt 期间，将不会对已失效的扇区进行质询（因此在失效后不会受到惩罚）。但是，围绕 WinningPoStSectorSetLookback 比 ChainFinality 更长这一情况的一个极端情况是，由于回溯，存储服务提供者可以在 expirationEpoch 和 expirationEpoch + WinningPoStSectorSetLookback−1 之间的过期扇区中受到挑战。因此，重要的是，存储服务提供者需要在扇区到期后保持过期的扇区 WinningPoStSectorSetLookback，否则它们将无法生成 WinningPoSt（并获得相应的奖励）。比如：在高度 X，扇区到期，存储服务提供者删除该扇区；在高度 $X+$WinningPoStSectorSetLookback-1，已为 WinningPoSt 过程选择了一个过期的扇区，存储服务提供者将无法生成 WinningPoSt，也不会赢得该扇区。

步骤 3，区块的创建和传播。

区块的创建包括选择消息和填写区块头信息等，详情请参阅第 10 章。

自此，区块生产者完成选举并出块。网络中的其他节点可以通过区块头中的证明信息验证出块人的合法性和选举的有效性。

5.3.3　生成选举证明

GenerateElectionProof 函数输出存储服务提供者是否赢得了该区块的结果以及所开采区块的质量。出块权证明中的 WinCount 参数表明出块人得到的赢票数。WinCount 是一个整数，用于计算重量和区块奖励。例如，等于 2 的 WinCount 等同于两个重量为 1 的块。

算法流程如下：

1）获取算力百分比。在 ElectionPowerTableLookback 区块获得存储服务提供者的算力以及总网络的算力。

2）使用 GetRandomness 获取当前高度的随机数。

3）生成一个 VRF 并且算出它的哈希值。在这个步骤中，会将存储服务提供者的私钥作为计算 VRF 过程中的一个输入因子。

4）计算 WinCount，哈希值越小，WinCount 越高。

- 计算获胜的 k 个区块的概率分布（即泊松分布，请参见下面的详细信息）。
- 令 h_n 为归一化的 VRF，即 h_n = vrf.Proof/2 ^ 256，其中 vrf.Proof 是 ElectionProof 票证。
- 至少赢得一个区块的概率为 $1-P[X=0]$，其中 X 为遵循泊松分布的泊松随机变量，参数为 lambda = MinerPowerShare * ExpectedLeadersPerEpoch。因此，如果 h_n 小于 1−P[X=0]，则存储服务提供者赢得至少一个区块。同样，如果 h_n 小于 1−P[X=0]−P[X=1]，则至少赢得两个区块，依次类推。

在 Filecoin 的设计中，每个高度的期望赢票数为 5，因此有可能一个高度获得超过一张赢票。为了节省网络资源，不允许单个存储服务提供者发布两个不同的区块，WinCount 的设计使得在这种情况下存储服务提供者可以生成包含两个 WinCount 的区块，该区块会获得两个区块奖励。

关键的说明与证明

为什么使用泊松分布？

Filecoin 的设计原则是：存储服务提供者的算力占全网算力 X%，那么在选举人算法中，它就应该赢得和 X 个占全网算力 1% 的存储服务提供者一样多的赢票。一个直接的想法是应该使用二项分布（p=MinerPowerShare/TotalPower 且 n=ExpectedLeadersPerEpoch）。但是，考虑到设计者实际上希望每个存储服务提供者掷出不相关的骰子，并且希望存储服务提供者池不变，事实证明，泊松分布是该案例中的理想分布。

尽管有这个发现，还是要根据概率质量函数来评估两个分布之间的差异。

使用 lambda = MinerPowerShare * ExpectedLeadersPerEpoch 作为泊松分布的参数，并假设 TotalPower = 10 000，MinerPowerShare = 3300, ExpectedLeadersPerEpoch = 5，从结果发现，二项分布和泊松分布的概率质量函数相差不大，如表 5-1 所示。

表 5-1 二项分布和泊松分布模拟结果

k	二项分布	泊松分布
0	0.191 97	0.192 05
1	0.316 91	0.316 88
2	0.261 50	0.261 43
3	0.143 81	0.143 79
4	0.059 30	0.059 31
5	0.019 55	0.019 57
6	0.005 37	0.005 38
7	0.001 26	0.001 27
8	0.000 26	0.000 26
9	0.000 05	0.000 05

为什么需要 WinCount？

对于一个存储服务提供者来说，其算力必须保持在一个身份之下，不可能将其权力分解为多个身份以获得更多的机会来赢得更多的区块。特别是下面的策略 2 应该不可能实现。

策略 1：X% 的存储服务提供者可以进行一次选举并赢得一个区块。

策略 2：该存储服务提供者将自己的权力分配给多个实施女巫攻击的存储服务提供者（总和仍等于 $X\%$），进行多次选举以赢得更多区块。

所以 WinCount 保证，存储服务提供者无论是一个身份还是多个身份，只要其权力总量不变，其获取的 WinCount 的总概率是相同的。

关于为什么使用这个分布函数来计算 WinCount 还有很多更详细的讨论，可以在 Filecoin 的规范中看到，本书只做概述。

5.3.4 分布函数的选择

一个存储服务提供者的 WinCount 分布函数考虑了伯努利分布、二项分布和泊松分布。例如，存储服务提供者的算力为 p，全网总存力为 N，每轮期望赢票数为 E，在此情况下，分布函数有以下选项。

选项 1 WinCount$(p, N) \sim$ Bernouli(pE/N)，即遵从以 pE/N 为参数的伯努利分布。

选项 2 WinCount$(p, N) \sim$ Binomial $(E, p/N)$，即遵从以 E、p/N 为参数的二项分布。

选项 3 WinCount$(p, N) \sim$ Binomial $(p, E/N)$，即遵从以 p、E/N 为参数的二项分布。

选项 4 WinCount$(p, N) \sim$ Binomial $(p/M, ME/N)$，即遵从以 p/M、ME/N 为参数的二项分布。这里的 M 为自定义参数，可以将其设置成 1，2，3 等，设定不同的参数将影响计算量和公式的准确性。

选项 5 WinCount$(p, N) \sim$ Poisson(pE/N)，即遵从以 pE/N 为参数的泊松分布。

请注意，在选项 2～5 中，获胜次数的期望随着存储服务提供者的算力 p 线性增长，即 WinCount$(p, N) = pE/N$。对于选项 1，当 $p/N>1/E$ 时，此属性不成立。

此外，在选项 1、3、5 中，WinCount 分布只与算力有关，同一个参与者把算力分布到多个节点并不影响 WinCount 的分布。也就是说，这些选项可以抵御女巫攻击。比如 WinCount$(p, N)=m*$WinCount$(p/m, N)$ 就是一个理想的属性（此处 m 表示将算力切割成 m 份）。

在选项 5（Filecoin 领导人选举中使用的选项）中，每个 _WinCount k 的票证目标范围从 1 到 mE（$m=2$ 或 3）应近似于泊松分布的倒置 CDF，速率为 $\lambda=pE/N$，或更明确地说，

$$2^{256}(1-\exp(-pE/N)\sum_{i=0}^{k-1}(pE/N)^i/(i!))。$$

无论采用哪一个选项，选举的过程就是一个在一种分布下的密码抽签过程。

1. 密码抽签选项分析

一个理想的密码抽签过程最好是公平的，同时又是高效率的。我们来看上面列出的每一个选项。

选项 1　Bernouli(pE/N)：这个方案很容易实现，但有一个缺点——如果存储服务提供者的算力超过 $1/E$，那么存储服务提供者的 WinCount 总为 1，且永远不会高于 1。

选项 2　Binomial(E, p/N)：无论存储服务提供者是否将其权力拆分为多个女巫节点，WinCount 的期望都保持不变，但如果选择拆分，方差会增加。喜欢寻求风险的存储服务提供者更喜欢拆分，而喜欢规避风险的存储服务提供者更喜欢池化，这都不是协议鼓励的行为。此选项在计算上并不昂贵，因为它仅涉及阶乘和定点乘法（或小整数指数）的计算。

选项 3　Binomial(p, E/N)：此选项在计算上效率低下，涉及非常大的整数指数。

选项 4　Binomial(p/M, ME/N)：此选项的复杂度取决于 M 的值。较小的 M 会导致较高的计算成本，这与选项 3 类似；较大的 M 会导致类似于选项 2 的情况，在这种情况下，会激励寻求风险的存储服务提供者使用拆分存储量。显然，这些都不是理想的特性。

选项 5　Poisson(pE/N)：该选项必须对系数进行硬编码（见下文），实现较为困难，但克服了先前选项中存在的所有问题。此外，$\exp(\lambda)$ 或 $\exp(-pE/N)$ 的昂贵部分只需计算一次。

综上所述，选项 5 在效率和公平性上更加合理，因此 Filecoin 采用其作为选举共识实现中的计算方法。

2. 系数近似

我们使用带有 128 位十进制定点系数的霍纳规则，以便近似 $\exp(-x)$ 的系数。系数如下：

```
(x * (x * (x * (x * (x * (x * (x * (
-6487700107578300938185536376 00
*2^(-128)) +
6746948093959378622684764428 6976
*2^(-128)) +
-3197587544499098424029388939 001856
*2^(-128)) +
8924464112199289011837764180 5348864
*2^(-128)) +
-15796561636414405678009823 36819953664
*2^(-128)) +
17685496037279256458459817 5909917169152
*2^(-128)) +
-115682590513835356866803 35598940131328
*2^(-128))
+ 1) /
(x * (x * (x * (x * (x * (x * (x * (x * (x * (x * (x * (x * (
1225524182432722209606361
*2^(-128)) +
11409559230090609824385 9450
*2^(-128)) +
56655704240633360705302 14243
*2^(-128)) +
19445013244860999176513 7938448
```

```
*2^(-128)) +
5068267641632683791026134915072
*2^(-128)) +
1047168906049727968968954276290056
*2^(-128)) +
1748338658439454459487681798864896
*2^(-128)) +
2370465432984131247066018293796044 8
*2^(-128)) +
2593800975679969102826998866703810 56
*2^(-128)) +
2250336698853390384720606936038375 424
*2^(-128)) +
1497827243687654803448626315924602 8800
*2^(-128)) +
7214408898391313132334376578438083 3792
*2^(-128)) +
2245997764071031065965712520371230 47424
*2^(-128))
+ 1)
```

5.4 一些实现细节

本节主要介绍预期共识在 Filecoin 网络的具体实现中的重要细节，建议从事 Filecoin 存储服务的工程师仔细阅读。仅希望对 Filecoin 系统进行常识性了解的读者可以快速浏览或直接跳过此节。

5.4.1 生成选举证明

存储服务提供者在为 Filecoin 网络提供存储空间的同时，可以通过选举成为出块者来获取区块奖励。在这个选举过程中必须提交证明并获得其他存储服务提供者的验证。这些证明数据包含在区块头中。

- 区块头中的 ElectionProof（选举证明）票证结构有两个字段：1）vrf.Proof，VRF 的输出，或 ElectionProof 票证；2）对应于泊松分布结果的 WinCount。
- WinCount 必须大于 0 才能赢得区块。
- WinCount 包含在 TipSet 权重函数中。一个 TipSet 的 WinCount 的总和代替了权重函数中 TipSet 因子的大小。
- WinCount 传递给 RewardActor 以决定获胜的区块奖励数量。

生成 ElectionProof 和获取 WinCount 的 Golang 代码示例如下：

```
GenerateElectionProof(epoch) {
    electionProofInput := GetRandomness(DomainSeparationTag_ElectionProofProduction,
        epoch, CBOR_Serialize(miner.address))
```

```
        vrfResult := miner.VRFSecretKey.Generate(electioinProofInput)

        if GetWinCount(vrfResult.Digest,minerID,epoch)>0 {
            return vrfResult.Proof, GetWinCount(vrfResult.Digest,minerID,epoch)
        }
        return nil
}

GetWinCount(proofDigest, minerID,epoch) {
        const maxDigestSize = 2^256
        MinerPower = GetMinerPower(minerID, epoch-PowerTableLookback)
        TotalPower = GetTotalPower(epoch-PowerTableLookback)
        if minerPower = 0 {
            return 0
        }
        lambda = MinerPower/totalPower*ExpectedLeaderPerEpoch
        h = hash(proofDigest)/maxDigestSize
        rhs = 1 - PoissPmf(lambda, 0)

        WinCount = 0
        for h < rhs {
            WinCount++
            rhs -= PoissPmf(lambda, WinCount)
        }
        return WinCount
}
```

5.4.2 领导人选举核查

为了验证区块中的领导人 ElectionProof 票证是否正确，存储服务提供者执行以下检查：
- 通过检查 GetRandomness(Epoch) 验证随机性是否正确。
- 通过 Verify_VRF(vrf.Proof, beacon, public_key)，使用上述随机性来验证 VRF 正确性，其中 vrf.Proof 是 ElectionProof 票证。
- 通过检查 GetWinCount(vrf.Proof, miner, Epoch) 验证 ElectionProof.WinCount> 0，其中 vrf.Proof 是 ElectionProof 票证。

5.4.3 链的选择

正如在一轮中可以有 0 个存储服务提供者获胜一样，在一轮中也可以选举出多个存储服务提供者。反过来，这意味着在一个回合中多个存储服务提供者会创建多个块。为了避免浪费存储服务提供者完成的有效工作，EC 使用了在一轮中生成所有有效块的决策。

1. 链的权重

分叉可能会在预期共识中自然出现。EC 依靠给链赋予权重来快速收敛到"一个真实的链"，而每个区块都增加了链的权重。这意味着最重的链应该反映出已执行的工作量最多，或者在 Filecoin 场景下，应反映出最大的已承诺存储量。

简而言之，每个区块的权重等于其 ParentWeight 加上该区块的差值权重。

增量权重是一个术语，由以下元素组成：

❏ wPowerFactor，与链的总算力成正比地增加链的权重，即在链的算力表中考虑。
❏ wBlocksFactor，给链增加权重，该权重与给定时期内块的票证数量成正比。它对存储服务提供者的合作（按预期每轮将产生更多的区块）进行奖励。

为了保证精度，重量使用大整数算法进行计算。链的重量随链的长度的增长而增长。算式如下：

```
w[r+1] = w[r] + (wPowerFactor[r+1] + wBlocksFactor[r+1]) * 2^8
```

对于在某一轮 $r+1$ 中给定的一个 TipSet，定义如下计算：

```
wPowerFactor[r+1] = wFunction(totalPowerAtTipset(ts))
wBlocksFactor[r+1] = wPowerFactor[r+1] * wRatio * t/e
```

其中：t = |ticketsInTipset(ts)|，即一个 TipSet 中包含的赢票数 e 为协议中设定的每个高度预期的赢票数，在当前实现中设定为 5。

因此，为了在各个实现中保持权重的稳定性，采取：

```
wBlocksFactor[r+1] = (wPowerFactor[r+1] * b * wRatio_num)/(e * wRatio_den)
```

最后得出的公式如下：

```
w[r+1] = w[r] + wFunction(totalPowerAtTipset(ts)) * 2^8 + (wFunction(totalPower-
    AtTipset(ts)) * len(ts.tickets) * wRatio_num * 2^8) / (e * wRatio_den)
```

在此处使用 2^8 可以防止 wBlocksFactor 中除法之前的精度损失。

ParentWeight 是给定块的父集的总链权重。它的计算方式为其任何父块的 ParentWeight（给定 TipSet 中的所有块都应具有相同的 ParentWeight 值）加上每个父块的增量权重。为了使计算更加容易，将一个区块的 ParentWeight 存储在该区块本身中，否则，可能需要进行长链扫描才能计算给定区块的权重。

如何在权重相同的时候选取区块呢？

在权重相同的提示之间进行选择时，存储服务提供者会选择最终 ElectionProof Ticket 最小的选项。

如果两个重量相等的 TipSet 具有相同的最小 VRF 输出，则存储服务提供者将比较 TipSet 中的次小票证（ElectionProof Ticket），一直持续到选择了一个 TipSet。

在某些块传播条件下可能会发生上述情况。假设已经从区块 A 创建了 B、C 和 D（分别由存储服务提供者 1、2 和 3）3 个区块，并且 minTicket(B)<minTicket(C)<minTicket(D)。

存储服务提供者 1 输出它们的区块 B 并关闭。存储服务提供者 2 和 3 都收到 B，但没有对方的块。我们让存储服务提供者 2 基于由 B 和 C 构成的 TipSet 来创建区块，而存储服务提供者 3 基于由 B 和 D 构成的 TipSet 来创建区块。如果现在都成功创建了区块，则网络中的其他存储服务提供者将收到由相同重量且相同 TipSet 构建的新区块。这两个 TipSet 中最小的 VRF 输出都是 minTicket(B)，相同，那么此时将比较次小的 Ticket，由于 minVRF(C)<minVRF(D)，因此应该选择基于 [B，C] 创建的区块。

具有不同块的两个 TipSet 有完全相同的 VRF 输出的可能性可以忽略不计，因为这相当于在两个 256 位（或更多）抗碰撞哈希之间找到冲突。

2. EC 中的 ChainFinality

EC 强制执行这样一个措施：在 N 轮之前，所有在 N 轮上的存储服务提供者都将拒绝所有在 $N-F$ 轮之前分叉的区块。比如，我们可以将 F 设为 900。严格来说，EC 是概率性的最终协议，选择这样的 F 可以简化存储服务提供者的实现，并在不会影响链中健康性的前提下，实现宏观上的最终确定性。

5.4.4 共识错误

由于 EC 中存在潜在的分叉，因此存储服务提供者可以尝试过分影响协议公平性。这意味着它们可能会选择忽略该协议，以便获得优于通常应从网络存储中获得的功能的收益。如果存储服务提供者被证明偏离了诚实的协议，则应对其进行处罚。

当给定的存储服务提供者提交满足以下特点的两个区块时，我们称其犯了共识错误：
❏ 两个区块均由同一存储服务提供者开采。
❏ 两个块都有有效的签名。
❏ 第一区块的 Epoch 小于或等于第二区块的 Epoch。

1. 错误类型

❏ Double-Fork Mining Fault：在同一个高度创建了两个不同的区块。
❏ Time-Offset Mining Fault：在不同的高度，基于同一个父块创建了区块。
❏ Parent-Grinding Fault：如果存储服务提供者在上一个高度成功创建了区块，那么在这个高度也能创建区块，但是这个高度的区块的父块的 TipSet 中应该包含自己的块，可实际上没有。

2. 共识错误惩罚

单个共识错误将导致如下后果：
❏ 扣除一个轮次的奖励。
❏ ChainFinality 个高度内不能出块。
❏ ChainFinality 个高度内不能提交 Provecommit 消息和恢复算力。

3. 检测与报告

检测与报告共识故障的节点称为 slasher。Filecoin 中的任何用户都可以成为 slasher。它们可以调用发生故障的存储服务提供者的 StorageMinerActor 上的 ReportConsensusFault 来报告共识故障。slasher 会得到犯错误的存储服务提供者的 ConsensusFaultPenalty 作为所支付的部分罚款，用于将共识错误通知网络。请注意，由于有问题的存储服务提供者的余额较低，一些 slasher 可能无法获得全部奖励。然而，理性、诚实的存储服务提供者仍被激励将共识错误通知网络。

给予 slasher 的奖励是一些由初始份额函数（SLASHER_INITIAL_SHARE）和增长率函数（SLASHER_SHARE_GROWTH_RATE）计算得出的结果，并且具有 maxReporterShare。自从提交出故障的块以来，随着时间的推移，slasher 的份额呈指数增长（请参阅 RewardForConsensusSlashReport）。只有第一个 slasher 获得了质押的份额，其余的质押被烧掉了。slasher 等待的时间越长，被罚的质押品被另外一个 slasher 举报的可能性就越高。

> **注意** 在 Filecoin 的最新版本中，对共识错误的惩罚和举报奖励进行了改进和简化。当前犯错误的存储服务提供者需要支付大约相当于 5 倍记账收益的罚款，并且会被屏蔽一段时间（当前是一个 ChainFinality），这段时间内存储服务提供者只能维持自己已声明的扇区，无法声明新算力或者声明恢复错误扇区，并且无法参与记账过程。

5.5 本章小结

本章主要为读者介绍 Filecoin 的共识机制设计思路和实现方法，包括共识机制的基本原理以及工程实现的挑战。通过对共识机制的基本概念的介绍，与 Filecoin 自身特点相结合，我们可以理解 Filecoin 预期共识机制的创新性设计思路。Filecoin 的预期共识与传统的区块链共识机制的最大区别在于，Filecoin 的共识是一种有用共识，在达成共识的同时，也进行了有效存储证明。同时，Filecoin 的共识机制可以看成 PoW+PoS 的共识机制，在复制证明的过程中，需要进行零知识证明，通过计算证明存储的有效性获得算力，而算力同时就是获取出块奖励的权益。区块链共识机制可以看成一个选举机制，Filecoin 利用 Drand 来达成选举的不可预测性，同时通过泊松分布和密码抽签机制来实现与算力占比一致的出块权概率。在本章的最后，还对一些实现细节进行了描述，包括网络或部分节点导致分叉时该如何进行链的选择，以及对于共识错误的惩罚等。这些都是一个完善的共识机制所必需的部分。

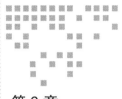

Chapter 6 第 6 章

Filecoin 的其他基础组件

本章将对第 3 ~ 5 章没有提及的但比较重要的部分进行补充,包括加密原语、可验证随机函数以及 Filecoin 使用的一些第三方库。

首先在加密原语部分,介绍了 ECDSA 和 BLS 两种加密算法的基本原理和用法,还介绍了 BLS 的聚合签名功能、相对于传统的 ECDSA,BLS 聚合签名的功能可以有效减少区块链的消息尺寸。在可验证随机函数部分,介绍了在 Filecoin 中广泛使用的两种随机数生成方式,一种是基于链本身的一些随机信息产生的随机数,另一种是结合信标链 Drand 产生的随机数。Filecoin 在推出并构建了新的思想的同时,也使用了一些现存的技术手段,因此在本章的最后介绍了一些第三方库,Drand 主要用于随机数生成,可以引入一些链外的因素,这样生成的随机数更加可靠,IPFSxi 协议用于网络信息的传输,IPLD 用于存储数据的传输以及链数据的存储,libp2p 用于搭建 Filecoin 节点之间的信息传输。

相对而言,本章的理论性更强一些,可为希望深入理解 Filecoin 的读者打下理论基础,想简要了解 Filecoin 的读者可以跳过此章。

6.1 加密原语

加密原语一般包含数据加密以及签名验证等。Filecoin 是一个可以公开验证的区块链系统,其加密原语包含与比特币一致的 ECDSA 签名,以及有更多丰富特性的 BLS 签名,本节将对这两种类型的签名及应用签名的消息进行介绍。

6.1.1 消息及签名

签名是证明特定消息来源的加密函数。在 Filecoin 的场景中，签名用于发送和接收消息，并保证每条消息都是由特定实体生成的。换句话说，实体 i 伪造由 j 生成的签名消息是不可行的（其中 $j!=i$）。

Filecoin 使用签名将区块链上的行为与行为的发起者相关联。例如，Filecoin 使用签名来验证代表存储交易等操作的交易消息。Filecoin 使用签名来验证以下对象的真实性：

- 消息，用户向区块链验证消息。
- 票证，存储服务提供者验证其票证。
- 区块，区块领导人签署区块中的所有数据。

1. 消息

消息（message）是区块链网络中两个实体通信的基本单位，消息具有原子性，即要么完全执行，要么完全不执行。消息的执行会导致网络状态改变，同时网络中实体状态的改变绝大多数由消息触发。要为 Message 类型生成签名，Filecoin 通过消息的 CID（对消息内容的哈希值，作为字节数组）来计算签名。

2. 签名类型

Filecoin 目前使用两种类型的签名：

- ECDSA 签名，在 Secp256k1 椭圆曲线上用于验证用户消息，主要目的是与外部区块链系统兼容。
- BLS12-381，曲线组上的 BLS 签名。

两种签名类型都实现了签名接口，并且每种类型都具有如下代码中的附加特性。
下面的代码是两种签名类型的 Golang 实现。

```
type Message Bytes
type SecretKey Bytes
type PublicKey Bytes
type SignatureBytes Bytes

type SigKeyPair struct {
    PublicKey
    SecretKey
}

type Signature struct {
    Type   SigType           @(internal)
    Sig    SignatureBytes    @(internal)
}

type SigType enum {
    ECDSASigType
    BLSSigType
}
```

6.1.2 ECDSA 签名

Filecoin 在 Secp256k1 曲线上使用 ECDSA 签名算法来验证区块链消息。这是因为该签名能够验证来自其他使用 Secp256k1 的区块链系统（例如比特币或一般交易所）的消息。ECDSA 签名还提供了一个额外的有用功能——从给定的签名中恢复公钥。此功能可以从签名中提取公钥而不是指定公钥的 ID，进而节省区块链上的空间。

ECDSA 签名结构的代码示例如下：

```
// ECDSA 实现了椭圆曲线的签名接口
type ECDSA struct {
    // 签名对象是函数 SigKeyPair.Sign() 返回的结果，能够用于下面几个接口的
    Signature

    // Recover 从签名中恢复公钥
    //
    // 输出:
    //    pk —签名的公钥
    //    err —处理错误
    //    **
    // 输入:
    //    m —签名消息
    //    sig —签名
    //
    Recover(m Message, sig SignatureBytes) struct {pk PublicKey, err error}
}
```

签名格式

Filecoin 使用标准的 Secp256k1 签名格式进行序列化：

```
SignatureBytes = [0x30][len][0x02][r][indicator][s][indicator][recovery]
```

其中，s 是大小为 32 字节的标量；r 是大小为 32 字节的压缩椭圆曲线点（x 坐标）；recovery 是恢复公钥所需的信息，indicator 是一个 2 字节的格式指示符。

有关 Filecoin 如何序列化更多信息，可参见 9.4 节。

6.1.3 BLS 签名

Filecoin 使用在 BLS12-381 椭圆曲线组上的 BLS 签名方案。可以在 Filecoin 的代码仓库中找到默认的 Rust 实现。

BLS 签名需要使用配对曲线，该曲线通常产生三个组：G_1、G_2 和 G_T。在 BLS 签名方案中，可以选择定义公钥和签名的组：

❑ 公钥基于 G_1，签名基于 G_2。
❑ 公钥基于 G_2，签名基于 G_1。

G_1 组"更小"，因此可提供更快的算术运算和更小的元素字节表示。Filecoin 目前使

用 G_1 来表示公钥，使用 G_2 来表示签名。

1. 签名格式

Filecoin 使用 RFC 2.6.1[①]中定义的标准化的方法来序列化 BLS 签名。

2. 合理性

BLS 签名有两个主要特征，使其成为近期区块链系统的理想候选者：
- BLS 签名是确定性的。对于给定的消息和密钥，签名始终相同。该功能消除了大多数随机签名方案的一个巨大的安全漏洞——签名者绝不能重复使用相同的随机数进行签名，否则会暴露其私钥。同样，确定性签名是减少在股权粉碎方面的攻击的理想候选者，这是最近权益证明系统中真正关注的问题。
- BLS 签名是可聚合的。可以将来自不同签名者的签名聚合为一个签名，此功能可以大大节省区块链上的空间，尤其是在聚合用户消息时。

3. 聚合功能

聚合功能是可交换和关联的，支持部分聚合。比如给定（PK1, sig1）、（PK2, sig2）、（PK3, sig3），可以先聚合（PK12 = PK1 + PK2, sig12 = sig1 + sig2），然后用第三个元组聚合以产生（PK123 = PK12 + PK3，sig123 = sig12 + sig3）。

4. 聚合的安全性

朴素的 BLS 签名聚合方案容易受到流氓密钥攻击，攻击者可以自由选择其公钥。为了防止此类攻击，可以采取以下 3 种措施：
- 强制签名的消息是不同的。
- 提供证明私钥的知识。
- 使用一种修改后的格式，例如 BLS 多签。

幸运的是，Filecoin 可以采取第 1 个措施来安全地使用聚合属性——Filecoin 仅使用聚合单个块内的消息签名。由于 Filecoin 使用账户模型来表示链的状态，因此给定签名者的每条消息都与随机数结合使用，以避免重放攻击。直接结果是，每条消息都是唯一的，因此聚合是在不同的消息上完成的。显然，这里的假设是区块生产者强制执行这种区分，而其他存储服务提供者将检查所有消息以确保它们是有效的。

6.2 可验证随机函数

Filecoin 使用可验证随机函数（Verifiable Random Function，VRF）的概念。VRF 使用私钥生成任意消息的摘要，以便每个签名者和每个消息的输出都是唯一的。任何拥有相应公钥、消息和 VRF 输出的第三方都可以验证摘要是否由正确的签名者正确计算。在票证生成

[①] RFC 2.6.1: https://datatracker.ietf.org/doc/html/draft-boneh-bls-signature-00#section-2.6.1。

过程中使用 VRF，允许任何人验证块是否来自合格的块生产者（有关更多详细信息，请参阅 6.2.2 节）。

BLS 签名可以作为构建 VRF 的基础。Filecoin 将其使用的 BLS 签名方案转换为 VRF，Filecoin 使用随机预言模型并进行确定性哈希签名（使用 blake2b 生成 256 位输出）以生成最终摘要。这些摘要通常用作协议中随机性的熵。

VRF 的数据结构和接口如下：

```
type VRFPublicKey PublicKey
type VRFSecretKey SecretKey

// VRFKeyPair 使用公钥和私钥用来生成 VRF 结果

type VRFKeyPair struct {
    VRFPublicKey
    VRFSecretKey

    // Generate 通过给定数值和私钥生成 VRF

    Generate(input Bytes) VRFResult
}

type VRFResult struct {
    Output              Bytes
    Proof               Bytes
    Digest              Bytes
    MaxValue()          Bytes
    ValidateSyntax()    bool

    Verify(input Bytes, pk VRFPublicKey) bool
}
```

6.2.1 随机数

整个协议都使用随机性来生成值并扩展区块链。随机值是从一个 Drand 信标链中提取的，并经过适当的格式化以供使用。

1. 编码信标链

将来自 Drand 信标的熵收集在一起，成为一个更通用的数据结构——BeaconEntry（信标条目），定义如下：

```
type BeaconEntry struct {
    // Drand 随机数轮次
    Round uint64
    // Drand Signature 这个轮次上 Beacon 产生的一个随机数值
    Data  []byte
}
```

将 BeaconEntry 与其他值组合，生成一个可以指定某个特定地址或时期的随机数。为了用作熵的一部分，将这些值组合在对象中，然后可以根据其代数数据类型对这些对象进行 CBOR 序列化。

2. 域分离标签

此外，Filecoin 定义了域分离标签，在创建熵时用它来预先进行随机输入。

协议中使用的所有随机性都必须与唯一的域分离标签（Domain Separation Tag，DST）以及某些签名和可验证的随机函数用法一起生成。

3. 形成随机种子

BeaconEntry 与一些元素结合作为协议的一部分：

- ❑ DST：类似于"命名空间"，用以区分随机性的不同用途，确保用于不同目的的随机性不会与协议中其他地方使用的随机性发生冲突。
- ❑ 和区块高度配合，这样可以保证：
  - 选举的持续性。如果在一轮中没有选出任何人并且没有新的信标值出现（即如果信标频率比 Filecoin 中的出块频率慢），新的高度数将作为参数以产生新的随机数。
  - 其他随机性。结合上下文无关的随机参数生成新的随机数（例如，若我们希望每个存储服务提供者的随机性不同，则使用存储服务提供者的地址）。

虽然不是每次使用熵都需要所有元素（例如，在创世区块出现之前或领导人选举之外不需要包含轮数，其他熵只是有时使用等），但为了整个协议的一致性/简单性，Filecoin 使用如下方法产生随机数。

在第 n 轮中，对于给定的回看轮数 l 和序列化熵 s，有：

```
GetRandomness(dst, l, s):
    ticketDigest = beacon.GetRandomnessFromBeacon(n-l)
    buffer = Bytes{}
    buffer.append(IntToBigEndianBytes(dst))
    buffer.append(randSeed)
    buffer.append(n-l) //the sought epoch
    buffer.append(s)
    return H(buffer)
```

通过获取第 n–1 轮的随机信标链产生的随机数，并与 s 一起通过哈希函数产生需要使用的随机数，保证足够的随机性。

6.2.2 从 VRF 中抽取票据

在某些地方，协议需要从 Filecoin 区块链的 VRF 链（它为每个新块生成票证）而不是从随机信标中提取随机数，以便将某些证明与一组特定的 Filecoin 块（即给定链或分叉）对应。特别是 SealRandomness 必须取自 VRF 链，以确保没有其他分叉可以重放 Seal。

对于给定的一条链，在高度 e 寻找票据可以遵循如下过程：

```
GetRandomnessFromVRFChain(e):
```

```
While ticket is not set:
    Set wantedTipsetHeight = e
    if wantedTipsetHeight <= genesis:
        Set ticket = genesis ticket
    else if blocks were mined at wantedTipsetHeight:
        ReferenceTipset = TipsetAtHeight(wantedTipsetHeight)
        Set ticket = minTicket in ReferenceTipset
    If no blocks were mined at wantedTipsetHeight:
        wantedTipsetHeight--
        (Repeat)
return ticket.Digest()
```

用通俗的语言来说，这意味着：
- 如果高度 e 包含多个块，请选择 TipSet 中最小的票证。
- 当从一个没有区块的高度采样一张票据时，从前一个有区块的高度中抽取最小票证。

该票据与域分离标签、所寻求的轮数以及适当的熵相结合，可以形成协议中各种用途的随机性。

6.2.3 使用随机数

由于随机性具有多种用途，因此可能需要不同的随机数生成过程。可以通过使用随机数的不同请求输入来实现生成随机数的差异化，通常是采用此随机对象输入的 CBOR 序列化结果来进行计算。

例如，使用来自 foo 类型对象的熵，则其 CBOR 序列化结果可以作为 GetRandomness() 函数的一个随机因子。如果同时使用一个 foo 类型的对象和一个 bar 类型的对象作为熵，则可以定义一个 baz 类型的对象，它包括所有需要的熵，并在 GetRandomness() 中包括它的 CBOR 序列化，示例代码如下：

```
type baz struct {
    firstObject     foo
    secondObject    bar
}
```

目前，在 Filecoin 协议中许多地方都需要用到熵，下面是其中比较重要的方面。
- TicketProduction：需要用到 MinerIDAddress。
- ElectionProofProduction：需要用到当前高度和 MinerIDAddress（高度在取 Ticket 时已经混入，因此实际上与仅添加 MinerIDAddress 作为熵是一样的）。
- WinningPoStChallengeSeed：需要用到 MinerIDAddress。
- WindowedPoStChallengeSeed：需要用到 MinerIDAddress。
- WindowedPoStDeadlineAssignment：需要用到 MinerIDAddress。
- SealRandomness：需要用到 MinerIDAddress。
- InteractiveSealChallengeSeed：需要用到 MinerIDAddress。

对于每一个存储服务提供者来说，其 MinerIDAddress 都是不同的。因此，引入 MinerIDAddress 到随机数的生成过程中，能够确保每个存储服务提供者所得到的随机数是不同的。即使不同的存储服务提供者由相同的 Worker 来管理，使用同样的签名，但是 MinerIDAddress 作为输入因子仍然能够保证它们的随机性和差异化。

6.3　Filecoin 引用的第三方库

本节介绍 Filecoin 引用的重要的第三方库，包括 Drand、IPFS、IPLD 和 libp2p。这里的第三方库是指这些库本身不直接属于 Filecoin 项目中开发的库。这里要指出的是，协议实验室是这些开源库的主要开发者，同时这些库也广泛应用于 Filecoin 之外的其他领域。

6.3.1　Drand

Drand（分布式随机数）是一种可公开验证的随机信标协议，Filecoin 将其作为领导人选举的无偏熵来源（请参阅 5.3.2 节）。

从一个高的视角看，Drand 协议运行一系列 MPC（多方计算）以生成一系列确定的、无偏的、可验证的随机值。具体来说，在进行可信设置之后，一组彼此已知的 n 个 Drand 节点使用 t 个阈值 BLS 签名，在一系列以规则间隔（Drand 轮次时间）发生的连续轮次中对给定消息进行签名。任何收集到 t 个签名的节点都可以重建完整的 BLS 签名，然后可以对这个签名进行哈希计算，以生成一个集体随机值，该值可以根据可信设置期间生成的集体公钥进行验证。请注意，虽然这可以由 Drand 节点完成，但应该由信标的消费者检查随机值（即哈希值）。在 Filecoin 中，我们使用 blake2b 对其进行哈希处理以获得 256 位输出。

Drand 假设 n 个节点中至少有 t 个是诚实的（并且在线活跃）。如果低于 t 个活跃节点，那么这个阈值被打破，攻击者可以永久停止随机数的产生，但不能伪造随机数。

感兴趣的读者可以通过相关的 GitHub 地址或者规格说明书来了解 Drand 的更多知识。

下面我们将介绍 Filecoin 协议如何利用 Drand 的随机性，以及 Filecoin 使用的特定 Drand 网络的一些特征。

1. Drand 随机数结构

轮询适当的 Filecoin 节点（有关 Filecoin 使用的 Drand 网络的详细信息，请参见"在 Filecoin 中使用 Drand 值"部分），将返回格式如下的 Drand 值（例如）：

```
{
    "round": 367,
    "signature": "b62dd642e939191af1f9e15bef0f0b0e9562a5f570a12a231864afe4683
        77e2a6424a92ccfc34ef1471cbd58c37c6b020cf75ce9446d2aa1252a090250b2b1441
        f8a2a0d22208dcc09332eaa0143c4a508be13de63978dbed273e3b9813130d5",
    "previous_signature": "afc545efb57f591dbdf833c339b3369f569566a93e49578db4
        6b6586299422483b7a2d595814046e2847494b401650a0050981e716e531b6f4b62090
```

```
           9c2bf1476fd82cf788a110becbc77e55746a7cccd47fb171e8ae2eea2a22fcc6a512486d"
}
```

具体来说，Drand 的结构包括：

- 签名——根据前一个签名值和当前轮数，通过 BLS 阈值签名获得。
- PreviousSignature——上一轮 Drand 的阈值 BLS 签名。
- Round——此 Drand 网络产生的所有随机值序列中的随机性指数。

具体来说，签名的消息是作为 uint64 处理的轮数和前一个签名的串联。目前，Drand 使用的签名算法是 BLS12-381 曲线上的 BLS 签名，并且是通过 v7 RFC 哈希计算来实现曲线间的线性映射，同时签名是在 G1 上制作的。

2. 轮询 Drand

Filecoin 节点从选定的 Drand 网络的分发网络中获取 Drand 条目。

Drand 通过多个分发渠道（HTTP 服务器、S3、gossiping 等）分发随机数。简而言之，消费者不会直接访问 Drand 节点本身，而是设置高可用性中继以通过这些分发渠道服务 Drand 值。有关 Drand 网络配置的更多信息，请参阅以下部分。

在初始化时，Filecoin 使用包含以下内容的链信息初始化 Drand 客户端：

- Period——每次进行随机生成之间的时间段。
- GenesisTime——Drand 随机链中第一轮的创建时间。
- PublicKey——验证随机性的公钥。
- GenesisSeed——用于创建第一个随机性的种子。

注意，可以简单地存储此链信息的哈希值，并在 /info 端点上检索来自 Drand 分发网络的内容。

此后，Filecoin 客户端可以调用 Drand 的接口获得 Drand 随机数：

- /public/latest，获取信标产生的最新随机数。
- /public/<round>，获取信标在给定轮次产生的随机数。

3. 在 Filecoin 中使用 Drand 值

Drand 在 Filecoin 中用作领导人选举的随机信标。

虽然 Drand 每次调用信标都会返回多个值，但 Filecoin 块只需要存储这些值的一个子集即可跟踪完整的 Drand 链。然后可以将此信息与链上数据混合以用于 Filecoin。

验证 Drand 值是指，从信标接收到新的随机值后，Filecoin 节点应立即验证其有效性。也就是说，应该验证以下内容：

- Signature 字段由信标的公钥验证为信标的 SHA256 签名（PreviousSignature || Round）。
- Randomness 字段是 SHA256（签名）。

创造区块时获取适当的 Drand 值，在所需的 Drand 轮数和 Filecoin 链高度之间存在确定性映射。

在初始化对 Drand 信标的访问后，Filecoin 节点应该可以访问以下值：
- filEpochDuration——Filecoin 网络的高度持续时间（任何两次领导人选举之间）。
- filGenesisTime——Filecoin 创世时间戳。
- filEpoch——当前的 Filecoin 高度。
- drandGenesisTime——Drand 的创世时间戳。
- drandPeriod——Drand 高度的持续时间（在任意两个随机数产生的时间间隔中）。

使用上述内容，Filecoin 节点可以使用两个网络对实时的依赖来确定在一个时期的秘密领导人选举中使用的适当 Drandround 值，如下所示：

```
MaxBeaconRoundForEpoch(filEpoch) {
    // 从当前的区块高度获取最新的 Filecoin 时间戳信息
    var latestTs
    if filEpoch == 0 {
        latestTs = filGenesisTime
    } else {
        latestTs = ((uint64(filEpoch) * filEpochDuration) + filGenesisTime) -
            filEpochDuration
    }
    // 根据时间戳获取 Drand 高度
    // 注意 Drand 的起始高度是 1
    dround := (latestTs - drandGenesisTime) / uint64(drandPeriod) + 1
    return dround
}
```

4. 边缘情况和处理 Drand 中断

有一个很重要的关联需要注意，任何 Drand 信标中断都会有效地叫停 Filecoin 块生产。鉴于没有产生新的随机性，Filecoin 存储服务提供者无法生成新块。具体来说，在中断期间应该阻止对 Drand 网络的任何调用。

在信标停机恢复后，Drand 节点将快速赶上当前高度。因此，虽然 Filecoin 存储服务提供者无法在 Drand 中断期间创建块，但由于 Drand 值的快速产生，它们很快就能够进行领导人选举。我们称之为"追赶"时期。

在"追赶"时期，Filecoin 节点将回溯它们的区块，并根据区块的轮次来计算应当使用哪些高度的 Drand 轮次的随机数。在网络中断期间，存储服务提供者可以选择发布空块（包括整个块中的适当 Drand 条目，根据时间到轮次映射），或者（更有可能）尝试制作可能已创建的有效块。

请注意，基于 Filecoin 网络的去中心化程度，我们预计在此期间会看到不同程度的存储服务提供者协作。这是因为有两个激励因素在起作用：一是可以通过在网络中断期尝试有效区块以获取区块奖励；二是可以通过创建区块来增加链的重量，增加成为最重链的可能性，从而不至于被大多数节点抛弃。

无论如何，在"追赶"时期之后会出现一个更重的链，创建块可以正常恢复。

6.3.2 IPFS 协议

Filecoin 构建在与 IPFS 相同的底层堆栈上，包括通过 libp2p 点对点连接节点和使用 IPLD 寻址数据。因此，它借鉴了星际文件系统（IPFS）的许多概念，例如内容寻址、CID（严格来说是 Multiformats 规范的一部分）和 Merkle-DAG（这是 IPLD 的一部分）。它还直接使用 Bitswap（IPFS 中的数据传输算法）和 UnixFS（建立在 IPLD Merkle-Dags 之上的文件格式）。

1. Bitswap

Bitswap 是一种简单的点对点数据交换协议，主要用于 IPFS，它也可以独立于构成 IPFS 的其余部分使用。在 Filecoin 中，在节点同步（"赶上"）但 GossipSub 未能将某些块传送到节点时，可使用 Bitswap 来请求和接收块。

2. UnixFS

UnixFS 是一种基于协议缓冲区的格式，用于描述 IPFS 中的文件、目录和符号链接。UnixFS 在 Filecoin 中用作提交到 Filecoin 网络的文件的格式指南。

3. Multiformats 协议

Multiformats 是一组自描述协议值。这些值对数据层（IPLD）和网络层（libp2p）都很有用。Multiformats 包括 IPLD 和 IPFS 使用的内容标识符（CID）、多编解码器、多基和多地址（由 libp2p 使用）的规范。

4. CID

Filecoin 使用 IPLD 的 CID 引用数据。

CID 是一个哈希摘要，前缀为其哈希函数和编解码器的标识符。这意味着可以仅使用此标识符验证和解码数据。

当 CID 被打印为字符串时，它们还使用 Multibase 来标识正在使用的基本编码。

6.3.3 IPLD 协议

IPLD（Inter Planetary Linked Data）是内容可寻址网络的数据模型，它提供了构建 Merkle-DAG 数据结构的标准和格式，用于表述有关联的数据结构，例如文件系统。在利用 IPLD 构建的生态中，数据通过其哈希值进行索引，并通过数据描述进行链接。在统一的信息空间中，通过哈希链接构成的数据集是一个有关联、有意义的子信息空间。例如，一个网页可以描述为 IPLD 关联的数据集，一个页面可以通过内容哈希关联相关的图片、文字、视频等内容，并形成一个信息集合。这是一个非常有用的功能，在 Filecoin 中被广泛使用。

IPLD 引入了几个概念和协议，例如内容寻址、DAG-CBOR 编解码器、内容可寻址存档（Content Addressable aRchives，CAR）文件格式以及 GraphSync 协议等。

1. 内容寻址

内容寻址是 IPLD 协议的基础。在 IPLD 的数据模型中，每一个数据内容都通过一个内容标识（Content IDentifier，CID○）来建立索引。CID 是基于内容的哈希值，因此它仅仅与内容本身相关，而与内容的存放地无关。这个特性意味着：

- 任何不同的内容其 CID 是不同的。
- 相同的内容无论存储在何地，都会产生相同的 CID。
- 相同的 CID 获得的数据也相同，也就是说，同样的数据可以从不同的地方获取。在 IPFS 网络的支持下，用户可以直接通过 CID 获取内容，而无须关心数据存放在何处。

同时，IPLD 通过一个有向无环图结构来组织数据之间的关系，采用类似目录树和超链接的数据结构来建立多级索引。

2. DAG-CBOR 编码

所有 Filecoin 系统数据结构都使用 DAG-CBOR（一种 IPLD 编解码器）存储。DAG-CBOR 是 CBOR 的一个更严格的子集，具有预定义的标记方案，专为哈希链接数据 DAG 的存储、检索和遍历而设计。

Filecoin 网络上的文件和数据也使用各种 IPLD 编解码器（不一定是 DAG-CBOR）进行存储。IPLD 在数据之上提供一致且连贯的抽象，允许 Filecoin 构建复杂的多块数据结构并与之交互，例如 HAMT 和 AMT。Filecoin 使用 DAG-CBOR 编解码器对其数据结构进行序列化和反序列化，并使用 IPLD 数据模型与该数据交互，在此基础上构建了各种工具。IPLD 选择器还用于寻址链接数据结构中的特定节点。

3. CAR 文件格式

CAR 文件格式用于将内容可寻址对象以 IPLD 块数据的形式存储为字节序列，通常保存在具有 .car 文件扩展名的文件中。

CAR 格式通过序列化其 IPLD DAG 来生成 Filecoin Piece（Filecoin 中文件的主要表示形式），然后 CAR 文件经过进一步的转换以生成 Piece CID。

4. GraphSync

GraphSync 是一种请求—响应协议，可在不同对等方之间同步图的一部分（经过身份验证的有向无环图，DAG）。它使用选择器来标识要在不同对等方之间同步的图的特定子集。

○ 关于 CID，可参阅 IPFS 文档 https://docs.ipfs.io/concepts/content-addressing/#identifier-formats。

Filecoin 使用 GraphSync 来同步区块链的各个部分。

6.3.4 libp2p 协议

libp2p 是用于点对点网络的模块化网络协议栈。它由一个模块目录组成，P2P 网络开发人员可以从中选择和重用需要的协议，同时使应用程序之间的升级和互操作变得容易。这包括多种协议和算法，以实现高效的对等通信，如对等发现、对等路由和 NAT 穿透。虽然 IPFS 和 Filecoin 都使用 libp2p，但它是一个独立的协议栈，也可以独立于这些系统使用。

libp2p 有多种实现，可以在 libp2p GitHub 存储库中找到。libp2p 的规范可以在其规范 repo 及其文档中找到，网址为 https://docs.libp2p.io。

下面我们将讨论在 Filecoin 中如何使用 libp2p 的一些组件。

1. DHT

Filecoin 使用 libp2p 的 Kademlia DHT 实现对等发现和对等交换。libp2p 的 PeerID 可以作为 Filecoin 存储服务提供者和更普遍的 Filecoin 节点的 ID 方案。客户端查找存储服务提供者信息（例如存储服务提供者地址）的一种方法是，使用 DHT 将关联的 PeerID 解析为存储服务提供者的多地址。

2. GossipSub

GossipSub 是 libp2p 的 pubsub 协议。Filecoin 使用 GossipSub 在 Filecoin 节点之间进行消息和块传播。GossipSub 最近的强化扩展包括许多技术，使其能够抵御各种攻击。

消息和块头与消息引用一起使用 libp2p GossipSub 路由传播。为了保证不同实现之间的互操作性，所有 Filecoin 节点都必须实现和使用该协议。所有 pubsub 消息都经过身份验证，并且必须在进一步传播之前进行语法验证。

GossipSub 是一种基于 Gossip 的 pubsub 协议，它利用两种类型的链接来传播消息：1）以急切推送（即主动发送）方式携带完整消息的网状链接；2）仅携带消息标识符的 Gossip 链接，并实现了惰性拉动（即响应式请求）传播模型。Mesh 链路形成一个全局的网状连接结构，一旦接收到消息，它们就被完整地转发到网状连接的节点，实现了 eager-push 模型。相反，会定期使用 Gossip 链接来补充网状结构。在 Gossip 传播期间，只有消息头被发送到选定的节点组，以便通知它们以前可能没有收到的消息。在这种情况下，节点要求完整的消息，因此，实现了反应式请求或"惰性拉取"模型。

6.4 本章小结

在这一章里我们详细讨论了 Filecoin 采用的除存储证明、经济模型和共识机制外的一些重要组件，包括加密原语、可验证随机数及其第三方库。在 6.1 节中我们描述了消息及其签名类型。Filecoin 支持 ECDSA 签名和 BLS 签名，两者都支持普通账户。ECDSA 签名与比特币签名机制兼容。而 BLS 签名，如签名的确定性、可聚合性等给 Filecoin 注入了新的特性。在 6.2 节中我们描述的可验证随机数，在 Filecoin 的证明和共识中起到非常重要的作用，其中详细介绍了可验证随机数的设计和生成原理。在 6.3 节中我们主要介绍了非 Filecoin 项目内的重要的第三方库，包括 Drand、IPFS、IPLD 和 libp2p，这些库对整个 Web 3.0 都提供了重要支撑。

Chapter 7 第 7 章

Filecoin 的存储和检索

　　Filecoin 不仅是一套共识协议，还是一个数据存储平台，更是一个存储和检索数据的市场。Filecoin 系统旨在提供一个基于区块链并有望彻底改变全球存储经济的市场，为人类社会信息提供高效、强大、分布式的存储。在这个市场中，有两个主要的组件，分别是存储市场和检索市场。本章就 Filecoin 市场的基本设计原理进行详细描述，包括存储的基础数据及构成，以及存储市场和检索市场的构成和运作方式。

　　首先介绍存储的基础数据及其构成，包括 Piece、IPLD、CAR 文件等，结合文件格式，使用了基于 IPLD 的数据传输协议 GraphSync。然后介绍存储市场，涉及协议的达成和数据传输，协议包括双方约定的价格、数据大小、数据保存时间、押金的大小、合规性等。最后就检索市场的细节进行分析。通过这一章的介绍，读者可以对 Filecoin 网络的存储和检索基础协议有一个全面的了解。

7.1 存储的基础数据及构成

　　Filecoin 存储和检索市场实现点对点的自由交易。这是在同一个网络中的分散市场，所有在这个网络上的交易都需要遵循相同的数据规范和交互协议。本节首先从 Filecoin 中存储的基础数据及其构成入手，让读者对数据存储的方式、订单状态流转以及存储和检索的传输模型有一个了解。

7.1.1 基础数据类型

　　Filecoin 网络要求存储文件的格式必须是基于 IPLD 算法生成的文件，因此提交到存储服务提供者的文件需要进行一些变换才能满足条件。存储服务提供者接收到客户的文件后进行封装又会生成一些其他格式的文件。在订单数据的生命周期中，位于不同的阶段，会采用不同的数据封装结构。这些结构通常会采用 Merkle 树的形式进行组织，并利用 Merkle 树根（root）来建立索引。这些数据结构的组织形态和使用过程如下：

1）数据提交到 Filecoin 网络后，首先会转换成一个基于 IPLD DAG（有向无环图）算法的树形结构，这棵树的 root 值会在检索市场中使用。

2）为了构造 Filecoin 的 Piece（一个 Piece 对应一个交易）数据，会把步骤 1 生成的树形结构序列化成一个以 .car 为扩展名的字节文件。在 CAR 文件中会多一些字节，因此相对原文件会大一些。

3）计算单个 Piece 文件的 Merkle root 值，最终得到的 root 值叫作 Piece Cid，也叫作 CommP。

4）订单数据和很多其他订单共同包含在一个扇区中，存储服务提供者计算出整个扇区的一个根值，这个值叫作 CommD，这就是未封装扇区的 Cid。

5）存储服务提供者封装这个扇区并且计算对应封装文件的 Merkle root 值，这个值叫作 CommR。

存储订单是指发起订单的双方在协商完成后发送出来的订单。存储订单记录在区块链的市场合约中，并有区块链共识协议来保障安全。存储订单记录了数据的 Piece Cid、数据大小、是否是已验证订单、交易双方的地址及押金额度，规定了订单的生命周期以及每个高度需要支付给存储服务提供者的费用。订单协议的达成需要交易双方多次沟通，在此过程中，为了让彼此可以验证对方的数据，需要带上发送方的签名信息。存储客户在发起存储提议时需要对订单提议进行签名，以便存储服务提供者能够验证其身份。存储订单的生命周期涉及多个组件模块以及区块链协议，存储订单中对各字段的解释如表 7-1 所示。

表 7-1　存储订单中各字段解释

字段名	字段含义
PieceCid	订单的 Piece Cid
PieceSize	订单的数据大小
VerifiedDeal	是否是已验证数据
Client	客户端地址
Provider	存储服务提供者的地址
Label	订单标识信息
StartEpoch	订单开始时间
EndEpoch	订单结束时间
StoragePricePerEpoch	订单的单价
ProviderCollateral	存储服务提供者抵押金额
ClientCollateral	客户端抵押金额

检索订单双方的主要行为都发生在链下，只是在进行数据查询和检索资金结算的时候

和链打交道。和存储订单类似，客户端会发送 Ask 请求获取检索服务商的价格、速度以及是否封装信息。得到这些信息后，确定是否满足自己的需求，如果满足需求，可向检索服务商发起检索订单，检索订单中各字段的解释如表 7-2 所示。

表 7-2 检索订单各字段解释

字段名	字段含义
PayloadCid	要检索数据的数据 ID
DealId	要检索的数据所在的订单
PieceCid	检索数据所在的 Piece Cid
PricePerByte	检索中每字节价格
PaymentInterval	支付间隔
PaymentIntervalIncrease	支付间隔增加数量
UnsealPrice	解封数据的价格

7.1.2 存储市场合约

存储市场合约（Market_Actor）的作用在于管理上链的订单数据，这也是所有订单和数据进入 Filecoin 系统的入口，它维护了一个 StorageDealId 到 StorageDeal 的映射关系。同时追踪所有客户端和存储服务提供者的市场质押。每当一个订单发布到链上的市场合约中，需要先检查参与订单的双方是否有足够的押金，检查通过后才会把这个订单记录在链上。

1. 市场功能

存储市场合约包含 9 个对外提供的方法。其 Golang 实现参考结构如下：

```
func (a Actor) Exports() []interface{} {
    return []interface{}{
        builtin.MethodConstructor:
        1: a.Constructor,
        2: a.AddBalance,
        3: a.WithdrawBalance,
        4: a.PublishStorageDeals,
        5: a.VerifyDealsForActivation,
        6: a.ActivateDeals,
        7: a.OnMinerSectorsTerminate,
        8: a.ComputeDataCommitment,
        9: a.CronTick,
    }
}
```

下面对每一个方法的基本功能进行简要描述，具体代码可以参考 Filecoin 的 Lotus 或 Venus 实现。在用户与 Filecoin 区块链通信时，通过指明方法前面的序号来调用具体的方法。

❑ Constructor：构造市场合约，由系统合约一次性调用生成市场合约。

- AddBalance：向市场合约中充值押金。
- WithdrawBalance：从市场提取多余的押金。
- PublishStorageDeals：处理存储服务提供者发布到区块链的订单。
- VerifyDealsForActivation：验证订单，计算订单的权重。
- ActivateDeals：存储服务提供者完成扇区封装后提交 ProveCommit 消息来触发激活订单，订单激活后，存储服务提供者可以获取订单的资金收益。
- OnMinerSectorsTerminate：存储服务提供者因故导致扇区过期时触发此方法，处理其中的订单状态及押金。
- ComputeDataCommitment：从订单数据中计算 CommD。
- CronTick：调度事件，用于处理过期的订单。

2. 市场状态

市场的功能函数主要是处理市场的状态，整个区块链当前的订单状态都体现在市场状态对象上面，功能函数维护了所有的订单（包括激活订单、挂起订单和市场参与人员的订单）质押情况。

市场状态结构中包含存储服务提供者和用户之间交易的所有信息，其 Golang 语言实现的参考结构如下。希望了解详细实现的读者可以进一步参阅 Venus 或 Lotus 的具体实现。

```
type State struct {
    Proposals cid.Cid                // AMT[DealID]DealProposal
    States cid.Cid                   // AMT[DealID]DealState
    PendingProposals cid.Cid         // Set[DealCid]
    EscrowTable cid.Cid              // BalanceTable
    LockedTable cid.Cid              // BalanceTable
    NextID abi.DealID
    DealOpsByEpoch cid.Cid           // SetMultimap, HAMT[epoch]Set
    LastCron abi.ChainEpoch
    TotalClientLockedCollateral abi.TokenAmount
    TotalProviderLockedCollateral abi.TokenAmount
    TotalClientStorageFee abi.TokenAmount
}
```

这里对其中的部分信息做一个简单描述。
- Proposals：包含所有发起的且没有过期或者激活的订单。
- States：包含所有激活的订单。
- PendingProposals：包含所有尚未开始服务的订单，用来防止重复提交相同订单。
- EscrowTable：包含所有市场合约参与者的资产信息。
- LockedTable：包含所有市场合约参与者的质押资产信息。
- NextID：维护了一个自增 ID，用于给订单分配订单 ID。
- TotalClientLockedCollateral：客户端处于锁定状态的资产。
- TotalProviderLockedCollateral：服务商处于锁定状态的全部资产。

- TotalClientStorageFee：客户端质押的全部费用。

7.1.3 链上订单状态流转

Filecoin 所有的经济行为都源自存储订单，下面描述存储订单的状态以及订单和其他对象的关系，比如算力、支付通道、质押。

1. 订单状态

在订单的不同阶段，其在实现中和链上呈现不同的状态，包括：
- 未发布状态，尚未提交到链上的订单。
- 发布状态，订单已经发布到区块链网络并已经被区块链网络接受，但是由于扇区尚未完成封装，所有订单处于未激活状态。
- 激活状态，订单所处的扇区在有效期内提交，并且完成了证明。
- 删除状态，订单已经过期或者包含该订单的扇区由于数据错误而被终结。

其中，未发布状态和删除状态并不会被 Filecoin 区块链网络追踪。为了减少区块链的计算负担和节省存储空间，只有当订单发布到区块链网络时才会创建一个链上订单对象，并且会在每个周期维护订单的支付流程。一旦订单进入激活状态，市场合约就会自动开始订单支付流程，每个周期都是从押金中转移一部分资金给存储服务提供者。

2. 订单状态流转

订单在不同状态之间的转换过程由消息或事件驱动，下面这些状态转换的逻辑都实现在 Filecoin 的合约之中。

- 未发布状态到发布状态：这个过程由市场合约的 PublishStorageDeals 完成。在这个过程中会验证存储订单，完成押金的锁定，生成订单 ID，并在市场合约中注册存储订单。
- 发布状态到删除状态：如果存储服务提供者在 Precommit 和 Commit 之间间隔过久，系统会自动删除订单。
- 发布状态到激活状态：当存储服务提供者完成 PoRep 证明之后，市场合约会把订单从发布状态改变成激活状态，这个过程必须在订单过期前完成，否则激活会失败并产生 ProveCommit 错误。
- 激活状态到删除状态：如下几种情况会导致订单被删除。
  - 订单过期。每个周期都会触发市场合约的订单过期检查。若订单过期，则和订单相关的算力会丢失，返回订单双方的押金。解锁所有的存储费用，之后交易双方都可以通过市场合约的 WithdrawBalance 方法来提取押金。
  - 包含订单的扇区过期。和上面一样，在每个周期结束时都会触发存储服务提供者合约的扇区过期检查。若扇区过期，则扇区中订单相关的算力都会丢失，返回押金，解锁所有的存储费用。

- 包含订单的扇区终结。这是由存储服务提供者手动调用 TerminateSectors 方法触发，在错误申明和检测的时候并不会扣除保证金，但是如果一个扇区连续两周发生错误，就会触发终结错误。

3. 订单与 Filecoin 中其他对象之间的关系

订单是 Filecoin 数据服务的基本单元，因此它在流转的过程中会与 Filecoin 的各个方面产生关联和影响，包括算力、质押和惩罚、数据封装、证明和错误处理等。下面就一些重要关系一一描述。

- 算力：只有处于激活状态的订单中的数据才会产生算力。
- 支付订单：市场合约每个周期都会自动完成订单支付。每次支付数额等于上次支付到本次之间的周期间隔 × StoragePricePerEpoch。
- 订单质押：在进行错误申明和错误检测时不会扣除订单的押金，但是由于这些错误会对算力造成影响，一些初始保证金会被扣除。在 TerminateSectors 事件中，所有订单质押和初始保证金都会被罚没。当扇区过期时，交易双方剩余的押金都自动退还。如果扇区发生错误，但在一定的周期内恢复了，扇区中的订单仍然处于激活状态。由于之前在恢复期间可能会损失一定的初始保证金，存储服务提供者可能需要补充一些资金。
- 增加订单质押及算力：发起订单的双方调用市场的 AddBalance 接口来向市场账号中增加押金，在这个步骤中也可以进行预付，然后订单双方通过线下沟通来确定订单价格、订单周期以及封装时间等。沟通完成后，客户端向存储服务提供者发起订单提案，存储服务提供者验证（订单签名和订单的起止时间）完成后，在质押完成和订单激活之间的一段时间，双方不能提取市场中的押金，否则可能会导致发布订单因为押金不足而失败。必须确保在发布订单时双方都有充足的押金。然后存储服务提供者构造一条发布订单的消息，用自己的私钥签名后再发布到链上。市场合约会为这笔订单生成一个唯一的订单 ID，并且保存订单的内容，维护一个订单 ID 到订单的映射。但是此时订单还没有被激活。最后市场组件调用存储服务提供者的 HandleStorageDeal 进行数据封装。
- 数据封装：扇区填充完成后，会生成一个 SectorPreCommitInfo 信息，计算扇区的押金，并把这个消息提交到区块链网络。如果存储服务提供者能够在一定的周期内完成数据的证明，则返还预先提交的押金，但是会付出一定的初始保证金。初始保证金通常比押金要多，因此在证明的过程中，存储服务提供者需要支付额外的资金。但是如果押金比保证金多，多出来的部分会返还给存储服务提供者。如果存储服务提供者不能及时提交证明信息，押金就会被罚没。所有的扇区都有一个过期时间。对于保存有订单的扇区来说，扇区的过期时间必须大于订单的过期时间。当完成扇区证明后，存储服务提供者会从已经证明了的扇区中获取算力。

- 数据证明：存储服务提供者必须周期性地完成时空证明，以保证每个订单在其生命周期中都确实保存了对应的订单数据。
- 错误：存储服务提供者可以调用 DeclareFaults 把特定的扇区标记成错误，这样可以避免支付扇区证明的惩罚。在申明成错误扇区的期间，扇区相关的算力会丢失。数据恢复正常后存储服务提供者可以调用 DeclareFaultsRecovered 来恢复之前标记成错误的扇区。算力也会随之恢复。标记成错误的扇区每天都会支付一定的惩罚费用。
- 跳过错误：在执行 WindowsPost 的过程中，存储服务提供者能够临时跳过一些出问题的扇区，这样可以避免整个扇区被惩罚。
- 扇区终结：终结扇区有两个途径，分别是连续 48 天一直没有证明或证明失败的扇区，这些扇区会被区块链网络自动删除。手动调用 TerminateSectors 命令，这种情况下会产生终结扇区的惩罚。这个值约等于 20 天的预期扇区收益和最多 90 天已获得的收益之和。存储服务提供者也会受到惩罚，代价为扇区中所有订单的押金，而客户的剩余押金会被全部退还。

7.1.4 存储及检索的数据流传输模型

GraphSync 是一个用于节点之间传输 IPLD 数据的协议，这能够让本地需要数据的一个 IPLD 根值以及选择器通过网络从远端获取存储在远程的 IPLD 数据。GraphSync 主要由四个部分构成：

- 顶层抽象是一个 GraphSync 客户端，用于发起请求或接受从网络中收到的信息。
- GraphSync Requestor，用于发起请求和处理接收到的响应消息。
- GraphSync Responder，用于处理接收到的请求消息并且生成响应消息。
- 消息传输层，用于将消息发送到对端。这个模块的请求部分和响应部分共享。

除了上面四个部分，GraphSync 还依赖下面两个外部模块：

- 网络实现，用于提供基础的在网络上发送和接收消息的功能。
- 本地 blockstore 实现，用于给上述模块提供数据加载和存储的功能。加载器使用一个 IPLD 链接节点，并且返回一个对应数据的读取流。存储器则是传入一个链接节点，并且返回一个对应数据的写入流。存储器除了写入流之外还有一个提交功能，用于把数据写入永久存储里面。

完整的请求流程如下：

1）请求端编码，并且向响应端发送一个请求。
2）响应端接收到请求，通过执行选择器和请求中的节点来查询对应的数据。
3）响应端基于选择器选择的结果从本地存储中读取数据块。
4）响应端需要编码，并且向请求端发送遍历到的数据块和元数据。
5）发送端需要验证接收到的数据是否是自己需要的数据，因此本地需要执行选择器来查询。
6）请求端把验证后的数据写入本地存储。

7）请求端需要把之前遍历到的下级链接节点发送给响应方，以继续获取更多的数据。

检索双方数据交互如图 7-1 所示，客户端有一个根数据 A 的索引，客户端首先需要根据 A 索引来请求服务端或者 A 的数据块，客户端收到 A 数据块，发现 A 数据块里面还包括数据块 B 和 C 的索引，继续发起请求，获取索引 B 和 C 的数据块。如果 B 和 C 不存在下级数据，则完成本次数据传输。

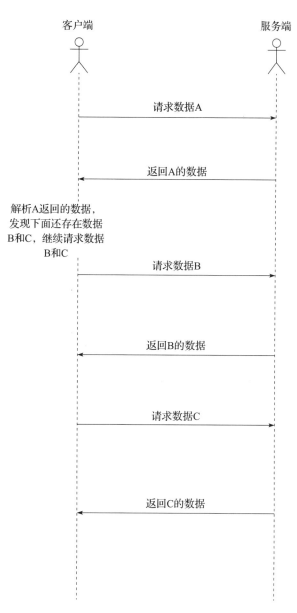

图 7-1　检索双方数据交互

GraphSync 本质上就是在远端执行一个和本地完全相同的选择器并把数据发送回本地的过程。选择器在 go-ipld-prime 库中实现，它需要一个数据加载功能，当一次查询中需要查询更下级的节点时，需要从存储中加载数据。每次执行选择器查询都可以配置加载器，通过这个功能可以完成 GraphSync 查询的双方之间的网络通信。在请求端，配置的并不是一个本地的存储加载器，而是一个能从网络请求中获取数据的加载器，网络加载器在获取数据的同时也会把这些数据写入本地存储中。如果网络上接收到的数据块从未在本地查询中遇到，这个写入的数据块会被直接丢掉。此外，我们也能基于直接加载本地数据块来限制网络流量。数据传输中不会重复传输相同的数据，这是因为如果这个数据块之前被接收过，那么仅仅需要请求本地数据库即可。

在响应端也是使用相似的方法。虽然 IPLD 选择器执行在 IPLD 节点粒度上，但是实际上，仅仅只有在查询中需要跨越 IPLD 链接的时候，才通过一个加载器从本地加载具体的数据内容，然后通过网络传输每个查询到的数据块。实际对于请求双方就是通过使用不同的加载器来处理通过网络传输和接收的数据。

7.2 存储市场

存储市场和检索市场的运作模式是链下协商，链上执行。存储订单的协商和匹配在链下进行，交易双方达成共识后将最终存储交易数据通过消息发送到链上，并且在链上验证执行后方可生效。

7.2.1 存储市场运作概述

存储市场是 Filecoin 网络的数据入口。存储服务提供者通过存储订单数据来获得算力，这些存储订单必须在 Filecoin 网络上保持激活状态并且有效。存储交易的协商过程发生在链下，存储客户与存储服务提供者在达成存储交易，并将交易发布到区块链上之后，存储服务提供者可以从两个方面获得收益：获取区块创建权和存储交易。存储交易只有在经交易双方签名，并发布到链上之后才有效。为了保障交易双方的利益，双方都需要履行交易义务：存储客户支付存储订单费用，存储服务提供者需要质押匹配订单的费用。在发布时，交易双方必须有足够的余额锁定，以保证履行交易：deal price 和 deal collateral。

下面介绍一些相关术语。

- 存储客户：发起存储数据交易的一方。
- 存储提供方：存储服务提供者，通过存储数据获得收入的一方。
- 存储市场合约：存储交易的链上组件，类似于所有交易的托管和账本。
- 存储要价：存储服务提供者当前提供存储服务的价格和参数（类似于金融市场的要价或挂单）。
- 存储交易提议：存储交易中的提议，仅仅由存储客户端签名。

❑ 存储交易：一个经过存储提供方签名的存储交易提议，这个交易将会上链。

7.2.2 存储客户端

存储客户端用于发现存储服务提供者，获取网络中的挂单数据。挂单指的是存储服务提供者公开地提供存储服务信息表，包括服务要求、价格及节点信息等。除此之外，存储客户端也用于追踪存储订单的状态变化。任意账号都可以注册成存储市场的参与者。

1. 本地数据

导入数据，示例如下：

```
./lotus client import <file>
```

删除数据，示例如下：

```
./lotus client drop <data id>
```

查询本地数据，示例如下：

```
./lotus client local
```

查询数据状态和数据大小，示例如下：

```
./lotus client stat <data id>
```

2. 订单

发送订单，示例如下：

```
./lotus client deal
```

之后会交互输入，其中重要的参数解释如下：
❑ manual-piece-cid：手动指定数据 Cid。
❑ manual-piece-size：手动指定数据大小。
❑ from：订单客户地址。
❑ start-epoch：订单开始时间。
❑ fast-retrieval：是否需要快速检索。
❑ verified-deal：是否是验证过的订单。
❑ provider-collateral：要求存储方提供的押金。

查询存储服务提供者挂单，示例如下：

```
./lotus client list-asks
```

查询存储服务提供者价格，示例如下：

```
./lotus client query-asks
```

查询订单，示例如下：

```
./lotus client list-deals
```

查询订单明细，示例如下：

```
./lotus client get-deal <deal id>
```

7.2.3 存储服务提供者

存储服务提供者在提供服务前需要进行配置，客户端通过在区块链上查询存储服务提供者来获取其服务，再请求存储服务提供者的服务来获取更详细的订单要求，包括数据大小、价格等。客户端通过比较不同存储厂商的配置来选择最符合自己要求的服务商。

1. 设置服务地址及节点 ID

存储服务提供者首先需要在区块链网络中公开自己的服务地址和节点 ID，只有公布了地址，客户端才能够和服务端正常建立连接。存储服务提供者的这个信息记录在区块链的 MinerInfo 中，存储服务提供者可以通过调用其合约的 ChangePeerID 和 ChangeMultiaddrs 方法来设置自己的公开地址和节点。

设置服务地址，示例代码如下：

```
./lotus actor set-addrs <[addr]>
```

设置节点 ID，示例代码如下：

```
./lotus actor set-peer-id <peerid>
```

2. 设置存储价格及接受标准

设置订单要求，由于存储服务提供者对数据可能有自己的要求，例如数据的大小、订单需要支付的金额等，存储服务提供者需要设置这些参数供客户端选择。存储服务提供者还可以设置一些条件，比如仅开启离线订单以减少网络消耗，仅开启验证订单，以提高收益等，示例代码如下：

```
./lotus-miner storage-deals set-ask --price <price> --verified-price <verified
    data price> --min-piece-size <min piece size> --max-piece-size <max piece size>
```

其中，参数 price 表示价格，verified-price 表示验证订单的价格，min-piece-size 表示最小订单大小，max-piece-size 表示最大订单大小。

设置订单接受标准，示例代码如下：

```
/lotus-miner storage-deals selection reject --online=<true/false> --offline=<true/
    false> --verified=<true/false> --unverified=<true/false>
```

其中，参数 online 表示开启在线订单，offline 表示开启离线订单，verified 表示接受已验证的数据，unverified 表示接受未经验证的数据。

查询设置的标准，示例代码如下：

```
/lotus-miner storage-deals selection list
```

重置订单接受标准，示例代码如下：

```
/lotus-miner storage-deals selection reset
```

设置完成封装需要的时间，示例代码如下：

```
/lotus-miner storage-deals  set-seal-duration <minutes>
```

3. 过滤器配置及用法

存储服务提供者还可以通过一些配置来增强节点的安全性，包括禁用一些特定的恶意节点，拒绝接受存储一些数据等。

设置数据黑名单，示例代码如下：

```
./lotus-miner storage-deals set-blocklist <piece cid file path>
```

取消数据黑名单，示例代码如下：

```
./lotus-miner storage-deals get-blocklist
```

重置数据黑名单，示例代码如下：

```
./lotus-miner storage-deals reset-blocklist
```

4. 订单发布和订单聚合

如果每条订单都单独发布，会产生很多 Gas 费用，而且更加消耗区块链网络资源，因此在实践中通常会对订单进行聚合发布。在 Lotus 中可以设置订单发布的周期，默认的设置为 1 小时发布一次订单。但是如果同时发布的订单过多，也会导致消息失败，因此这里还需要设置每个消息中包含的订单上限。同时还提供了一个命令可以查看当前在 pending 队列中待发布的订单，示例代码如下：

```
PublishMsgPeriod = "1h0m0s"
    MaxDealsPerPublishMsg = 8
./lotus-miner storage-deals pending-publish
```

7.2.4 存储过程中的抵押及其意义

市场抵押是 Filecoin 中第三种形式的抵押，目的是为订单双方提供安全保证，这部分功能主要实现在市场合约当中。Filecoin 协议为每笔订单提供了一个最小的抵押金，这个抵押金能够为交易双方提供最低程度的安全保障。抵押是相互的，存储服务提供者为了向客户提供更高水平、更可靠的服务，可以向客户要求更多的抵押金。反之，客户为了降低风险，除了系统要求的最低抵押金之外，也可以要求存储服务提供者为订单付出额外的抵押，在

Lotus 中默认倍率是 2 倍，以此来保证数据安全。存储服务提供者的抵押金只会在服务时间内丢失订单数据时被扣除，如果仅仅因为故障产生暂时的错误，并且随后又恢复了数据，则不会扣除抵押金。

出现如下两种情形时抵押金可以退还：
- 当扇区正常终止时，会返回存储服务提供者的抵押金。
- 当订单正常到期，会退还抵押金，但是存储服务提供者必须再等待一定的时间，才能够从市场中提取出自己的抵押金。

7.2.5　存储过程中的状态变化

在存储的交易过程中，从数据发现，到交易协商和达成，最后进行数据的交付，一般分为如下几个阶段：

1）数据发现阶段。存储客户标记存储服务提供者，并确定其当前的要价。

2）订单协商阶段（链下）。交易双方对交易达成一致，并且双方都向交易中质押部分资金，同时数据也开始从存储客户传输到存储提供方。

3）订单发布阶段。交易上链，存储服务提供者公开为交易负责。

4）数据传送阶段。一旦交易发布，交易数据发送给存储记账子系统。存储记账子系统把数据以及相应的交易加入扇区中，然后对扇区进行封装，之后通知存储市场角色交易（actor deal）已经包含在扇区中，至此，交易处于活跃状态。

至此，数据由存储记账子系统处理，StorageMarketActor 中的定时器会自动处理订单的费用支付问题。

1. 数据发现阶段

数据发现（discovery）是指客户端查找有哪些存储服务提供者支持用户存储数据的过程。客户端可以使用多种方式来识别存储服务提供者存储其数据。随着网络的发展，第三方可能会构建一些系统来补充或增强这些服务。

数据发现阶段包括识别存储服务提供者和查询其当前的定价。步骤如下：

1）客户端在链上查询，检索出所有注册成存储服务提供者的 actor。

2）客户端给每个存储服务提供者发送信息来确定它们的属性，包括 worker 地址、存储服务提供者所提供的存储空间的尺寸、网络地址等。

3）一旦客户端找到了一个潜在的合适的存储服务提供者，客户端会使用 Storage Query 协议在 libp2p 网络发送一条信息来获取存储服务提供者当前的 StorageAsk。

4）存储服务提供者收到用户的询价信息后，会返回一条 AskProtocol 信息，信息中携带该服务提供者的签名和 StorageAsk。签名用来防止有人伪装成该存储服务提供者。

客户端可以利用 StorageAsk 中包含的信息来判断该存储服务提供者是否满足自己的需求。存储服务提供者需要经常更新 StorageAsk 信息来确保客户端获取的信息是没有过时的。

2. 订单协商阶段

订单协商过程主要发生在线下，在此期间，存储客户端和存储服务提供者就存储交易达成共识，并在链上发布订单。协商发生在客户端发现了存储服务提供者并且存储服务提供者的 StorageAsk 满足客户端需求的情况下。推荐的协商和发布订单的顺序如下：

1）客户端（StorageClient）计算出需要存储的数据的根（commitment，CommP），此根可以在接下来的 StorageDealProposal 中验证客户端发送过来的数据是否真实。存储服务提供者会计算传来的数据的根，并与之前发送的根进行对比。

2）客户端在 Market 中为订单增加一定的抵押金。

3）存储客户端创建一个订单提案，并把这个提案和数据的 Cid 通过 Storage Deal 协议发送给存储服务提供者。

客户端发送订单以后，订单流程在存储服务提供者这边执行：

1）存储服务提供者检查订单，确定订单的参数能够满足本地设置的参数（例如价格、数据大小、订单时间等）。如果订单的参数不满足本地设置的参数，存储服务提供者会发送 Storage Deal 协议返回一个拒绝的消息。

2）在存储服务提供者查询链上，用 Market Actor 来验证客户端是否在订单中质押了足够的金额，客户端在 Market 中质押的金额必须大于需要质押的金额。如果金额不足，存储服务提供者会拒绝这个订单提案。

3）如果所有条件都满足了，存储服务提供者通过 Storage Deal 协议告诉客户端已经接受了这个订单。

之后，订单流程又回到客户端执行：

1）客户端通过 Data Transfer Module 发起一个数据推送流，并把数据订单提案的 Cid 发送过去。

2）存储服务端检查 voucher 并且验证订单提案的 Cid 是否匹配。然后检查订单在链上是否存在。如果检查通过，那么存储服务提供者开始接收客户端的数据流。

3）DataTransfer 通过 GraphSync 把数据从客户端传输到存储服务端。

4）一旦数据传输完成，DataTransfer 通知存储服务端。

5）存储服务端重新计算接收到的数据 CommP，验证数据的 CommP 和订单提案的数据是否相同。

3. 订单发布阶段

数据传输完成后，客户和服务商已经达成协议，这时会向 Filecoin 区块链网络发送订单。考虑到订单提案中客户端已经进行了数据签名，并且发布订单的消息是一条链上消息，这需要发布订单方维护一个完整的链服务，这通常需要很多资源，但对于客户来讲，这些资源有些浪费，因此通常情况下，是由存储服务提供者来发布订单。然而，如果存储服务提供者在发布订单阶段之前发送已经签名的消息给客户端，那么客户端也可以把这条消息发布到区块链网络中。等到 Filecoin 网络打包这条消息之后，客户端在市场里的资产会被锁定。如果订单已经发布到区块网络，但是迟迟不能被激活，那么此时会将存储服务提供者的所有抵押金罚没。

订单发布的具体流程如下：

1）存储服务提供者在市场 actor 中增加一定的抵押金。

2）存储服务提供者需要准备发布链上的消息，该消息由客户端创建的订单提案及客户端和服务端的签名组成。这条消息既可以由存储服务提供者发送给客户端，也可以由存储服务提供者直接调用市场合约的 PublishStorageDeals 直接发布到 Filecoin 网络上，这里建议在发布订单之前把消息发送给客户端。

3）调用发布订单之后，存储服务提供者通过 Storage Deal 协议把这条消息的 Cid 发送给客户端，这样客户端就可以通过这个 Cid 来验证发布的订单内容了。

4）市场合约自动生成一个订单 ID。

5）客户端通过消息的 Cid 查询发布到链上的消息，查询对应的消息参数确保发布的订单是之前商定好的订单。

4. 数据传送阶段

订单发布后，需要保存、封装、证明订单数据，这部分任务由存储服务提供者模块来完成，市场的最终任务是把这些数据和订单信息传给存储服务提供者系统，简单分成三个步骤：

1）存储市场把 Piece 数据写入一个共享存储中。

2）封装子系统调用存储服务提供者的 HandleStorageDeal 方法，获取数据路径和订单信息。

3）存储市场监听链上消息，判断订单是否激活、是否过期、是否终结。

在操作中需要注意的是：发布订单的唯一要求是订单提案必须有客户端签名，发布消息必须有存储服务提供者签名，双方必须在市场合约中抵押足够的资金。不需要严格按照上述步骤进行，但是建议依次执行上述命令，因为这样通常会最大限度地降低任何一方作弊的可能。

7.3 检索市场

为了提高数据处理的效率，Filecoin 的检索订单通过线下协商进行，但是订单之间的支付是通过支付通道之间的微交易来完成的。Filecoin 的检索服务是一个复杂的过程，目前的实现仅仅是一个原型设计，在 Filecoin 的生态中，会不断地探索更完善、更简单易用的检索服务模式。

7.3.1 检索市场运作概述

检索市场运作是指存储服务提供者为客户提供数据拉取服务的过程。需要强调的是，检索的协商及传输过程主要发生在链下。只有部分流程涉及与区块链的交互：主要是从支付通道兑换凭证。检索市场通过 GraphSync 来传输数据，通过 libp2p 传输支付通道中的订单信息，GraphSync 支持任意选择器，并且可以减少数据传输过程中来回请求的次数。检索市场可以支持在一个数据片内发送任意有效的 Cid 和选择器，目的是支持在数据传输中的停止、重启以及数据凭证的发送。这里基于 GraphSync 系统构建了数据传输系统。

检索市场以 Cid 为基础。PayloadCID 代表的是 UnixFS 文件的 IPLD 根。在这个阶段，文件是具有 IPFS 格式表示的原始系统文件。为了让客户在检索市场下请求数据，必须提供数据的 Cid，然后才能根据这个 Cid 去检索数据。

7.3.2 检索客户端

数据存储完成后，检索客户端可通过客户端软件向存储服务提供者获取存储的数据。在这个过程中，需要知道数据在哪里，需要获取数据内容，需要向存储服务提供者支付数据。

1. 数据发现

检索的第一步是查找数据，在 Filecoin 中，因为所有提供服务的服务商都要在链上注册并公开接口，所有的数据都记录在区块链中，所以可以通过链上检索来查找具有数据的存储服务提供者。查找到存储服务提供者后，再通过 query-asks 命令行来查找存储服务提供者的具体要求。

检索节点解析：PeerResolver 是一个内容路由接口，用于发现具有给定数据 ID 的检索服务商。它既可以由先前存储交易的本地存储支持，也可以通过查询链来支持。示例代码如下：

```
// PeerResolver 用于查询哪些存储服务提供者有这个数据
type PeerResolver interface {
    GetPeers(payloadCID cid.Cid) ([]RetrievalPeer, error)
}
```

查询存储服务提供者，示例代码如下：

```
./lotus client list-asks
```

查询拥有数据的存储服务提供者，示例代码如下：

```
./lotus client find <data cid>
```

查询存储服务提供者给出的价格：

```
./lotus client query-asks
```

2. 检索数据

检索数据时需要先确定数据的 Cid，再通过上述步骤确定选择的检索服务商。然后设置最大价格，示例代码如下：

```
lotus client retrieve --from <address> --car <bool> --provider <miner address>
    --pieceCid <piece cid> --maxPrice <price> --allow-local <bool> [command
    options] [dataCid outputPath]
```

其中，参数 from 表示检索发起方的地址；car 表示导出 CAR 文件；provider 表示指定存储服务提供者的地址；maxPrice 表示用户能接受的最大价格；pieceCid 表示需要检索的数据；allow-local 表示允许从本地加载数据。

7.3.3 检索服务商

检索服务商向检索客户端提供数据服务，在这个过程中，检索服务端基于保护自身利益的诉求，需要设置检索数据的价格、检索数据黑名单和客户端黑名单等。同时，Filecoin 设置了一套协议用于维护检索双方的权益。本节主要介绍检索服务商如何配置程序以及检索过程的主要原理。

1. 启用检索及过滤器配置

与存储的过程类似，在检索过程中，检索服务商也可以拒绝一些恶意客户和恶意数据。例如，设置取消数据黑名单，示例代码如下：

```
./lotus-miner retrieval-deals get-blocklist
```

设置重置数据黑名单，示例代码如下：

```
./lotus-miner retrieval-deals reset-blocklist
```

此外，需要设置检索价格。检索价格包括两部分，一部分是 price，即传输数据的价格，另一部分是存储服务端为了给客户提供数据，需要把这部分数据从扇区中解压出来，这个过程是比较消耗计算资源的，因此存储服务提供者可以要求客户支付 unseal-price 费用。payment-interval/payment-interval-increase 两个参数在检索双方建立互信的过程中使用，值越小，建立互信的时间就越长，也就越安全，代价则是花的时间更多。反之，则越容易建立信任，但是速度快，安全性差。

设置价格参数，示例代码如下：

```
./lotus-miner retrieval-deals  set-ask --price <price of byte> --unseal-price
    <price of unseal> --payment-interval <KiB> --payment-interval-increase <KiB>
```

其中，参数 price 表示检索价格；unseal-price 表示解封数据的价格；payment-interval 表示支付间隔；payment-interval-increase 表示每次支付间隔增长量。

2. 检索数据还原

如果没有指定 fast-retrieval，那么存储服务提供者的数据会全部保存在完成封装的扇区中，这时如果存储数据的人需要这一份数据，则需要从扇区中把这一部分数据解封出来，而这个过程相对比较耗费计算资源。

7.3.4 检索过程中的信任建立

客户端和存储服务提供者都没有任何特定的理由相互信任。如果客户端作弊,那么服务端会产生部分数据、带宽和计算资源方面的损失;如果服务端作弊,那么客户端更是会产生直接的经济损失。因此需要一种高效、可靠的方式来传输数据和支付费用,在 Filecoin 中信任是通过数据传输和支付过程间接地逐步建立起来的。具体方式是,在数据传输过程中分段发送数据,分段支付,并且逐步增加分段尺寸。

信任建立过程如下:

1)当检索协议达成后,客户端和存储服务提供者确定将一个字节长度作为数据传输和支付的间隔。这是存储服务提供者的最小支付间隔,之后会在这个基础上持续增长。

2)双方商定一个支付间隔的增长量,同样也是以字节为单位,这意味着在每轮数据传输和支付完成后,支付间隔都会增长一定的数量。

3)每一轮次开始时,客户端向存储服务提供者请求数据,存储服务提供者收到数据请求后,检查客户端是否为这段数据支付过资金,如果没有,则要求客户端进行支付。

4)客户端收到支付请求后开始支付资金。

5)存储服务提供者收到资金后,重启数据发送,把客户需要的数据发送过去。

6)轮次结束,下一轮次的数据发送数量增长(可以加快数据传输速度),重复步骤 3~5。

图 7-2 展示了客户端(用户)和服务端(存储服务提供者)通过资金和数据的循环交互完成整个数据检索的过程。

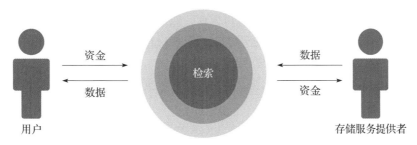

图 7-2 检索中数据流与资金流

下面举例说明检索过程:

1)假定支付间隔是 1000,支付间隔增长量是 300。

2)存储服务提供者在要求客户支付之前必须发送至少 1000 个字节(事实上会稍微多一些,因为数据块的累计不一定和支付间隔正好匹配)。

3)传输完成后,服务端发送客户支付请求,客户端支付传输的字节的费用。

4)存储服务提供者发送至少 1300 个字节的数据,再次要求客户端支付费用。

5)客户端接收 1300 个字节,在收到存储服务端发送的客户支付请求后,为这 1300 个字节支付费用。

6）这个过程持续循环直到完成检索过程。

7.3.5 检索过程中的状态变化

检索过程中，双方依赖一个固定的协议来进行交互，通过严格的请求响应过程和状态变化来控制每个步骤应该做的事情，Filecoin 检索订单的发起和接受流程如下：

1）客户端通过 FindPorviders 方法查找用于指定数据的存储服务提供者。
2）查询存储服务提供者的要求及出价，看是否满足自己的要求。
3）客户端向存储服务提供者调用 Data Transfer Pull Request 发送检索订单提议。
4）存储服务提供者验证检索订单提议，如果有问题就会拒绝。
5）检索订单提议验证通过后，存储服务提供者响应一个接受消息，开始数据传输。
6）客户端第一次需要创建一个支付通道，并确保支付通道中有资金。
7）如果源文件不存在，则需要从封装数据中还原。
8）存储服务提供者在发送数据区块时监控数据发送进度，到了一定程度会要求客户支付资金。
9）当存储服务提供者需要客户支付资金的时候，会停止数据传输，然后发送一个客户支付请求给客户端。
10）客户端接收到支付请求。
11）客户端创建一个链下的支付凭证。
12）客户端响应存储服务端，发送生成的支付凭证。
13）存储服务端验证客户端发来的支付凭证，保存下来，留待日后提取。
14）存储服务端恢复数据传输，之后再次请求客户付款。
15）上述过程不断重复，直到数据传输完成。

检索过程中，双方之间的状态变化及响应方式比较复杂，读者可以参考 Filecoin 的设计文档[⊖]。

关于检索过程，一些注意事项如下：

- 支付通道由客户端生成。
- 支付通道只会在存储服务提供者接受了检索订单提议之后创建。如果双方之间已经存在支付通道，那么不需要重复创建。
- 支付凭证由客户端生成并发送给存储服务端。
- 在客户和存储服务提供者之间创建和交换凭证时，凭证中显示的付款不会从支付渠道资金中取出。
- 为了把支付通道中的资产转移到存储服务端，存储服务端需要提取这些凭证。

⊖ 检索流程和状态变化请参阅 https://spec.filecoin.io/#section-systems.filecoin_markets.retrieval_market.deal-flow-in-the-retrieval-market。

- 存储服务提供者需要将这些凭证发送上链，以最终获取资金。
- 提取凭证和收集资金在数据传输的任意时刻都可以完成。但是提取凭证和收集资金都需要和区块链打交道，这会产生一定的交易费用。
- 一旦数据传输完成，客户端和存储服务端需要结算支付通道。存储服务端需要在12小时之内提交支付通道来提取、收集支付通道中的资金。12小时之后，客户端会收回所有没有被认领的资金，存储服务端会失去没有提取的那部分资金。
- 存储服务端可以在开始解封数据之前要求客户端预先支付一笔小的费用，这是为了支付存储服务端解封第一个数据块的计算费用。这个过程也是为了避免客户端进行DoS攻击——客户端发起大量的订单从而导致存储服务端消耗大量的计算资源来解封数据。

7.4 本章小结

在这一章里，我们详细讨论了Filecoin的存储市场和检索市场的实现，如何使用存储市场和检索市场，以及Filecoin存储的基本数据格式和构成。Filecoin采用IPLD定义的数据格式，每一个用户订单对应一个Piece，而Piece会制作成可验证的CAR文件，并存储在服务商本地，提交存储证明至区块链。在这个基础数据设计的基础上，存储市场是一个存储客户和服务商进行数据存储交易的网络，由市场合约来进行规范。在存储订单的生成过程中，会涉及服务商和客户的质押，通过抵押金的方式来保证后续的服务。检索市场更多地在链下进行，但订单通过链上验证。无论是存储还是检索，服务的支付都通过支付通道来完成。支付通道本身就是一个合约，能够实现微支付和定期支付的功能。Filecoin的存储市场和检索市场设计实现了功能上的完整性和去中心化网络的安全性。读者可以从这两个方面进行研究和理解。Filecoin网络本身是建立一个基础设施，因此目前针对用户交互的设计并不完善，上层网络和应用有待进一步丰富。

实现篇

Filecoin 的基础技术和实现

- 第 8 章　Filecoin 区块链的节点实现
- 第 9 章　Filecoin 区块链的文件与数据
- 第 10 章　Filecoin 区块链
- 第 11 章　Filecoin 区块链的虚拟机
- 第 12 章　Filecoin 存储服务保障
- 第 13 章　Filecoin 的实现案例
- 第 14 章　Filecoin 集群架构及搭建基础

Chapter 8 第 8 章

Filecoin 区块链的节点实现

本章从实现的角度解构 Filecoin 网络：首先介绍节点的类型，分析不同节点类型的特点和属性；然后介绍节点的本地存储实现，以及节点协议的实现和相关技术；最后介绍各种类型的节点共同具有的模块。

8.1 节点类型

Filecoin 区块链支持多种节点类型。简单来说，节点类型是根据节点所提供的服务来定义的。不同类型的节点应该实现不同的功能。需要注意的是，Filecoin 实现中的节点类型并不严格遵循其他区块链所定义的标准。Filecoin 支持的节点类型（子系统）包括验证节点、存储客户端节点、存储服务端节点、检索客户端节点、检索服务端节点、区块生产者节点，如图 8-1 所示。

参与 Filecoin 网络的任何节点⊖都必须至少提供区块链验证服务，也就是说，Filecoin 的

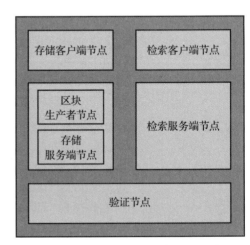

图 8-1 Filecoin 不同类型节点的层级关系图

⊖ 在 Lotus 的实现中，和 Filecoin 节点概念容易混淆的是复制证明中的远程 lotus-worker 节点。lotus-worker 节点可以独立运行，仅与 lotus-miner 进程交互，领取封装扇区的阶段性任务。但 lotus-worker 节点不是区块链节点，因为它不是一个验证节点。

节点至少是一个验证节点。节点多提供一种服务，就会额外增加一个标签。节点的进程实例和仓库（文件目录）一一对应，也就是说，一个仓库属于一个节点，这样，一台主机要运行多个 Filecoin 节点，只需指定不同的存储库即可。在 Filecoin 网络中，不同类型的节点提供不同的服务，下面分别介绍各种类型节点提供的服务及如何提供服务。

1. 验证节点

验证节点是 Filecoin 网络支持的最小功能单元。验证节点是一种被动节点，所谓"被动"，是指节点不会主动执行区块链的活动，其活动多是被外界原因触发的，例如：收到区块，则开始验证并在虚拟机中执行以改变链状态；收到消息，则将其暂存于消息池等待打包；收到对等节点，则请求在本地查找相应数据等。在节点第一次加入 Filecoin 网络时，需要同步区块链，以达到当前最新的共识状态。然后，节点可以持续地获得最新的区块，并验证这些区块来扩展本地的区块链。可以说，验证节点是 Filecoin 区块链正常运转的基础，其他类型节点的实现均需要依赖验证节点。

验证节点从功能逻辑上可以分为以下模块：

- 数据同步模块，负责与其他对等节点间的数据同步，依赖 net 模块、discovery 模块等构造的对等网络。
- 状态管理模块，伴随着区块数据的同步，整个区块链的状态持续发生变化，每一次变化的最终结果是基于前一次状态的。
- 共识模块，包括签名算法、虚拟机、消息验证、区块验证等。

2. 存储客户端节点

存储客户端节点构建在验证节点之上，由 Filecoin 网络上的应用来实现。存储客户端节点可以看作构建在 Filecoin 网络上的数据交易所或去中心化存储应用的基础设施节点（至少就与区块链的交互而言）。客户端节点应该实现存储市场的客户服务。客户端节点应该与存储市场和检索市场交互，并能够通过数据传输模块进行数据传输。

3. 存储服务端节点

首先，存储服务端节点必须能够和存储客户端节点交互，能够通过数据传输模块进行数据传输，并完成订单数据的封装过程以保证用户数据不会丢失。其次，在用户具有足够的存储后，需要参与到 Filecoin 网络的维护中，网络维护是通过收集区块链网络的消息进行必要的验证，计算证明生成新的区块的过程。因此，存储服务提供者节点也必须能够实现验证区块、构建区块和添加区块等区块链所需的所有功能。

4. 检索客户端节点

检索客户端节点构建在区块链验证节点之上，由 Filecoin 网络上的应用来实现。检索客户端节点可以看作构建在 Filecoin 网络上的交易所或去中心化存储应用的基础设施节点（至少就与区块链的交互而言）。客户端节点应该实现检索市场客户端服务。客户端节点应与区块链交互，获取数据和检索服务商信息，与检索服务商交互，获取服务商具体的要求和价格，并能够通过数据传输模块进行数据传输，也能够在区块链网络支付检索费用。

5. 检索服务端节点

检索服务端节点扩展了区块链验证节点，增加了检索服务商的功能，即参与检索市场。因此，该节点类型需要实现检索服务商的服务，检索服务商需要在保证双方权益的条件下提供数据检索服务。目前的实现中，检索服务商通过支付通道来收取检索费用，通过数据传输模块来传输文件数据，通过逐数据段传输支付的方式来保证检索双方都不会产生太大损失。

6. 区块生产者节点

在 Filecoin 网络中，协议会根据 Filecoin 链状态和信标链状态选取一些节点作为领导人，区块生产者节点就是在选举成功之后发挥功能的。区块生产者的价值在于：

1）对 Filecoin 区块网络来说，生产区块的过程本身也是在维护网络，Filecoin 网络的发展离不开每个区块生产者节点的参与。

2）区块生产者节点可以通过生产区块的过程获取激励。

8.2 节点本地存储

Filecoin 节点运行必须依赖于本地存储，而本地存储主要存储系统数据和区块链数据。本地存储能够被 Filecoin 的其他子系统访问，并且本地存储与 Filestore 分离。

8.2.1 私钥存储

私钥存储是 Filecoin 全节点的基础抽象，其基本功能是保存私钥对，主要用于区块生产者节点（miner）和工作节点（worker）。节点的安全性主要取决于如何安全地保存私钥对，Lotus 的实现中采用了以下措施：

- 私钥与所有子系统分离。
- 子系统单独的 keystore。
- 私钥保存在冷存储中。
- 私钥并不用于生成区块。

存储服务提供者作为区块生产节点，其私钥设计特别重要：

- 区块生产者的 actor 地址只是一个 ID 地址，不需要私钥，绑定在一个 actor 地址上。
- 所有者（owner）私钥在存储服务提供者注册之前必须存在，公钥绑定在存储服务提供者的地址上。
- worker 私钥对应的公钥绑定在存储服务提供者的地址上，可以被存储服务提供者选择和修改，用于签名区块和其他一些消息。

- 多个存储服务提供者可以共享一个所有者地址，也可以共享一个 worker 公钥。
- 改变 worker 地址时要注意，初次改变 worker 地址包括两个阶段——首先需要发起一个改变 worker 地址的提议消息，然后在 900 个高度后再发送一个确认改变 worker 地址的消息。

8.2.2 IPLD 存储

IPLD 存储主要实现互操作性的跨系统和协议的内容寻址数据，为加密哈希原语提供了一种基本的"公共语言"，使数据结构能够在两个独立协议之间可验证地引用和检索。例如，用户可以在以太坊交易或智能合约中引用 IPFS 目录。

在 IPLD 数据模型的核心，定义了表示数据的数据模型。数据模型是为跨各种编程语言的具体实现而设计的，同时保持内容寻址和更多工具的可用性。数据模型包括一系列标准原始类型（或"种类"），例如布尔值、整数、字符串、空值和字节数组，以及列表和映射两种递归类型。因为 IPLD 是为内容寻址设计的，所以它的数据模型中还包含一个"链接"原语。在实践中，链接使用 CID 规范。IPLD 数据被组织成"数据块"，其中数据块由原始的、编码的数据及其内容地址（CID）表示。每个内容可寻址的数据块都可以表示为一个数据块，这些数据块在一起可以形成一个连贯的图，即 Merkle DAG[○]。应用程序通过数据模型与 IPLD 交互，而 IPLD 通过一组编解码器处理编码和解码。IPLD 编解码器可以支持整个数据模型或部分数据模型。支持完整数据模型的两种编解码器是 DAG-CBOR[○]和 DAG-JSON[⊜]。这些编解码器分别基于 CBOR 和 JSON 序列化格式，但包括允许它们封装 IPLD 数据模型（包括其链接类型）的形式化，以及在任何数据集与其各自的内容地址（或哈希摘要）之间创建严格映射的附加规则。这些规则包括：在编码映射时强制指定键的特定顺序，或者在存储整数类型时指定大小。

Filecoin 节点的 IPLDStore 是哈希链式数据的本地存储，具有三层结构：

- 数据块层，专注于数据块格式和寻址，以及块自描述的编解码器（这里没有使用区块的概念，而是直接使用数据块的概念）。
- 数据模型层，定义了一组所有实现都需要的类型。
- 模式层，允许数据模型扩展，并与更复杂的结构交互，而不需要自定义转换抽象。

在 Filecoin 网络中，IPLD 有两种使用方式：

- 所有系统数据结构都使用 DAG-CBOR（一种 IPLD 编解码器）存储。DAG-CBOR 是 CBOR 的一个更严格子集，具有一个预定义的标记方案，以及设计用于存储、检索和遍历哈希链式数据的 DAG。与 CBOR 相比，DAG-CBOR 具有确定性保证。
- 存储在 Filecoin 网络上的文件和数据则使用各种 IPLD 编解码器存储（不一定是

○ Merkle DAG：请参考 https://docs.ipfs.tech/concepts/merkle-dag/。
○ DAG-CBOR：请参考 https://github.com/ipld/specs/blob/master/block-layer/codecs/dag-cbor.md。
⊜ DAG-JSON：请参考 https://github.com/ipld/specs/blob/master/block-layer/codecs/dag-json.md。

DAG-CBOR)。

IPLD 为数据提供了一致和连贯的抽象，允许 Filecoin 构建复杂的多块数据结构，并与之交互，如 HAMT 和 AMT。Filecoin 使用 DAG-CBOR 编解码器对其数据结构进行序列化和反序列化，并使用 IPLD 数据模型与该数据交互，在该数据模型上构建了各种工具。IPLD 选择器（IPLD Selector）还可以用于在链式数据结构中寻址特定节点。

另外，Filecoin 网络主要依赖于两个不同的 IPLD GraphStore：

- 一个是存储区块链的 ChainStore，包括块头、相关消息等。ChainStore 在 Chain Sync 的引导阶段由节点从其对等节点处下载，之后由节点存储在本地。每接收到一个新的区块，ChainStore 就会被更新，或者如果节点同步到一个新的最佳链，ChainStore 就会被更新。
- 另一个是 StateStore，它存储来自给定区块链的有效状态载荷，或者由 Filecoin 虚拟机基于创世状态计算给定链中的所有区块消息而产生的 StateTree。StateStore（状态块）是通过执行计算 ChainStore 中的所有区块消息来生成的，之后由节点存储在本地。虚拟机解释器每计算一个新传入的区块时，StateStore 就会被更新，并相应地被在区块头的 ParentState 字段中产生的新的 StateStore 引用。

8.3 节点的网络协议

Filecoin 节点使用 libp2p 网络栈的几种协议进行对等发现、对等路由、区块传播和消息传播。libp2p 是一个用于对等网络的模块化网络栈，包括若干协议和机制，以实现高效、安全和弹性的点对点通信。libp2p 节点打开彼此之间的连接，并在同一连接上挂载不同的协议或流。在最初的握手中，节点交换各自支持的协议，所有与 Filecoin 相关的协议将被挂载在 /fil/… 协议标识符中。下面列出节点的网络协议中的一些关键技术点。

1. 节点启动引导列表

节点启动引导列表是指一个新节点在加入网络时试图连接到的节点列表。为了确保引导列表中节点的可用性，这个列表通常由基金会和一些有能力确保提供节点服务的用户运行。引导列表及其地址由用户（即应用程序）定义。

2. 节点启动信息交换

libp2p 协议实现了 Kademlia DHT 上的对等节点发现过程。通过与 DHT 进行交互，并为它们想要连接的对等节点创建查询和发出查询，它使对等节点能够找到网络中其他对等节点的信息和地址。

3. GraphSync

GraphSync 是一个跨对等节点，以图的方式进行同步的协议，用于在 Filecoin 节点之间引用、寻址、请求和传输区块链数据和用户数据。GraphSync 规范草案㊀提供了关于 GraphSync 使用的概念、接口和网络消息的更多细节。Filecoin 对协议 ID 没有特定的修改。

4. GossipSub

基于 Gossip 的 Pubsub 协议简称 GossipSub。Filecoin 网络中的区块头和消息通过 GossipSub 协议传播。与传统 Pubsub 协议一样，节点订阅主题并接收关于这些主题发布的消息。当节点从它们订阅的主题接收消息时，它们运行一个验证过程：

1）将消息传递给应用。

2）将消息进一步转发给节点所知道的订阅相同主题的节点。

此外，Filecoin 中使用的 GossipSub v1.1 版本增强了安全机制，使协议具有抵御安全攻击的弹性。GossipSub 规范㊁提供了与其设计和实现有关的所有协议细节，以及协议参数的特定设置。Filecoin 对协议 ID 没有特定的修改，但是主题标识符必须是 fil/blocks/ 和 fil/msgs/ 的形式。

5. Kademlia DHT

Kademlia DHT 是一个分布式哈希表，对一个特定节点的最大查找次数不超过最大节点数量的对数。在 Filecoin 网络中，Kademlia DHT 主要用于对等节点发现和对等节点路由。特别是当一个节点想要在 Filecoin 网络中存储数据时，它们会得到一个存储服务提供者列表及其节点信息。该节点信息包括存储服务提供者的 PeerID（以及其他信息）。为了连接到存储节点并交换数据，想要在网络中存储数据的节点，必须找到存储节点的 Multiaddress，这是通过查询 DHT 完成的。libp2p Kad DHT 规范㊂提供了 DHT 结构的实现细节。对于 Filecoin 网络，协议 ID 必须是 fil//kad/1.0.0 格式。

8.4 节点的接口协议

节点对外提供链的相关服务，是基于对外提供接口调用的方式，主要包括接口定义和实现。JSON-RPC 是一种标准的远程调用方式，在以太坊和比特币等区块链实现中得到了广泛的应用。Filecoin 系统的实现中，Lotus 和 Venus 也使用 JSON-RPC 实现服务进程与客户端的通信，支持 HTTP 和 WebSocket。根据功能模块将整个通信协议分为以下几组：

❑ Auth：授权令牌相关 API。

❑ Chain：链数据查询。

❑ Client：节点相关 API，大多数支持市场功能。

❑ 公共 API：如节点 IP、版本信息、日志级别等。

㊀ GraphSync 规范草案参考 https://github.com/ipld/specs/blob/master/block-layer/graphsync/graphsync.md。

㊁ GossipSub 规范参考 https://github.com/libp2p/specs/tree/master/pubsub/gossipsub。

㊂ libp2p Kad DHT 规范参考 https://github.com/libp2p/go-libp2p-kad-dht。

- Gas：手续费相关 API。
- Miner：区块生产者相关 API。
- Mpool：消息池相关 API。
- Msig：多签 API。
- Net：网络相关 API，管理连接的对等节点。
- Paych：支付通道相关 API，主要用于市场中买卖双方交互。
- State：状态相关 API。
- Sync：同步 API，检测链同步状态，通知链同步节奏等。
- Wallet：钱包相关 API，管理节点中钱包私钥，指定钱包进行签名以及进行有效性验证等。

8.5 节点的时钟

Filecoin 假设系统中的参与者之间存在弱时钟同步，也就是说，系统依赖于参与者必须能够访问全局同步的时钟（允许一些有限的时钟偏移）。

Filecoin 依赖于这个系统时钟，以确保共识安全。具体来说，时钟同步对于支持验证规则是必要的，这些规则可以防止区块生产者使用未来的时间戳来生产区块，或违反协议规定以更频繁的速度进行领导人选举。

以下几种场景使用了 Filecoin 系统时钟：

- 链同步节点根据时间戳来验证传入的区块是否在适当时间区间内挖出（参考 10.4.5 节）。这是可以做到的，因为系统时钟将所有时间映射到一个唯一的纪元号，这个纪元号完全由创世区块的开始时间决定。
- 同步节点删除来自未来的区块。
- 区块生产者节点维持协议的活性。如果在当前一轮中没有节点产生区块，则允许存储服务提供者进行下一轮的领导人选举。（参见 10.5 节）。

为了保证存储服务提供者完成上述工作，系统时钟必须：

- 和其他节点保持足够低的时钟偏移量，这样就不会被其他节点看作来自未来的区块（根据 10.4.5 节的验证规则，这些未来的区块会被拒绝）。
- 节点初始化时，将 Epoch 号设置为 Floor[(current_time - genesis_time)/epoch_time]。注意，Floor 为 GO 语言中向下取整的函数。

其他子系统可以向时钟子系统注册 NewRound() 事件。

作为 Filecoin 协议一部分的时钟应和世界时间保持同步，偏移量应小于 1s，以便启用适当的验证。

计算机级晶体的偏差可以达到 1ppm（即每秒偏差 1μs，或每周偏差 0.6s）。因此，为了尊重上述要求，节点应该运行一个 NTP 守护进程（例如 timesyncd、ntpd、chronyd）来保持它们的时钟同步到一个或多个可靠的外部引用。我们推荐以下来源：

❑ pool.ntp.org（https://www.ntppool.org/en/use.html）
❑ time.cloudflare.com: 1234（https://www.cloudflare.com/time/）
❑ time.google.com（https://developers.google.com/time）
❑ time.nist.gov（https://tf.nist.gov/tf-cgi/servers.cgi）

另外，较大的 Filecoin 集群运维厂商可以考虑使用本地 NTP/PTP 服务器，并且附带 GPS 参考或频率稳定的外部时钟，以保持时间同步。

Filecoin 集群运维厂商有强烈的动机来防止它们的时钟向前偏移超过一个 Epoch，从而导致产生的区块被拒绝。同样，Filecoin 集群运维厂商也有动机防止时钟偏离到多个 Epoch，以避免将自己从网络中的同步节点中分离出来。

8.6 本章小结

本章详细描述了 Filecoin 的节点类型及节点实现。Filecoin 网络比一般的区块链系统更为复杂，一个重要的原因是 Filecoin 在实现区块链系统、消息机制等的同时，提供存储服务和服务验证。本章从节点的功能出发定义节点类型。一个基本的 Filecoin 节点需要执行验证功能，在此基础上可以添加不同的附加功能，因此产生各种功能节点，比如存储服务端节点、检索服务端节点、存储/检索客户端节点等。接下来介绍了节点的本地存储，包含私钥的安全存储以及以 IPLD 为基础的内容存储。之后介绍了节点之间的交互通信接口及协议，包括 GraphSync 及 GranphSub 等重要协议，它们在去中心化网络的信息传播上起到十分关键的作用。最后讲解时钟接口，任何一个区块链必须定义一个时钟序列，来对消息的处理进行排序以及进行同步的状态管理。Filecoin 目前依靠一个全球统一的标准时钟系统，同时通过区块共识来防止时钟偏移。本章的重点在于前半部分，关键在于理解 Filecoin 的节点类型和服务。

第 9 章

Filecoin 区块链的文件与数据

数据的组织形式决定了其在使用时的便捷程度与效率,同时也与依托的设备设施相互影响。从存储的角度来说,常见的数据组织形式有文件系统、数据库、块存储、对象存储等。除存储之外,网络服务通常还会关注数据的编码格式和传输协议,Filecoin 也不例外。

本章首先介绍了本地文件存储的方式,对 FileStore 抽象进行了描述,表明 Filecoin 的文件底层系统具有很高的兼容性;其次针对 Filecoin 数据存储和检索的重要概念——数据片(Piece)进行介绍,数据片是 Filecoin 客户和服务商交流和协商的基本单元,其中 PieceStore 对数据片的存储进行了抽象,这样不同的实现可以有不同的具体方式;然后介绍了数据上传和拉取的流程和处理方法,给出了实现的样例;最后阐述了 Filecoin 统一的数据格式和序列化方法,这对于一个去中心化系统的通信至关重要。通过本章,读者可以对 Filecoin 数据组织的设计有大致的了解,在研读或开发具体实现时可以参考。

9.1 Filecoin 的本地文件存储

文件是大多数读者接触最多的数据组织形式之一,也是本地数据存储最高效的数据组织形式之一。一般文件可以通过路径寻址,包含属性、读写等接口。Filecoin 在进行本地数据存储时,多依托于文件和文件系统。

为了适应不同的系统环境,兼容不同的文件系统,Filecoin 实现了一个文件的抽象层,称为 FileStore。

FileStore 是一个可以按路径存储和检索文件的对象。FileStore 是一个抽象概念,用于让 Filecoin 将数据存储到任何底层系统或设备内。FileStore 基于 UNIX 文件系统语义,并包含路径的概念。这种抽象是为了确保 Filecoin 的实现使最终用户能够轻松地使用任何满足其需求的存储系统来替换底层存储系统。FileStore 最简单的版本就是主机操作系统的文件系统。

FileStore 的接口伪代码如下：

```
type FileStore struct {
    Open(p Path)              union {f File, e error}
    Create(p Path)            union {f File, e error}
    Store(p Path, f File)     error
    Delete(p Path)            error
}
```

提出 FileStore 的抽象是为了应对不同的用户需求。Filecoin 用户的需求差异很大，许多用户满足（尤其是存储服务提供者）将在 Filecoin 底层和周边实现复杂的存储架构。这里的 FileStore 抽象是为了满足这些多样化的需求。Filecoin 协议中所有文件和扇区的本地数据存储都是根据这个 FileStore 接口定义的，这使得存储实现可以很容易地替换，最终用户可以替换为其选择的存储系统。

在 Filecoin 存储服务提供者的实际部署中，FileStore 的接口支持可以简单地在不同的底层文件系统中实现，以下是一些存储系统案例：

❑ 主机操作系统的文件系统。
❑ UNIX/Posix 文件系统。
❑ RAID-Backed 文件系统。
❑ 分布式文件系统（NFS、HDFS 等）。
❑ IPFS。
❑ 数据库。
❑ NAS 系统。
❑ 原始串行或块设备。
❑ 原始硬盘驱动器（硬盘扇区等）。

主机文件系统在支持 Filecoin 存储的同时，也可以支持其他存储需求。底层文件系统是通用的，也是可以共享的。

9.2 Filecoin 的数据片

Filecoin 数据片是 Filecoin 存储和检索中的重要概念，是用户在 Filecoin 网络上存储数据的主要协商单元。也就是说，当用户访问 Filecoin 网络数据时，是按照数据片的方式来存储和检索的。

9.2.1 数据片的数据结构

Filecoin 数据片不是一个存储单元，它没有特定大小，而是以扇区的大小为上限，如果一个数据片的大小大于存储服务提供者支持的扇区大小，那么它必须被拆分为更多的数据片集，以便每个数据片适合一个扇区。

数据片是一个表示文件整体或部分的对象，用于存储客户和存储服务提供者的交易。存储客户雇佣存储服务提供者来存储数据片。

图 9-1 显示了数据片及其证明树的详细组成，包括完整的和带宽优化的数据片结构[一]。

9.2.2 数据片表示

需要强调的是，提交到 Filecoin 网络的数据需要经过多次转换，才能成为 StorageProvider 的存储格式。下面介绍从用户开始准备要存储在 Filecoin 中的文件，到 StorageProvider 生成存储在 Sector 中的所有数据片标识符的过程。

以下步骤发生在客户端：

1）当客户端希望在 Filecoin 网络中存储文件时，首先生成文件 IPLD DAG。DAG 根节点的哈希值是 IPFS 风格的 CID，称为有效载荷 CID。

2）为了生成一个 Filecoin 数据片，IPLD DAG 被序列化为一个"内容 – 可寻址存档"（.car）文件，CAR[二]是原始字节格式。CAR 文件是不透明的数据块，它将 IPLD 节点打包并传输。有效载荷 CID 在制作成 CAR 文件的前后结构是相同的。这有助于稍后的数据检索。

3）生成的 CAR 文件被额外的零位填充，使该文件形成一个二进制 Merkle 树。为了实现一个干净的二进制 Merkle 树，CAR 文件的大小必须是 2^n。具体过程是先通过 Fr32 填充将源文件每 254 位加 2 个零位写入输入文件。然后获取上一步填充的结果，再找到最近的大于它的 2 的幂值（2^n）。Fr32 填充的结果和 2 的下一个幂值之间的差距用 0 填充。

为了理解这些步骤，了解 StorageClient 和 StorageProvider 之间的整体协商过程是很重要的。CID 或 CommP 是客户与存储服务提供者协商并同意的交易内容。当协议达成后，客户端将文件发送给服务商（使用 GraphSync）。服务商必须从接收到的文件中构造 CAR 文件，并派生出其中一方的 PieceCID。为了避免客户端向约定的一方发送不同的文件，存储服务提供者生成的 PieceCID 必须与之前协商的交易中包含的相同。

以下步骤发生在 StorageProvider 端（步骤 4 也可以发生在客户端）：

1）一旦 StorageProvider 从客户端接收到文件，就计算数据片（填充的 CAR 文件）的 Merkle 根。一个全二叉 Merkle 树的结果根是 PieceCID，称为 CommP 或 Piece Commitment，如前所述，必须与存储订单中包含的承诺根值相同。

2）数据片与来自其他交易的数据一起包含在一个 Sector 中。然后 StorageProvider 计算扇区内所有数据片的 Merkle 根。该树的根称为 CommD（又名 Committed of Data 或 UnsealedSector CID）。

3）StorageProvider 封装扇区，产生的 Merkle 根称为 CommRLast。

[一] 数据片结构原图参见 https://spec.filecoin.io/systems/filecoin_files/piece/pieces.png。
[二] CAR 文件格式介绍可参见 https://github.com/ipld/specs/blob/master/block-layer/content-addressable-archives.md#summary。

第 9 章 Filecoin 区块链的文件与数据

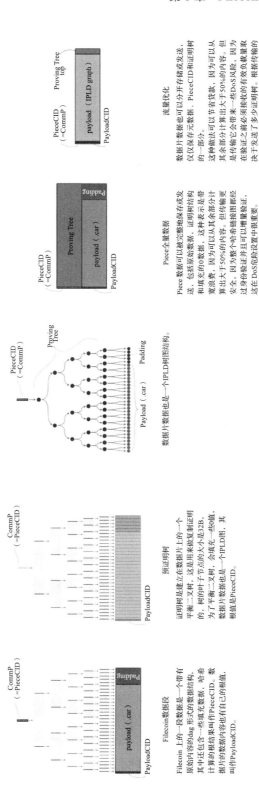

图 9-1 数据片结构

4）复制证明（PoRep）——通常使用 SDR 算法——会生成另一个默克尔树根节点，这个节点被称为 CommC，将被用于证明声明为 CommD 的数据的复制过程正确完成。

5）CommR（或 Commitment of Replication）是 CommC | CommRLast 的哈希值。

- Fr32 是域元素的 32 位表示（在我们的例子中，它是 BLS12-381 椭圆曲线的域中的一个元素）。为了保持格式整齐，Fr32 使用 32 字节来表示，但类型系统并不强制这样做。它是一个标量，应该满足椭圆曲线上的计算规则。所谓的 Fr32 填充，是在一个最多需要 254 位来表示的数字后面插入两个零位。这保证了结果也是 Fr32，而不管最初的 254 位的值是多少。这是一种"保守的"技术，因为对于一些初始值，实际上只需要一位的零填充。
- 客户端第 2 步和第 3 步特定于 Lotus 实现。同样的结果可以通过不同的方式实现，例如，不使用 Fr32 位填充。然而，任何实现都必须确保初始 IPLD DAG 被序列化和填充，以便其给出一个干净的二叉树，因此，只要能从数据块中计算出相同的 PieceCID，具体实现就可以不严格按照上述步骤 2、3 执行。
- 添加一个与 PayloadCID（在步骤 1、2 中讨论）和数据检索过程相关的注释是很重要的。检索协议是在有效载荷 CID 的基础上协商的。当检索协议达成后，检索服务商开始向客户端发送未封装的原始文件。传输从 IPLD Merkle 树的根节点开始，通过这种方式，客户端可以从传输开始验证 PayloadCID，并验证正在接收的文件是在交易中协商的文件，而不是随机位。

9.2.3　PieceStore 抽象

PieceStore 模块允许从一些本地存储中存储和检索数据片。PieceStore 的主要目标是帮助存储和检索市场模块找到密封数据在各个 Sector 的位置。存储市场写数据，检索市场读数据，然后发送给检索客户端。

关于存储和检索市场的相关内容请参阅第 7 章。

PieceStore 模块的实现⊖在市场模块之中，读者可以参见 go-fil-markets⊖的实现。这个实现当前被 Lotus 引用。

9.3　Filecoin 的数据传输

数据传输协议用于在交易完成时在网络上传输全部或部分数据片。数据传输模块的总体目标是使其成为底层传输介质的抽象，使得数据可以在 Filecoin 网络的不同参与方之间传输。目前，实际用于进行数据传输的底层媒介或协议是 GraphSync。因此，数据传输协议也

⊖ PieceStore 模块的具体实现可以参考 https://github.com/filecoin-project/go-fil-markets/tree/master/piecestore。
⊖ 关于 go-fil-markets 的更多信息，可参考 https://github.com/filecoin-project/go-fil-markets。

可以被看作一个协商协议。

数据传输协议主要用于存储和检索交易。在这两种情况下，数据传输请求都是由客户端发起的。这样做的主要原因是，客户端通常会在 NAT 网络的后面，因此，从客户端发起开始任何数据传输都更方便。

- 在 Storage Deals 的场景下，客户端将数据传输请求作为推送请求（push request）发起，把数据发送到存储服务提供者。
- 在 Retrieval Deals 的场景下，数据传输请求被检索客户端作为检索数据的拉取请求（pull request）发起。

数据传输请求的内容包括一个凭单（voucher，即付款凭证）或通证（不要与支付通道凭单混淆），凭单指向双方之前同意的特定交易。这样存储服务提供者就可以识别并将请求链接到已经同意的交易，而不是忽略该请求。检索交易的情况可能略有不同，其中交易提议和数据传输请求可以同时发送。

9.3.1 数据传输模块

图 9-2 显示了数据传输及其模块如何与存储市场和检索市场交互。要特别注意来自市场的数据传输请求验证器是如何插入数据传输模块的，它们的代码属于市场系统。

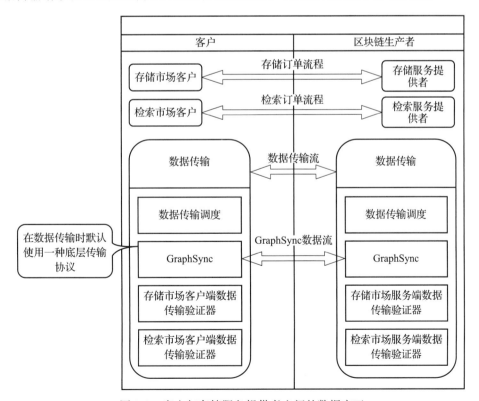

图 9-2　客户与存储服务提供者之间的数据交互

9.3.2 术语

Filecoin 的数据传输是一个比较复杂的过程。为了更清楚地进行描述，设计中定义了以下术语。

- 推送请求（push request）：请求向另一方发送数据，通常由客户端发起，主要是在存储交易的场景下。
- 拉取请求（pull request）：请求另一方发送数据给自己，通常由客户端发起，主要是在检索交易的场景下。
- 请求者（requestor）：发起数据传输请求的一方（push 或 pull），通常是客户端，至少目前在 Filecoin 中实现中是这样，以克服 NAT 穿越问题。
- 响应者（responder）：接收数据传输请求的一方，通常是存储服务提供者。
- 数据传输凭证或令牌（data transfer voucher or token）：存储数据或检索数据的封装器，可以识别并验证向对方的传输请求。
- 请求验证器（request validator）：只有当响应者可以验证请求是直接关联到已有的存储交易或检索交易时，数据传输模块才会启动传输。数据传输模块本身不执行验证，请求验证器检查数据传输凭证，以决定是响应请求还是拒绝请求。
- 数据传输器（transporter）：一旦完成请求协商和请求验证，实际的传输将由双方的数据传输器管理。传输器是数据传输模块的一部分，但与协商过程隔离。传输器可以访问底层的可验证传输协议，并使用它发送数据和跟踪进度。
- 订阅者（subscriber）：通过订阅数据传输事件（如进行中或已完成）来监视数据传输进度的外部组件。
- GraphSync[⊖]：数据传输器使用的默认底层传输协议。

9.3.3 请求流程

数据传输分为协商和传输两个基本阶段。

1）协商：请求者和响应者通过验证数据传输凭证来达成传输交易。

2）传输：一旦协商阶段完成，数据就开始传输。用于数据传输的默认协议是 GraphSync。

注意，协商阶段和传输阶段可能发生在单独的消息往返过程中，也可能发生在相同的消息往返过程中。在相同消息往返的情况下，请求方通过发送请求隐式地包含同意交易，而响应方可以同意交易并立即发送或接收数据。这个过程是发生在单次消息往返还是多次消息往返，部分取决于是推送请求（存储交易）还是拉取请求（检索交易），以及数据传输协商过程是否能够使用底层传输机制。在 GraphSync 作为传输机制的情况下，数据传输请求可以使用 GraphSync 内置的可扩展性作为 GraphSync 协议的扩展。因此，拉取请求只需要一次往返。然而，因为 GraphSync 是一个请求/响应协议，对推送类型的请求没有直接支持，在推送类型的

[⊖] 完整的 GraphSync 规范请参考 https://github.com/ipld/specs/blob/master/block-layer/graphsync/graphsync.md。

请求中，协商过程发生在数据传输模块的 libp2p 协议 /fil/datatransfer/1.0.0 的单独请求中。未来其他的传输机制可能会同时处理推送和拉取请求，或者两者都不作为一个单一的往返行程。

在接收到数据传输请求后，数据传输模块对凭单进行解码，并将其交付给请求验证器。在存储交易中，请求验证器检查包含的交易是否是接收方以前同意的交易。对于检索处理，请求提议包含了检索交易本身，只要请求验证器接受交易提议，所有的事情都是一次性完成的。

值得注意的是，在检索交易的场景下，存储服务提供者可以接受交易请求和数据传输请求，然后暂停检索服务本身，以执行解封过程。存储服务提供者必须在启动真正的数据传输之前解封所有被请求的数据。此外，存储服务提供者还可以选择在解封过程开始之前暂停检索数据流，以便提出解封支付请求。存储服务提供者可以选择请求客户支付这笔费用，以支付解封计算成本，并避免成为恶意检索行为攻击的受害者。

9.3.4 数据结构

TypeIdentifier 是注册表中可编码对象类型的唯一字符串标识符：

```
type TypeIdentifier string
```

EmptyTypeIdentifier 表示没有凭单：

```
const EmptyTypeIdentifier = TypeIdentifier("")
```

Registerable 是注册表中的一种对象类型。它必须是可编码的，并且必须有一个唯一标识其类型的方法，示例代码如下：

```
type Registerable interface {
    encoding.Encodable
    // Type 是此凭证类型的唯一字符串标识符
    Type() TypeIdentifier
}
```

根据导致数据传输的底层存储或检索交易，利用凭单来验证数据传输请求。唯一的要求是凭单可以从字节读取和写入，并且具有字符串标识符类型：

```
type Voucher Registerable
```

VoucherResult 用于提供关于拒绝或接受凭证的附加信息选项，示例代码如下：

```
type VoucherResult Registerable
```

TransferID 是数据传输的标识符，在请求者和响应者之间共享，对请求者是唯一的：

```
type TransferID uint64
```

ChannelID 是通道的唯一标识符，由对方的对等 ID + 传输 ID 来区分，示例代码如下：

```
type ChannelID struct {
    Initiator peer.ID
```

```
Responder peer.ID
ID    TransferID
}
```

Channel 表示单个数据传输的所有参数，示例代码如下：

```
type Channel interface {
    // TransferID 返回此频道的 TransferID
    TransferID() TransferID

    // BaseCID 返回位于此数据传输根的 CID
    BaseCID() cid.Cid

    // Selector 返回此数据传输的 IPLD 选择器（表示为 IPLD 节点）
    Selector() ipld.Node

    // Voucher 返回此数据传输的凭证
    Voucher() Voucher

    // Sender 返回数据发送方节点的对等 ID
    Sender() peer.ID

    // Recipient 返回数据接收方节点的对等 ID
    Recipient() peer.ID

    // TotalSize 返回正在传输的数据的总大小
    TotalSize() uint64

    // IsPull 返回是否是拉取请求
    IsPull() bool

    // ChannelID 返回此请求的 ChannelID
    ChannelID() ChannelID

    // OtherPeer 返回此通道的对等方
    OtherPeer() peer.ID
}
```

ChannelState 是通道参数加上它的当前状态，示例代码如下：

```
type ChannelState interface {
    Channel

    // SelfPeer，返回此频道所属的对等点
    SelfPeer() peer.ID

    // Status，这个频道的当前状态
    Status() Status

    // Sent 返回发送的字节数
    Sent() uint64
```

```
// Received，返回收到的字节数
Received() uint64

// Message，提供有关当前状态的其他信息
Message() string

// Vouchers，返回在此频道上发送的所有优惠券
Vouchers() []Voucher

// VoucherResults，通道上发送的凭证的结果
VoucherResults() []VoucherResult

// LastVoucher，返回通道上发送的最后一张凭证
LastVoucher() Voucher

// LastVoucherResult，返回通道上发送的最后一个凭证结果
LastVoucherResult() VoucherResult

// ReceivedCids，返回迄今为止在通道上收到的所有 CID
ReceivedCids() []cid.Cid

// Queued，返回从节点读取并排队等待发送的字节数
Queued() uint64
}
```

9.3.5 数据流实现样例

Filecoin 的数据流处理是存储服务提供者与存储客户和检索客户之间的通信协议。Filecoin 市场交易的设计中定义了交易模型和支付方式，规范了客户和存储服务提供者的链上行为。同时，无论是存储还是检索，都有一个链下协商过程，对于检索而言，还会有链下小额支付的过程。因此，数据推送和拉取的模式可简述为：链下协商，再将结果传到链上验证。模式是固定的，但是流程是可变的，随着市场生态的发展，流程会逐步演进和成熟。本节提出一些参考样例，这些样例也反映在 Lotus 和 Venus 的实现中。

1. 推送数据流程

数据的传输如果按照推送的方式进行，推荐的流程如下：

1）当请求者想要向另一方发送数据时，它会发起推送传输。
2）请求者的数据传输模块向响应者发送一个推送请求以及数据传输凭证。
3）响应者的数据传输模块通过其依赖的验证器（Validator）验证数据传输请求。
4）响应者的数据传输模块通过发出一个 GraphSync 请求来启动传输。
5）请求者接收 GraphSync 请求，验证它是否识别了数据传输，并开始发送数据。
6）响应者接收数据并产生进度指示。
7）响应者完成接收数据，并通知订阅者。

如图 9-3 所示的推送流程是存储交易的理想选择，在这种情况下，一旦存储服务提供者表示愿意接受并发布客户的交易提议，客户端就会直接发起数据传输。

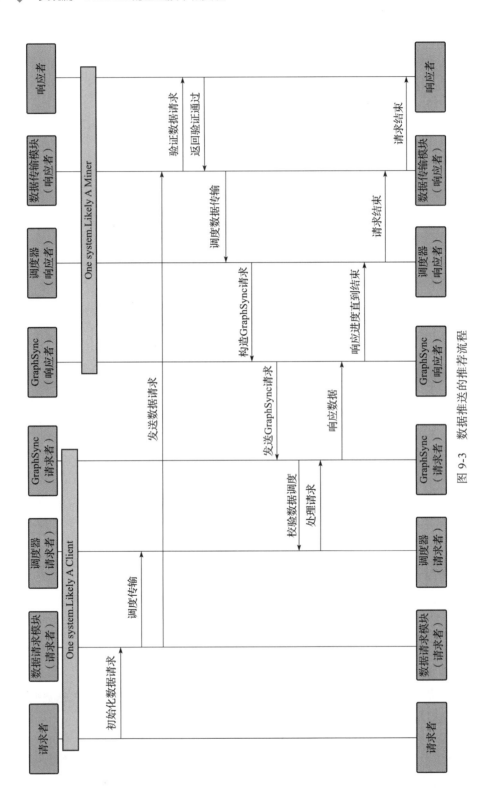

图 9-3 数据推送的推荐流程

2. 拉取数据流程

数据的传输也可以采用拉取的方式，由数据需求方主动发起。在拉取的方式下，推荐的流程如下，可参考图 9-4：

1）当请求者想从另一方拉取数据时，会发起拉取传输。

2）请求者的数据传输模块向响应者发送一个嵌入 GraphSync 请求中的拉取请求。该请求包括数据传输凭证。

3）响应者接收 GraphSync 请求，并将数据传输请求转发给数据传输模块。

4）响应者的数据传输模块通过其依赖的 PullValidator 来验证数据传输请求。

5）响应者接收 GraphSync 请求，并将接受响应与数据传输响应一起发送。

6）请求者接收数据并产生进度指示。这个步骤发生在存储服务提供者完成对数据的解封之后。

7）请求者完成数据接收，并通知所有监听者。

3. 数据传输协议

进行数据传输时，可以通过数据传输协议（一种 libp2p 协议类型）在网络上进行协商。

使用数据传输协议作为一个独立的 libp2p 通信机制并不是一个硬性要求——只要双方都有一个可以相互通信的数据传输子系统的实现，任何传输机制（包括脱机机制）都是可以的。

4. 数据传输状态

数据在整个传输的流程中存在不同的状态，这些状态反映了当前数据传输处于哪个环节。下面是 Filecoin 存储市场和检索市场数据传输过程中常见的状态定义。这些状态定义并不是强制的，用户和服务商可以在此基础上进行改进或订立自己的标准。

❑ Ongoing：数据传输正在进行中。

❑ TransferFinished：请求者已经完成发送 / 接收数据，但是正在等待响应者的确认。

❑ ResponderCompleted：响应者接收到数据。

❑ Finalizing：响应者正在等待来自启动器的最终消息，以判断传输是否完成。

❑ Completing：对一个已完成的请求进行最后的清理。

❑ Completed：数据传输成功完成。

❑ Failing：对失败的请求进行最后的清理。

❑ Failed：数据传输失败。

❑ Cancelling：对一个被取消的请求进行最后的清理。

❑ Cancelled：数据传输提前结束。

❑ InitiatorPaused：数据发送方暂停了通道（只有发送方可以取消暂停）。

❑ ResponderPaused：数据接收方暂停了通道（只有接收方可以取消暂停）。

❑ BothPaused：发送方和接收方分别暂停了通道（两者都必须取消暂停）。

112 ❖ 实现篇　Filecoin 的基础技术和实现

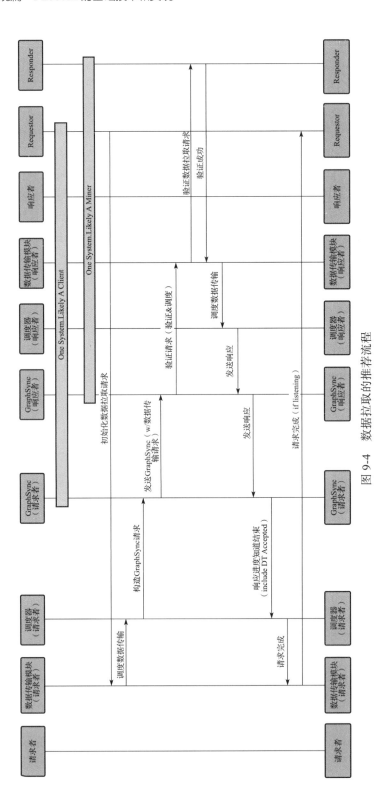

图 9-4　数据拉取的推荐流程

- ResponderFinalizing：一个唯一的状态，在那里响应者正在等待最终凭证。
- ResponderFinalizingTransferFinished：一个唯一的状态，响应者正在等待最后的凭证，数据接收方已经收到了所有数据。
- ChannelNotFoundError：搜索的数据传输不存在。

状态映射是为了把程序中的状态转换成人类能读取的名称，示例如下：

```
var Statuses = map[Status]string{
    Requested:                          "Requested",
    Ongoing:                            "Ongoing",
    TransferFinished:                   "TransferFinished",
    ResponderCompleted:                 "ResponderCompleted",
    Finalizing:                         "Finalizing",
    Completing:                         "Completing",
    Completed:                          "Completed",
    Failing:                            "Failing",
    Failed:                             "Failed",
    Cancelling:                         "Cancelling",
    Cancelled:                          "Cancelled",
    InitiatorPaused:                    "InitiatorPaused",
    ResponderPaused:                    "ResponderPaused",
    BothPaused:                         "BothPaused",
    ResponderFinalizing:                "ResponderFinalizing",
    ResponderFinalizingTransferFinished: "ResponderFinalizingTransferFinished",
    ChannelNotFoundError:               "ChannelNotFoundError",
}
```

5. 数据传输管理器

数据传输的过程和状态管理由数据传输管理器来执行。一个完整的数据传输管理器主要包含如下接口和功能：

- Manager：所有数据传输子系统的核心接口。
- OnReady：注册一个监听器，用于数据传输上线。
- Stop：终止所有数据传输并结束处理。
- RegisterVoucherType：为给定的凭单类型注册一个验证器，如果凭单类型没有实现凭单验证器，或者有一个凭单类型重复注册了相同的标识符，则会出错。
- RegisterRevalidator：为给定的凭证类型注册一个重新验证器（revalidator）。需要注意的是，这是用于重新验证的凭证类型。它可以与初始验证器类型共享一个名称，可以是相同类型，也可以是不同类型。重新验证器可以作为原始请求验证器的样本，也可以是满足重新验证器接口的其他验证器。
- RegisterVoucherResultType：允许反序列化凭证结果，以便监听器读取元数据。
- RegisterTransportConfigurer：注册给定的传输配置器，用于在请求开始时运行对应凭单验证器。

- OpenPushDataChannel：打开一个推送数据传输通道，并发送通过选择器获取的部分数据给数据接收方。
- OpenPullDataChannel：打开一个拉取数据传输通道，要求发送方发送选择器对应获取的数据。
- SendVoucher：当接收方发送重新验证请求时，根据需要发送一个中间凭证。
- CloseDataTransferChannel：关闭一个打开的通道。
- PauseDataTransferChannel：暂停数据传输通道（仅在传输支持时才允许）。
- ResumeDataTransferChannel：恢复一个数据传输通道（仅在传输支持时才允许）。
- TransferChannelStatus：获取转移状态。
- SubscribeToEvents：当某些类型的事件发生时得到通知。
- inprogreschannels：获取所有正在进行的转移。
- RestartDataTransferChannel：重启现有数据传输通道。

9.4 Filecoin 的数据格式和序列化

Filecoin 力求尽可能少地使用数据格式，采用规范良好的序列化规则，以更简单的方式提高协议安全性，并实现 Filecoin 协议实现之间的互操作性。

更多关于 Filecoin 数据序列化方面的设计可参见 https://github.com/filecoin-project/specs/issues/621 和 https://github.com/filecoin-project/specs/issues/615。

1. 数据格式

Filecoin 内存中的数据类型通常很简单。实现应该支持两种整型：Int（表示本机 64 位整型）和 BigInt（表示任意长度），并避免处理浮点数，以最大限度地减少跨编程语言和实现的互操作性问题。

更多关于 Filecoin 协议中随机生成的数据格式的内容，请参考 https://spec.filecoin.io/#section-algorithms.crypto.randomness。

2. 序列化

Filecoin 中的数据序列化需要确保一致的格式，以便对内存中数据进行序列化并进行 in-flight 和 in-storage 传输。序列化对于 Filecoin 协议实现间的安全性和跨协议实现间的互操作性至关重要，它允许 Filecoin 进行一致的跨节点状态更新。

Filecoin 中的所有数据结构都是采用 CBOR 元组编码的，也就是说，Filecoin 系统中使用的任何数据结构（本规范中的结构）都应该序列化为 CBOR 数组，其中包含与数据结构字段对应的项，这些项按照声明的顺序排列。

CBOR 中主要数据类型的编码结构参见 https://tools.ietf.org/html/rfc7049#section-2.1。

举例来说，内存中的映射将表示为按预先确定的顺序列出的键和值的 CBOR 数组。短期对序列化格式的更新将涉及适当地标记字段，以确保随着协议的发展进行适当的序列化/反序列化。

9.5　本章小结

Filecoin 的主要目的是存储客户的文件和数据。在信息量爆炸式增长的当下，人们对存储的需求不断提高。一套高效的存储旨在提高存储利用效率、简化存储管理、降低存储能耗，从而获得较低的总持有成本和运营成本。

Filecoin 在数据的组织形式、存储效率、可验证性、跨语言和跨平台兼容性、网络传输等方面都有独特的思考和设计，本章就相关技术实现进行了系统性的阐述。本章的重点是 Filecoin 的数据片及节点间传输相关内容，读者应该就为什么要对数据片数据进行分割（即对文件切片），如何切片，如何生成子文件索引和内容 ID 等进行深入思考。

第 10 章

Filecoin 区块链

Filecoin 区块链可以看成一个实现一套共识协议的分布式虚拟机。这套虚拟机系统需要完成消息处理、账户和存储管理、系统安全维护等工作,并为连接不同的系统角色提供主要的访问接口。本章将对 Filecoin 链本身进行详细介绍。首先介绍 Filecoin 区块链的组成,然后对区块本身的概念进行详细介绍,包括区块的定义及其生成验证机制等。在此基础上,介绍消息池和消息处理以及链同步相关细节,并进一步说明非常重要的存储算力共识机制——这是 Filecoin 系统能够健康运行的基础。

10.1 Filecoin 区块链系统的组成

Filecoin 区块链的本质是 IPFS 的激励层,是在 IPFS 基础之上构建的分布式存储网络。Filecoin 区块链系统包括:

- ❑ 链同步系统,跟踪和传播已验证的消息和区块,维护一组候选区块,区块生产者以这些候选区块为基础生产新的区块并对传入的区块进行语法及语义验证。
- ❑ 消息池系统,是消息的缓冲池,用来跟踪和传播要打包上链的消息。
- ❑ 虚拟机系统,用于解释和执行消息以更新系统状态。
- ❑ 状态树系统,管理状态树(系统状态,由链的虚拟机确定性地生成)的创建和维护。
- ❑ 存储算力共识系统,跟踪链的存储状态。存储服务提供者贡献存储空间获得算力,期望共识机制下有效算力占比较高的存储服务提供者将更有可能成为区块生产者。本系统主要负责实现 3 个功能:计算存储算力,确定时空证明以维持算力,运行期望共识机制。

❑ 链管理器，用于维护区块链的状态，为其他子系统提供基础设施（这些系统将查询最新链的状态以保持正常运行），并确保传入的区块在被打包到区块链之前进行合法性验证。
❑ 区块生产者，存储服务提供者周期性地竞争出块权，每一轮的获胜者生产一个新的区块，转发到区块同步器进行传播，扩展当前的最重链。

简单来说，Filecoin 协议通过区块奖励来激励存储服务提供者参与每一轮的出块选举。每一轮可能有数个（当前设定为平均 5 个）存储服务提供者获得出块权，正确出块可获取区块奖励。每一个存储服务提供者赢得选举的概率与其存储量在全网总存储量中的占比成正比。这依赖于存储算力共识系统，该系统维持一个全网算力表，正确跟踪每一个存储服务提供者的算力变化。

10.2 区块

区块是 Filecoin 区块链的基本单元，也是大多数区块链的基本单元，是链状态维护的根本保障，也是链信息的载体。区块的主要作用是存储维护链结构的状态，记录 Filecoin 网络中的各种交易（消息）。

10.2.1 区块的结构

Filecoin 区块链中的区块是周期性生产的，根据期望共识机制由每一轮的获胜者负责生产，每个周期可能有多个获胜者，也可能没有获胜者，也就是说每个周期可能生产多个区块或没有区块。区块的结构包括：区块头（BlockHeader），区块中包含的消息（Message），消息签名（SignedMessage）。

区块头是区块的规范化表示，是能够维持并验证链状态的基础数据，包括打包的消息、状态、奖励信息等。从区块头中，区块生产者获得了应用相关的完整区块（FullBlock）状态和更新区块链所需的所有信息。BlockHeader 包含以下数据：

```
type BlockHeader struct {
    Miner                  address.Address        // 0 区块唯一
    Ticket                 *Ticket                // 1 区块唯一，应是一个有效的 VRF
    ElectionProof          *ElectionProof         // 2 区块唯一，应是一个有效的 VRF
    BeaconEntries          []BeaconEntry          // 3 同一 TipSet 中的所有块相同
    WinPoStProof           []proof2.PoStProof     // 4 区块唯一
    Parents                []cid.Cid              // 5 同一 TipSet 中的所有块相同
    ParentWeight           BigInt                 // 6 同一 TipSet 中的所有块相同
    Height                 abi.ChainEpoch         // 7 同一 TipSet 中的所有块相同
    ParentStateRoot        cid.Cid                // 8 同一 TipSet 中的所有块相同
    ParentMessageReceipts  cid.Cid                // 9 同一 TipSet 中的所有块相同
    Messages               cid.Cid                // 10 区块唯一
    BLSAggregate           *crypto.Signature      // 11 区块唯一，来自区块打包的 BLS 消息的聚合
    Timestamp              uint64                 // 12 同一 TipSet 中的所有块相同，出块高度
                                                  // 对应的时间
```

```
    BlockSig            *crypto.Signature    // 13 区块唯一，区块的签名
    ForkSignaling       uint64               // 14 预留，当前未使用
    ParentBaseFee       abi.TokenAmount      // 15 同一 TipSet 中的所有块相同，执行父
                                             // TipSet 后的基本费用

    validated bool                           // 私有变量，签名验证通过为真，否则为假
}
```

区块中的消息是指需要应用的更改集，是 Filecoin 网络中合约交易的具体数据，在虚拟机系统执行后改变链的状态。区块的 Golang 实现如下所示：

```
type FullBlock struct {
    Header        *BlockHeader
    BlsMessages   []*Message
    SecpkMessages []*SignedMessage
}
```

区块内的消息在 libp2p 网络中传播时并没有传播整个消息，而是传播消息在 Filecoin 网络中的 CID，这样做的原因是：

❑ 消息在网络中传播时需要占用较多的网络资源。
❑ 消息产生后会向全网广播，每个节点接收消息后会将其维护在消息池中或存储在节点数据库中，也就是说根据 CID 能够搜索到具体的消息。

这样在网络中传播的实际区块结构如下所示：

```
type BlockMsg struct {
    Header        *BlockHeader
    BlsMessages   []cid.Cid
    SecpkMessages []cid.Cid
}
```

消息即交易，必须包括源地址、目的地址、nonce 和 Gas 费用等信息，Message 的结构定义如下：

```
type Message struct {
    Version uint64

    To      address.Address
    From    address.Address

    Nonce uint64

    Value abi.TokenAmount

    GasLimit   int64
    GasFeeCap  abi.TokenAmount
    GasPremium abi.TokenAmount

    Method abi.MethodNum
    Params []byte
}
```

对于带签名消息，任何消息都需要签名，这里需要特别说明的是，对于使用 SECP 算法的消息而言，需要额外的带有签名的信息，而对于使用 BLS 算法的消息而言，则可以把所有消息的签名聚合在一起，统一验证。

```
type SignedMessage struct {
    Message Message
    Signature crypto.Signature
}
type Signature struct {
    Type SigType
    Data []byte
}
```

消息池系统应该协调不同的区块，尽可能选择打包不同的消息，保障 Filecoin 网络中的消息及时上链——该区块也将获得更多的 Gas 奖励。

区块是选举产生的领导人负责生产的，根据现有的出块逻辑，区块生产者将会忽略掉每个周期开始一段时间后收到的区块，这种区块称为基础区块。生产者无法及时收到区块的可能原因有：网络延迟，或者某些区块生产者的节点性能不足导致区块生产过慢。这种情况下如果获得出块权，基础区块不全，会导致其出块的权重相对偏小，根据最重链原则，这类区块将不会被主链承认。这种区块即为孤块。

10.2.2 TipSet

根据 Filecoin 网络的预期共识，每个周期可能会选出多个领导人，即每一轮生产 0 个或多个区块。Filecoin 将同一网络中同一高度并且基础区块和权重相同的区块在逻辑上划分到一个集合中，这个集合被定义为 TipSet。

Filecoin 是由 TipSet 组成的链。构成 TipSet 的元素包括链高度（ChainEpoch）和区块集合。TipSet 的结构定义如下所示：

```
type TipSet struct {
    cids    []cid.Cid
    blks    []*BlockHeader
    height  abi.ChainEpoch
}
```

TipSet 所包含的有效区块数取决于预期出块权数（ExpectedLeadersPerEpoch）的设置，在目前的 Filecoin 网络中，设置 ExpectedLeadersPerEpoch=5，那么每一轮的预期出块数就是 5。当然，预期代表的是概率，实际情况中这个值往往是不固定的，但总体平均数趋于 5。

TipSet 是一个逻辑上的概念，同一个 TipSet 中的区块来自不同的区块生产者，但都是基于相同的父区块创建的，故同一 TipSet 中区块的下列属性应该是相同的：

❑ Height
❑ Parents
❑ ParentWeight

- BeaconEntries
- ParentStateRoot
- ParentMessageReceipts
- Timestamp
- ParentBaseFee

TipSet 中的区块按照 Ticket 字节的字典顺序进行规范化排序，示例代码如下：

```
func (t *Ticket) Less(o *Ticket) bool {
    tDigest := blake2b.Sum256(t.VRFProof)
    oDigest := blake2b.Sum256(o.VRFProof)
    return bytes.Compare(tDigest[:], oDigest[:]) < 0
}
```

因此 TipSet 的语义验证：至少由一个区块组成，同一个 TipSet 中的所有区块都有相同的高度和相同的父区块及状态。

10.2.3　链管理器

链管理器是区块链系统中的核心组件，它跟踪并更新由给定节点接收到的竞争子链，以选择正确的区块链链头——链管理器感知到的最重链的最新块。

链管理器是 Filecoin 的核心子系统，为 Filecoin 节点的其他系统提供记账服务，并公开 API 供其他系统调用。

通过处理收到的区块可以对链进行扩展和增长。

对于每个传入的区块，即使没有添加到当前主链中，链管理器也应该将它添加到正在跟踪的正确子链中，或者单独跟踪它，直到：

- 接收该子链中的另一个区块，使得它可以添加到当前最重的子链中。
- 超过了确认期（finality，目前定义为 900 个高度）仍未被采用，该区块必须被丢弃。

一个给定的子链可能会被放弃，因为在同一轮中可能会挖出更重的子链。为了快速适应这一点，链管理器在确认期内必须维护和更新所有子链。

链选择是决定 Filecoin 区块链如何工作的关键组成部分。简而言之，每条链都有一个相关的权重，该权重表示在其上挖掘的区块数量以及它们附加的算力。

链管理器是 Filecoin 共识系统的一个组件，负责跟踪 Filecoin 区块链的所有 TipSet，并跟踪当前最佳 TipSet。

10.2.4　区块生产者

有效算力满足最小阈值要求（不小于 10TiB）的存储服务提供者皆可成为区块生产者。Filecoin 网络周期性地按照预期共识机制选举出一名或多名领导人，这些被选举出来的存储服务提供者即是本轮的区块生产者。存储服务提供者的有效算力占全网比例越高，被选为领导人的概率就越大。

区块生产者可以参与每一轮选举。所谓选举，就是每一个合格的存储服务提供者从随机数源（Drand）取得随机数，并独立计算自己赢得的选票（WinCount），如果计算得到的 WinCount ≥ 1，那么就获得了出块权。需要注意的是，每一个存储服务提供者在广播自己的出块权（选举证明）之前，其他存储服务提供者并不能获得其赢得选票的任何信息。拥有出块权的存储服务提供者还必须同时完成 WinningPoSt——一个简单的对某个随机挑选的扇区的时空证明，然后方能出块。获得出块权的存储服务提供者必须把上述两个证明包含在区块之中，并广播出去，获得验证后方能生效。

区块广播通过 GossipSub 进行。这是一种 PubSub 协议，可以有效提升传播效率并保有较高的带宽利用率。在 Filecoin 中，GossipSub 运行在 libp2p 之上，采用 /fil/blocks 频道进行传播。链管理器在进行区块选择时，时间控制很重要，一般说来，区块生产者在产生区块后应当立刻广播。

每一个区块生产者在其区块最终被包含进最重链之中后，将获得区块奖励，同时也将获得每一个消息的部分交易手续费。因此，消息的选择也是一个重要课题，这一部分我们将在 10.3 节介绍。

10.3　消息池

消息池（message pool）也称为 mpool 或 mempool，是 Filecoin 协议中消息的池化集合。消息池充当 Filecoin 点对点网络中传播链下消息的接口。节点利用消息池来维护一组它们想要传输到 Filecoin 虚拟机并添加到链上的消息。

消息池具体表现为网络中每个节点保存的消息列表。当一个节点将一条新消息添加到消息池时，该消息将被 libp2p 的 PubSub 协议传播到网络的其他节点。节点需要订阅相应的 PubSub 主题才能接收到传播的消息。

使用 GossipSub 的消息传播不会立即到达所有节点，因此，在不同节点上的消息同步会有一些延迟，也就是说，不同节点上的消息池不会保持为一致的同步状态。在实践中，因为要添加到消息池中的消息是连续的消息流，并且消息传播总有延迟，所以消息池永远不会跨网络中的所有节点保持同步。但需要注意的是，这并不是系统的缺陷，因为消息池不需要跨网络进行同步。

消息池应定义一个最大规格，以避免 DoS 攻击。在 DoS 攻击中，节点发送垃圾消息并耗尽内存。消息池缓存的消息数量建议为 20 000（MemPoolSizeLimitLoDefault）～ 30 000（MemPoolSizeLimitHiDefault）。

1. 消息传播

消息池集成了 libp2p 的 GossipSub 的协议用于消息的扩散。消息是通过 GossipSub 相应的 /fil/msgs/ 频道传播的。任何节点发布每条消息都需要经过 libp2p 网络。

消息传播过程如下：

1）消息产生推送到节点的消息池，并将消息发布到 /fil/msgs/ 频道。

2）将消息传播到对等节点列表中的其他节点，依次继续传播并最终到达所有存储服务提供者的消息池中。

3）区块生产者从消息池中挑选消息，并将其打包在一个区块中。

4）区块生产者在 /fil/blocks/ 频道中发布新生产的区块，该区块传播到网络中的所有节点。

5）收到区块的节点将校验其打包消息的合法性，如果消息无效，则不再进行转发。

GossipSub 协议的更新增强版本包括许多攻击缓解策略，特别是节点评分机制。当节点收到一个无效的消息时，会降低发送者的评分，当某个节点的评分降低到一定程度后，将不再处理该节点的任何消息，类似黑名单。节点分数不与其他节点共享，由每个节点在本地保存与其交互的节点的分数。我们将在 16.5 节中讨论这些设置的更多细节，完整的细节可以在 GossipSub 规范中找到。

2. 消息执行

消息最终都是要被执行的，这样各个节点才能最终维护相同的状态。消息执行通过虚拟机系统完成，每条消息都包含接收者（To）、方法编号（Method）和执行方法所需的参数（Params）。Filecoin 系统中的方法都是依附在各种角色（Actor）上的，Lotus 代码中定义了多种 Actor 及其所导出的方法。虚拟机对各种 Actor 导出方法的签名有如下要求：

- 两个输入参数：第一个输入参数为 specs-actors/actors/runtime.RunTime 类型；第二个输入参数为指针类型。
- 一个输出参数：输出参数需要实现接口 whyrusleeping/cbor-gen.CBORMarshaler。

虚拟机执行 Actor 方法的过程中，若方法出现不可恢复的错误，虚拟机会尝试恢复，并捕获 ActorError 返回，否则将 Actor 方法的返回值序列化为字节数组并返回，详见 Runtime.shimCall。

10.4 链同步

链同步是区块链系统的关键组成部分。链同步处理区块和消息的检索和传播，主要负责区块链系统的分布式状态复制。在这个过程中安全性很重要——状态复制的缺陷可能会对区块链造成严重破坏。

当节点第一次加入网络时，它首先发现对等节点，并订阅 /fil/blocks 和 /fil/msgs GossipSub 频道。新加入的节点监听由其他节点传播的新区块，然后选择一个区块作为 BestTargetHead（最佳目标区块链链头，具有一个高度），并开始从 TrustedCheckpoint 同步区块链到这个高度，TrustedCheckpoint 默认为 GenesisBlock 或 GenesisCheckpoint。为了挑选 BestTargetHead，需要比较高度和重量的组合——这些值越高，所选择的区块是主链的机会就越高。如果有两个区块高度相同，则节点应选择重量较大的区块。一旦节点选择了 BestTargetHead，就会使用 BlockSync 协议来获取区块并达到当前的高度。达到当前高度之后，节点处于 CHAIN_FOLLOW 模式。在这种模式下，节点使用 GossipSub 接收新的区块。如果节点获悉一个区块，却没有通过 GossipSub 接收到，则使用 Bitswap 协议来获取该区块。

10.4.1 链同步概述

ChainSync 是 Filecoin 用来同步区块链的协议，特定于 Filecoin 网络在状态表征和共识规则方面的选择，但也足够普遍和通用，可以服务于其他区块链。ChainSync 是一组较小的协议，这些协议分别处理同步过程的不同部分。

一般来说，链同步适用于以下场景：
- 节点第一次加入网络或导入已有网络的快照（snapshot），首先需要达到当前的最新状态，之后才能验证或扩展区块链。
- 节点没有和区块链保持同步，例如，出现网络连接短暂断开的情况。
- 在节点正常运行期间，同步最新的消息和区块。

链同步过程中涉及以下 3 种区块同步协议：
- GossipSub 是 libp2p 的 PubSub 协议，用于传播消息和区块。它主要用于上面的第三种场景——当节点需要与最新生成的区块保持同步时。
- BlockSync 用于同步区块链的特定部分，即获取从一个特定的高度和到一个特定的高度的区块和消息。
- Hello 协议，主要用于两个对等节点第一次"见面"（即第一次彼此连接）时。根据 Hello 协议规则，对等节点在第一次"见面"时会交换区块链链头。

此外，在一个节点已经同步好（处于"紧跟"模式时），但 GossipSub 传播区块失败的情况下，系统使用 Bitswap 协议来请求和接收区块。总之，作为用来获取区块链的一部分的协议，GraphSync 是比 Bitswap 更有效的版本。

Filecoin 节点也是 libp2p 节点，因此可以运行其他多种协议。与 Filecoin 中的任何部分一样，节点可以选择使用其他协议来实现。但是，节点必须实现本规范中描述的 ChainSync 版本，才能被视为 Filecoin 的实现。

10.4.2 链同步术语

链同步是本地存储追赶链最新状态的过程，一旦本地状态与链上最新状态存在差异，将会触发链同步。下面介绍一些在此过程中用到的术语。
- LastCheckpoint：ChainSync 所知道的最后一个刚性全局共识检查点。这个共识检查点定义了最小最终结果以及最小历史。ChainSync 信任 LastCheckpoint，并以 LastCheckpoint 为基础，一旦确定，就不再改变。
- TargetHeads：最新生产区块的 BlockCid 列表。这些都是 ChainSync 所知道的最新且最好的区块。它们是"目标"链头，因为 ChainSync 会尝试同步到这些链头。这个列表是按照成为最佳链的可能性排序的。这种可能性是通过 ChainWeight 实现的。
- BestTargetHead：唯一的最佳链头 BlockCid，尝试同步到该链头。BestTargetHead 是

TargetHeads 的第一个元素。

10.4.3 链同步状态机

Filecoin 区块链作为一个分布式系统，各全功能节点都会保有全网状态的一个副本，节点间的状态需要彼此同步，同步的方式就是发送和执行消息。链同步状态机负责维护本地状态与链状态的一致性，工作过程如图 10-1 所示。

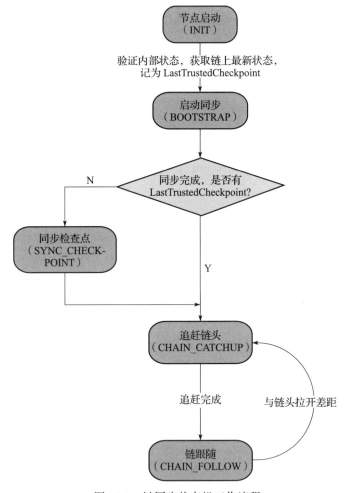

图 10-1 链同步状态机工作流程

下面介绍在链同步过程中出现的 5 种状态：

1）验证内部状态（INIT 状态）。必须验证数据结构和本地区块链，资源昂贵的验证可能会被跳过，但节点自己承担风险。

2）引导网络，启动同步（BOOTSTRAP 状态）。获得一组"足够安全"的对等节点，启动 GossipSub 频道。

3）同步检查点（SYNC_CHECKPOINT 状态）。从 TrustedCheckpoint（默认为 GenesisCheckpoint）开始获取 TrustedCheckpoint 所指向的区块以及该区块的父区块，获取 StateTree。

4）追赶链头（CHAIN_CATCHUP 状态）。维护一组 TargetHeads（BlockCid），并从中选择 BestTargetHead，同步到最近观察到的链头，验证链头后面的区块（请求中间区块）。随着验证的进行，TargetHeads 和 BestTargetHead 可能会发生变化，因为最新生成的区块将会到来，而之前 TargetHeads 和 BestTargetHead 指向的一些链头或路径可能已无法验证。当节点"赶上"BestTargetHead（检索所有状态，链接到本地区块链，验证所有区块，等等）时，链同步完成。

5）链跟随，即保持区块同步并参与区块传播（CHAIN_FOLLOW 状态）。如果安全条件发生变化，则返回到 CHAIN_CATCHUP 状态。

Filecoin 的链同步状态机使用概念性的状态机，实现时可能会与这些状态的精确表达有所偏离，可能会模糊状态之间的界限。但是要注意，不同的实现必须确保更改的协议的安全性。

10.4.4　对等节点发现

对等节点发现是整个体系结构的关键部分。对等节点发现出错可能会对协议的运行产生严重影响。一个新节点在加入网络时，最初连接到的一组节点可能会完全控制该节点对其他节点的感知，从而控制该节点所拥有的网络状态的视图（eclipse 攻击）。

对等节点发现可以由任意的外部方式驱动，并被放置在 ChainSync 涉及的协议（GossipSub、Bitswap、BlockSync）核心功能之外。这允许正交的、应用驱动的开发，并且协议实现没有外部依赖。尽管如此，子协议应该支持对等交换和显式对等协议。

- 对等交换允许应用从一组已知的对等节点启动，而无须外部对等节点发现机制。这个过程可以通过引导节点或其他正常节点来实现。引导节点必须由系统运维人员维护，并且必须正确配置。引导节点必须是稳定的，并且独立于协议结构运行，例如 GossipSub 网格结构，也就是说，引导节点不维护到网格的连接。有关对等交换的更多细节请参阅 GossipSub 规范。
- 使用显式对等协议时，系统运维人员必须指定一个对等节点列表，当节点加入时应该连接到这些对等节点。协议必须有可供指定的选项。对于每个显式对等节点，路由器必须建立并维护一个双向（互惠）连接。

10.4.5　步进区块验证

为了减少资源支出，区块可以分阶段进行验证。验证所需的计算量是很大的，这可能会引发 DoS 攻击问题。安全实现必须小心地安排验证——可以通过修剪区块来实现不完全验证，从而最小化验证工作。

ChainSync 应该维护一个未验证的区块缓存（理想情况下，按照属于链的可能性排序），当未验证的区块被 FinalityTipset 传递时，或者当 ChainSync 处于巨大的资源负载时，删除区块缓存。这些阶段可以部分地跨候选链中的许多区块使用，以便在实际执行昂贵的验证工作之前，清除明显的坏区块。

区块验证（Block Validation，BV）的步进阶段：

- BV0—语法：序列化是否正确，类型是否匹配，值范围是否符合上下限要求。
- BV1—可疑的共识：可疑的区块生产者、权重和 Epoch 值（例如验证区块中区块生产者地址状态）。
- BV2—验证区块签名。
- BV3—信标表项：有效的随机信标表项已经插入区块中（参见 10.5.4 节）。
- BV4—ElectionProof：一个有效的选举证明已经生成。
- BV5—WinningPoSt：一个正确的 PoSt 已经生成。
- BV6—链的起始和终结：在终结之前，验证区块是否被链接回可信链。
- BV7—验证消息签名。
- BV8—状态树：父 TipSet 消息执行产生的状态树树根和收据。

1. 语法验证

语法验证是指在区块及其消息上执行的验证。语法验证不需要引用类似父状态树等外部信息，因此这种类型的验证有时被称为静态验证。

一个无效区块不能用来传播或者作为父区块引用。

一个语法上有效的区块头（BlockHeader）必须解码成匹配下面定义的字段，必须是一个有效的 CBOR PubSub BlockMsg 消息，并且必须包含以下内容：

- 要么没有父区块（Epoch 等于 0），要么父区块的 CID 个数在 1 到 5*ec.ExpectedLeaders 之间（Epoch 大于 0）。
- 一个非负 ParentWeight。
- 消息数量小于或等于 BlockMessageLimit。
- 聚合消息 CID，封装在 MsgMeta 结构中，序列化到区块头中的消息 CID。
- 一个区块生产者地址（这是一个 ID 地址）。区块头中的区块生产者地址必须存在，并与当前链状态中的公钥地址相对应。
- 区块签名（BlockSig），并且属于当前轮次选取成功的区块生产者的公钥地址。
- 一个非负的 Epoch。
- 一个正的时间戳（Timestamp）。
- 一个非空的 Ticket，包含 VRFResult。
- ElectionPoStOutput，包含数量在 1 和 ec.ExpectedLeaders（包含）之间的候选数组、非空的 PoStRandomness 字段和非空的证明（Proof）字段。
- 非空的 ForkSignal 字段。

一个语法上有效的完整区块必须具有以下特性：
- 所有引用的消息语法有效。
- 所有引用的父收据语法有效。
- 区块头和包含的消息的序列化大小总和不大于 block.BlockMaxSize。
- 所有显式消息的 GasLimit 总和不大于 block.BlockGasLimit。

注意，区块用区块生产者的 worker 私钥签名，消息用发送者（消息中的 From 字段）Actor 相关联的私钥签名。区块签名验证都需要从父区块集中访问到签名对象的公钥，因此签名验证是语义验证的一部分。同样，消息签名验证需要查找与区块父状态中每个消息的 From 账户 Actor 相关联的公钥。

2. 语义验证

语义验证是指需要引用区块头和消息本身之外的信息进行验证。语义验证与构建区块的父 TipSet 和状态有关。

为了进行语义验证，必须从接收到的区块头开始组装完整区块（FullBlock），并检索其 Filecoin 消息。区块消息 CID 可以从网络中检索，并被解码为有效的 CBOR message 或 SignedMessage。

在 Lotus 和 Venus 实现中，区块的语义验证是在 Syncer 模块中完成的。消息由 Syncer 模块来检索。

在接收到所有区块和消息后，Syncer 模块中还需要进行两个步骤：

1）使用先前接收到的区块组装出 FullTipSet。Block 的 ParentWeight 必须大于最重的 TipSet（第一个区块）的 ParentWeight。

2）从接收到的区块中检索所有 TipSet，逐个验证这些 TipSet 中的每个区块。验证应该确保信标项按轮数排序，并且计算出的父 TipSet CID 与通过 BlockSync 获取的 Tipset Parents.CID 相匹配。

一个语义上有效的区块必须满足以下所列要求：
- 区块包含的所有消息有效并能在虚拟机上正确执行。
- 区块的生产者有效。
- 父状态匹配，如权重、根状态 CID、消息状态 CID 等。
- 区块签名验证通过。
- 区块的链随机数验证有效。
- 区块出块权有效，即该区块生产者在此高度有出块权。
- 区块的时空证明数据验证有效。

10.5 存储算力共识

存储算力共识（Storage Power Consensus，SPC）系统是 Filecoin 节点就系统状态达成

一致的主要接口。存储算力共识在其算力表中描述了给定区块链中单个存储服务提供者相对于共识的有效算力。它还运行预期共识（EC），使存储服务提供者能够运行领导人选举并生成新区块来更新 Filecoin 系统的状态。

简而言之，SPC 子系统提供以下服务。

- 算力表的访问，包括存储服务提供者的算力和链上总算力。
- 访问单个存储服务提供者的预期共识，包括：
  - 访问由 Drand 提供的可验证随机性 Ticket，Drand 为协议的其余部分服务。
  - 运行领导人选举产生新的区块。
  - 使用预期共识的加权函数对多个子链进行选择。
  - 标识最近完成的 TipSet，供所有协议参与者使用。

10.5.1 存储服务提供者

可以通过两种方法在 Filecoin 网络中获得通证：
- 以存储服务提供者的身份参与存储市场，并由客户为文件存储交易付费。
- 通过生产新的区块来扩展区块链，保障 Filecoin 共识安全，并作为存储节点运行智能合约执行状态更新。

Filecoin 的"有用工作量证明"是通过存储证明（PoRep 和 PoSt）实现的，存储服务提供者参与领导人选举的开销很小。这样的存储服务提供者 Actor 只需向存储算力 Actor 注册，就可以参与预期共识和区块生产。

10.5.2 区块生产者

存储服务提供者根据其实际封装了多少数据并向链上提交了复制证明来获得有效算力，有效算力越高，获得区块奖励的概率越大。在 Filecoin 每轮的选举中，获胜的存储服务提供者即为区块生产者。

- 区块生产者一定是存储服务提供者。
- 存储服务提供者不一定是区块生产者。存储服务提供者需要满足一定的算力要求（当前定义为 10TiB），并且在共识预期算法中获取到赢票，才能成为区块生产者。

10.5.3 算力

有效算力作为扇区质量的静态函数分配给各个扇区，包括：
- 扇区的时空，这是扇区大小与存储时间的乘积。
- 交易权重，将交易占据的时空转换成共识。
- 交易质量乘数，这取决于扇区上交易的类型（例如，承诺容量常规交易或验证客户端交易）。
- 扇区质量乘数，这是交易质量乘数的平均值，权重为扇区中每种类型的交易所占据的时空数量。

扇区质量是一种衡量方法，它将一个扇区在其生命周期内的规模、持续时间和活跃交易类型映射为其对算力和奖励分配的影响。

一个扇区的质量取决于该扇区内部的数据承载的交易，通常有三种类型的交易：
- 承诺容量（Committed Capacity，CC），实际上是空交易，区块生产者在扇区内部存储任意数据。
- 常规交易（regular deal），区块生产者（存储服务提供者）和客户在市场上就价格达成一致。
- 验证客户交易（verified client deal），赋予扇区更多的算力。

有效算力（quality-adjusted power）是获取区块奖励的基础，存储节点的算力越高，赢票率越大，相应获得区块奖励的概率也就越大，区块奖励收益也相应越高。而扇区封装效率越快，有效算力增长速度自然越快，有效算力占比越高，其出块率也就相应越高，产币量就越大。我们有以下定义：
- 原始算力（raw power），即扇区的大小（以字节为单位）。
- 有效算力，即在网络上存储的数据所具备的共识算力，等于原始字节算力乘以扇区质量乘数。

10.5.4 信标项

Filecoin 在最初的设计中采用 Ticket Chain 来产生不可预测但可公开验证的随机数。目前改为利用 Drand 来作为随机数源。

Ticket Chain 实际上是一个逻辑链，是寄生在 Filecoin 链之上的。尽管对 Ticket Chain 进行了很好的设计，但是仍然存在 3 个明显的问题：
- Ticket 是每个区块都有的，但是每个高度仅需要一个，所以带来选择方面的问题。
- Ticket 本身对所有人来说并非都是不可预测的，因为 Ticket 是区块生产者产生的，所以区块生产者比其他人更早知道这个随机数是什么。
- 当链发生分叉重组的时候，Ticket 就会发生变化，这将使许多依赖 Ticket 进行的计算失效。

所以，Ticket Chain 并不是一个理想的解决方案，Filecoin 团队在权衡之下，目前的处理方式是让随机数的产生完全脱离 Filecoin 网络，启用一个公共的、不可预测的、无偏向性的、可公共验证的随机源，这个随机源就是 Drand（分布式随机信标守护程序）。

Drand 本身是一个程序，分布式节点都可以运行。Drand 由 Golang 编写，使用双线性配对和阈值加密技术，将运行 Drand 的服务器彼此链接，以固定的间隔生成共同的、可公开验证的、无偏向性的、不可预测的随机值。Drand 节点还可以将本地生成的私有随机性提供给客户端。Drand 包含如下特性：
- 不可预测，任何时间点任何个体和群体都不能预测未发布的随机数。
- 没有偏向性，最后的输出分布完全是随机的，不能有任何的倾向性。

- 公共可验证，在随机数生成之后，任何人都可以进行验证。
- 去中心化，随机数的产生应当是由一群独立而且活跃的个体产生出来。
- 可获得性，系统必须保持持续运行，总是（按照节奏）不断地输出随机结果。

在 Filecoin 系统中，Drand 随机种子被用于：
- sector_sealer，作为 SealSeeds 将扇区承诺绑定到给定的子链。
- post_generator，作为 PoStChallenges 来证明扇区在给定区块（Epoch）仍然处于有效的提交状态。
- Secret Leader Election 中，存储算力子系统产生的算力会决定一个区块生产者能够有多大的机会成为领导者。

随机性可能来自 Filecoin 区块链不同的 Epoch，各自的协议会根据自身的安全需求使用随机性：
- 为 VM 获取 Drand 随机项。由 PoRep 创建、证明验证或任何需要 Filecoin VM 随机项的操作，应该有一个方法可以正确地从链中提取 Drand 随机项。
- 从 Drand 网络获取随机项。当生成一个新区块时，存储服务提供者可以从 Drand 网络获取随机项，并将随机项打包在新区块中。

DrandBeacon 将 Filecoin 实现与 Drand 网络连接起来，以一种与 Filecoin 轮数 /Epoch 一致的方式为系统提供随机项。

Drand 链的根信任是通过 build.DrandChain 配置的，示例代码如下：

```
type DrandBeacon struct {
    client dclient.Client

    pubkey kyber.Point

    // seconds
    interval time.Duration

    drandGenTime uint64
    filGenTime   uint64
    filRoundTime uint64

    cacheLk    sync.Mutex
    localCache map[uint64]types.BeaconEntry
}
```

Filecoin 区块链将包含从 Filecoin 创世区块到当前区块的信标链输出的全部内容。考虑到信标项在领导人选举和 Filecoin 其他关键协议中所扮演的角色，每个区块都必须验证信标项。详情见 Drand 的代码实现，网址为 https://github.com/drand/drand。

10.5.5 随机票

Filecoin 区块头还包含由信标项生成的单个随机票（Ticket）。当两个分叉链权重一样时，在 Filecoin 的共识中，随机票较小的链将胜出。

在比较随机票时，实际比较的是随机票的可验证随机函数（Verifiable Random Function, VRF）摘要字节码。

- 随机票生成：区块生产者通过 VRF 运行信标项，以获得新的唯一 Ticket。信标项以 Ticket 域分离标记为前缀，并与区块生产者的 Actor 地址连接，以确保使用相同 worker 密钥的区块生产者获得不同的 Ticket。

根据给定的链高度 n 生成一个 Ticket，代码如下：

```
randSeed = GetRandomnessFromBeacon(n)
newTicketRandomness = VRF_miner(H(TicketProdDST || index || Serialization(randSeed,
    minerActorAddress)))
```

- 随机票验证：每个 Ticket 都应该从 VRF 链中的前一个票证中生成，并进行相应的验证。

10.5.6　最小区块生产者

为了保证存储算力共识的安全性，Filecoin 系统定义了参与共识所需的最小算力。具体来说，区块生产者算力至少达到 MIN_MINER_SIZE_STOR（10TiB）才能参与领导人选举。如果满足这个条件的矿工数量少于 4 个，那么任何有算力的区块生产者都可以参与领导人选举，主网在启动时会设置多个算力达标的创世节点，故不存在此问题。只要任何一个区块生产者拥有超过 MIN_MINER_SIZE_STOR 的算力，MIN_MINER_SIZE_TARG 条件将不会在网络中使用。

算力不达标的存储服务提供者不能参加竞选，即不能出块，意味着也无法获得区块奖励，但其算力仍将计入总网络存储算力。即使其算力不会计入领导人选举的选票，这样的存储服务提供者仍然需要遵守共识机制，定期提交时空证明，否则也会触发算力故障和相应的惩罚。

10.5.7　存储算力 Actor

存储服务提供者 Actor 的构造函数参数如下所示：

```
type MinerConstructorParams struct {
    OwnerAddr       addr.Address
    WorkerAddr      addr.Address
    ControlAddrs    []addr.Address
    SealProofType   abi.RegisteredSealProof
    PeerId          abi.PeerID
    Multiaddrs      []abi.Multiaddrs
}
```

可以看出一个存储服务提供者主要包括：用于累积算力和维持算力的各种钱包地址，用于不同消息的签名，提供消息上链所需的 Gas 费用，标识承诺要封装 Sector 的类型，公开的节点信息，等等。

1. 算力表

在目前的 Filecoin 网络中有两个算力名词——真实算力与实际算力。真实算力指实际封装 Sector 的存储空间，而某些 Sector 封装的数据来自验证客户的订单数据，这部分的算力在选举竞争中是乘以固定倍数计算的（默认是 10），我们将参与选举时的算力称为实际算力。

存储服务提供者通过 EC 机制选举获胜的概率与有效算力（quality-adjusted power fraction）成正比。也就是说，如果一个存储服务提供者的有效算力占了网络上总有效算力的 1%，那么在每轮出块选举中将有 1% 的概率获胜。

SPC 提供了抽象的算力表，可以随着时间的推移跟踪存储服务提供者的算力。算力表将针对新的扇区承诺、失败的 wdPoSt 或其他存储和共识故障进行更新。

当一个扇区过期，或被声明检测到故障，或当它通过存储服务提供者主动调用被终止时，算力就会下降。存储服务提供者可以通过 ExtendSectorExpiration 延长一个扇区的生命周期。

算力表中的 miner 生命周期大致如下。

- MinerRegistration：存储服务系统将关联 owner、worker 和 miner 地址，以及 SealProofType 等注册到算力表中。
- UpdatePower：算力的增加或减少由不同的存储 Actor 调用。
  - 执行 ProveCommitSector 后 Sector 将被分配到证明区间，在该区间的窗口期及时提交 wdPoSt 后算力增加。
  - 错过 WindowPoSt 或提交错误的证明，将立刻被惩罚算力，如果在 24 小时内没有再次成功证明，将会扣除质押 FIL。
  - 当通过"声明错误 Declared Faults"或"跳过错误 Skipped Faults"进入故障状态时，特定扇区的算力会下降。
  - 宣布恢复某一特定扇区并被 wdPoSt 证实后，算力回归。
  - 当某个特定扇区过期或者被宣布终止时，该扇区的算力将被取消。

总而言之，只有处于 Active 状态的扇区才能计入算力。当扇区进入故障状态时，算力会减少；当声明的恢复得到证实时，算力就会恢复；当一个扇区的算力过期或调用终止时，它将被删除。

2. 质押惩罚

对于任何违反共识机制的故障，抵押 FIL 将被大幅削减，包括：

- 出块共识错误，由一个 slasher 报告给 StoragePowerActor 以换取奖励。
- 出现存储故障或提交错误的 wdPoSt 证明，目前 wdPoSt 是基于举报机制的，如果某个存储服务提供者提交了错误的 SubmitWindowedPoSt，将被惩罚质押 FIL，并将一部分奖励分给第一个成功的举报方。

10.6　本章小结

区块链的"链"字，就是从区块有序相连的结构产生的。这种链式结构确保了可追溯、难篡改的特性。本章对 Filecoin 区块链基本的数据结构及其主要功能进行了说明，帮助读者了解 Filecoin 区块链的基本知识。区块是承载交易的载体，是链状态维护及演进的基础，区块从创建、上链，到验证及执行的过程，是读者应该重点关注的内容。

与其他区块链相比，Filecoin 的链比较显著的特征就是多生产者模式。这个模式对公平性、安全性提出了较高的要求，同时也更依赖于区块数据的高效传播。从目前 Filecoin 的运行情况来看，仍然时有孤块产生，但总体的有效区块数量还是比较接近预期的。

第 11 章

Filecoin 区块链的虚拟机

本章主要介绍 Filecoin 虚拟机的概念、实现以及未来发展。Filecoin 虚拟机借鉴了以太坊虚拟机的经典架构,并在以太坊虚拟机的概念之上做了抽象和拓展。本章首先介绍了 Filecoin 虚拟机和以太坊虚拟机的概念及区别,然后借鉴以太坊虚拟机的架构分别介绍了 Actor 接口、状态树、运行时环境、Gas 费用、系统 Actor、解释器等基本组件。最后介绍了 Filecoin 虚拟机的未来发展。

11.1 Filecoin 虚拟机的基本概念

在计算机操作系统概念中,虚拟机是指通过软件模拟具有完整硬件系统功能、运行在一个完全环境中的完整计算机系统,该系统有一套特有的指令集,能确保在不同操作系统、不同 CPU 环境下执行同样的运算指令,得到完全相同的结果。虚拟机与实际的计算机系统完全隔离,例如,基于虚拟机,Windows 或 Linux 操作系统也能运行在 MacOS 计算机之上,操作系统之间互不干扰。

区块链范畴内的虚拟机概念首次在以太坊区块链中出现。以太坊虚拟机(Ethereum Virtual Machine,EVM)是以太坊的核心,被认为是区块链技术领域的基础设施,是实现智能合约系统最为关键的技术。以太坊允许用户创建想要的操作,每个人都可以开发去中心化的应用程序,并直接部署在以太坊平台上,因此以太坊被称为"世界计算机"。

以太坊上的应用程序被称为智能合约(一种以数字形式制定、传播、验证和评估的计算机程序),由于以太坊是一个图灵完备系统,因此用户可以使用其上的代码来编写智能合约,以执行任何交易。通常用户会使用 Solidity 语言来编写智能合约,然后将合约的字节码发布到以太坊区块链，同时使用特定地址来表示该合约（即合约账户）。一旦合约部署在区块链上，向合约账户发送消息（即交易）就可以触发以太坊虚拟机中智能合约的自动执行。EVM的架构如图 11-1 所示。

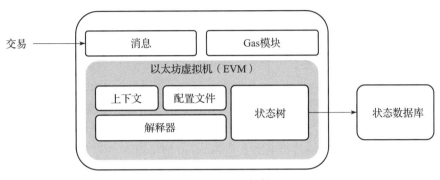

图 11-1　EVM 架构

Filecoin 的虚拟机概念在原理上与以太坊虚拟机非常类似。Actor 是智能合约的拓展，状态树是世界状态数据库的拓展，Gas 费用的使用方式是以太坊 2.0 引入的 Eip1559 的直接实现。由于 Filecoin 是基于存储空间证明的区块链，这样就要求虚拟机内部为这些消息处理定制一些代码接口，以区别用户发起的消息。这些定制代码在 Filecoin 虚拟机中被称为系统 Actor，相应地，处理用户发起消息的代码被称为用户 Actor。同样，Filecoin 区块链的解释器也需要实现对应的处理逻辑。总而言之，Filecoin 虚拟机和以太坊虚拟机的区别主要表现在以下三点：

❑ Filecoin 区块链中的 Actor 相当于以太坊虚拟机中的智能合约。
❑ Filecoin 虚拟机是负责执行所有 Actor 代码的系统组件。Actor 在 Filecoin VM 上的执行（即链上执行）会产生 Gas 成本。
❑ 在 Filecoin VM 上执行的任何操作都会产生状态树（state tree）形式的输出。状态树是 Filecoin 区块链中数据准确性、可追溯性的来源。状态树由 CID 标识，保存在 IPLD 存储中。

目前，Filecoin 网络只实现了系统 Actor，通用智能合约的支持还在规划之中。其架构如图 11-2 所示。

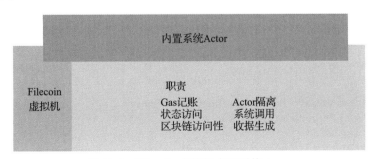

图 11-2　Filecoin 虚拟机内置系统 Actor

11.2　Actor 接口

如上所述，Filecoin 中的 Actor 类似于以太坊虚拟机中的智能合约。因此，Actor 是 Filecoin 系统的核心组件。对 Filecoin 区块链当前状态的任何更改都必须通过 Actor 方法调用来触发。

本节描述 Actor 和 Filecoin 虚拟机之间的接口。这意味着下面描述的大部分内容严格来说并不属于虚拟机。相反，它是位于虚拟机和 Actor 之间的接口上的逻辑。

Filecoin 网络目前共有 11 种内置 Actor 类型，并不是所有的 Actor 都与虚拟机交互。有些 Actor 并不对状态树进行更改，因而不需要调用虚拟机的接口。我们将在 11.7 节中详细讨论所有系统 Actor 的细节。

Actor 地址是一个稳定的地址，本质上是 Filecoin 网络中的一个"对象"，具有状态和一组可用于与之交互的方法，它是通过哈希发送方的公钥和创建 nonce 而生成的或者系统内置生成的。Actor 地址在链重构的过程中也应该是稳定的。另外，Actor 的 ID 地址是一个自动递增的地址，它很紧凑，但在链重构的情况下可以更改。对于整个系统来说，Actor 地址和 ID 地址是等效的，但考虑到便于识别、便于记忆和不变性等因素，在不同场景下，可能会倾向于使用不同类型的地址。下面是系统内置 Actor 的定义和生成新的 Actor 的代码示例：

```go
package builtin

import (
    addr "github.com/filecoin-project/go-address"
)

// 单例系统合约的地址
var (
    // 系统隐式消息的发起者相关的 AccountActor
    SystemActorAddr          = mustMakeAddress(0)
    InitActorAddr            = mustMakeAddress(1)
    RewardActorAddr          = mustMakeAddress(2)
    CronActorAddr            = mustMakeAddress(3)
    StoragePowerActorAddr    = mustMakeAddress(4)
    StorageMarketActorAddr   = mustMakeAddress(5)
    VerifiedRegistryActorAddr = mustMakeAddress(6)
    // 特定的用于燃烧销毁通证的 AccountActor
    BurntFundsActorAddr = mustMakeAddress(99)
)

const FirstNonSingletonActorId = 100

func mustMakeAddress(id uint64) addr.Address {
    address, err := addr.NewIDAddress(id)
    if err != nil {
        panic(err)
    }
}
```

```
        return address
}
```

每个 Actor 还包括一个状态结构（ActorState）。ActorState 结构通常由 Actor 的通证余额以及一组用于查询、检查链状态并与之交互的状态方法组成。

11.3 状态树

状态树是应用于 Filecoin 区块链上任何操作的执行输出结果。链上（即虚拟机）状态数据结构是一个映射（以哈希数组映射 Trie - HAMT 的形式），这个映射将地址绑定到 Actor 状态。绝大多数的 Actor 方法调用过程中都会尝试获取当前状态树，示例代码如下：

```
type StateTree struct {
    root        adt.Map
    version     types.StateTreeVersion
    info        cid.Cid
    Store       cbor.IpldStore
    lookupIDFun func(address.Address) (address.Address, error)

    snaps *stateSnaps
}
```

11.4 消息

消息是两个 Actor 之间的通信单元，因此消息是触发 Actor 状态变化的根本原因。
一个消息由以下两部分组成：
- 从发送方转移到接收方的通证数量。
- 在接收方调用的方法以及必要的参数。

11.4.1 Actor 的嵌套调用

在 Actor 处理接收到的消息时，其自身的逻辑中可以向其他 Actor 发送额外的消息。消息的处理是同步的，具有原子性，也就是说，必须等待已发送消息完成了才能执行之后的逻辑。

消息的处理消耗了计算和存储资源，这两种资源都是以 Gas 为单位计价的。消息的 GasLimit 为处理该消息所需的计算资源量设置了一个上限。消息的发送方以确定的 Gas 价格为消息执行（包括所有嵌套消息）所消耗的 Gas 支付费用。区块生产者选择在区块中包含哪些消息，并根据每个消息的 Gas 价格和资源消耗量获得奖励，从而形成一个市场。

11.4.2 语法验证

语法无效的消息不能被传输，也不能保留在消息池中或包含在区块中。如果接收到无效消息，则应删除该消息，并不再进一步传播。

当消息单独传输时（第一次发送到区块链，在包含在区块中之前），不管使用的是什么签名方案，消息被打包为 SignedMessage。有效的已签名消息的总序列化大小不得大于 message.MessageMaxSize。示例代码如下：

```
type SignedMessage struct {
    Message    Message
    Signature  crypto.Signature
}
```

一个语法有效的未签名消息（UnsignedMessage）需要满足：
- 有一个格式正确的非空的接收方（To）地址。
- 有一个格式正确的非空的发送方（From）地址。
- 消息转移的通证数额（Value）不小于零且不大于网络发行总量（2×10^{27}）。
- GasPrice 不能是负值。
- GasLimit 至少等于与消息的序列化字节相关联的 Gas 消耗。
- GasLimit 不能大于区块的 GasLimit 网络参数。

Filecoin 网络消息包含的内容可以用如下 Golang 代码表示：

```
type Message struct {
    // 消息的版本（必须是非负的）
    Version uint64

    // 消息接收者的地址
    To address.Address
    // 消息发送方的地址
    From address.Address

    CallSeqNum uint64

    // 要从发送者的余额转移到接收者的余额的值
    Value BigInt

    // Gas-to-FIL 的成本
    GasPrice BigInt
    // 执行此消息允许燃烧的最大 Gas
    GasLimit int64

    // 执行消息的函数类型
    Method abi.MethodNum
    // 用于执行函数的序列化参数
    Params []byte
}
```

假定消息最终被包含在区块中，那么还会针对其所包含的信息进行执行层面的更细致的校验。

11.4.3 语义验证

语义验证是指对消息本身之外的信息进行验证。

语义上有效的 SignedMessage 必须携带一个签名，该签名可以用发送方地址所对应的公钥进行验证。具体来说，无论发送消息时填写的接收方地址是公钥类型、ID 类型还是 Actor 类型，都会将它们转换成状态树中某个具体的账户类型 Actor，再提取验证签名所必需的信息。

通过了语义验证的消息都可以被包含在区块中。消息的执行将由下一个高度的区块生产者完成。这是因为区块产生时，我们无法获知同高度可能出现的其他区块的情况，因而无法确定区块顺序、消息顺序等重要信息。这里潜藏的含义是：区块产生时，生产者无法获知其打包的消息的执行情况，包括成功与否、状态变更等。

11.5 运行时环境

常规意义下的运行时是指包含了程序运行必要的指令、数据、接口的容器。在 Filecoin 场景中，则更多包含了：
- 执行预设代码所必需的外部函数。
- 状态树依赖的数据存储。
- 方便识别、判读的输入输出数据结构定义的一整套接口。

11.5.1 收据

收据（MessageReceipt）包含顶层消息执行的结果。每个语法上有效且正确签名的消息都可以包含在一个区块中，并在执行时产生一个收据。

一个合法的收据包含：
- 一个非负 ExitCode。
- 一个非负 GasUsed。
- 如存在返回数据，则需要包含该数据的二进制内容。

消息的执行结构通过收据返回，其内容包含执行成功或失败的结果（通过返回码表示）、必要的信息以及消耗的 Gas 费用。其结构可以通过如下 Golang 代码表示：

```
type MessageReceipt struct {
    ExitCode exitcode.ExitCode
    Return   []byte
    GasUsed  int64
}
```

11.5.2 Actor 接口

Actor 抽象类型包括三个接口方法：
- Exports 方法，导出该 Actor 支持的方法列表。

- Code 方法，导出该 Actor 的类型码。
- State 方法，返回该 Actor 的状态数据的根 ID。

Actor 结构可以通过如下代码表示：

```
type VMActor interface {
        Exports() []interface{}
     Code() cid.Cid
        State() cbor.Er
 }
```

11.5.3 系统调用

虚拟机运行过程中需要调用一些本地函数，如下所示其功能大致包括验证签名、共识及证明错误，计算哈希等：

- VerifySignature，验证签名。
- HashBlake2b，计算 hash2b。
- VerifySeal，验证 C2 生成的证明。
- BatchVerifySeals 和 VerifySeal，用于批量验证 C2 证明，加快区块链验证速度。
- VerifyAggregateSeals，验证聚合签名。
- VerifyPoSt，验证 WindowPoSt 证明。
- VerifyConsensusFault，验证区块共识错误。

上述函数会在链同步的过程中自动被调用执行，是 Filecoin 虚拟机正确运行的基本支撑函数。这些函数在区块验证、执行的各个过程中被调用。节点收到一个区块时会先检查区块合法性，其中就有验证签名过程，会调用 VerifySignature 函数。区块验证通过后，将会执行区块中打包的消息，不同的消息会调用相应的系统函数，例如，ProveCommitSector 消息的执行调用 BatchVerifySeals 和 VerifySeal 函数，SubmitWindowedPoSt 消息的执行调用 VerifyPoSt 函数等。

11.6 Gas 费用

由区块链的特性决定，消息会被大量全节点执行，任何消息的执行都需要消耗相应的存储和计算资源，Filecoin 也不例外。为了让节点有机会获取与它们所付出的计算资源、参与网络的活跃程度相匹配的补偿，同时也为了杜绝无意义的消息占用区块链宝贵的吞吐量，设计者提出了消息费用的概念。这和云服务中的按量付费、按需付费的概念十分相近。在 Filecoin 中，消息计费单位称为 Gas。

11.6.1 原理

与许多传统区块链的情况一样，Gas 是一个度量单位，用来衡量一个链上消息执行消耗了多少存储或计算资源。在较高的层次上，Gas 费用的工作机制如下：消息发送者指定它们愿意支付的费用上限，以确保其消息在合适的时机被打包，或避免异常情况下出现超额的损失等。这个上限是根据 Gas 的总单位数（GasLimit，通常预计会高于实际使用的 Gas 数量——GasUsed）和每单位价格上限（GasFeeCap）来决定的。

11.6.2 实现

传统上，GasUsed × GasFeeCap 会作为奖励授予区块生产者。该乘积的结果被视为消息被打包的优先级费用，也就是说，消息按乘积数值降序排列，数值更高的消息将会被优先打包，因为它们会给区块生产者带来更多利润。

实践过程中，上述策略对区块生产者来说是有问题的，原因有两个：首先，一个区块生产者可能会打包一个非常昂贵的消息（昂贵是针对所需的区块链资源而言），在这种情况下区块链本身需要承担成本；其次，消息发送者可以为低成本的消息设置任意高的价格（同样，昂贵是针对所需的区块链资源而言），这样有可能导致 DoS 攻击。

为了避免这种情况，Filecoin 区块链定义了一个 BaseFee，每个消息都会燃烧 BaseFee。其基本原理是，鉴于 Gas 是链上资源消耗的一种衡量标准，与其奖励存储服务提供者，不如燃烧 Gas 费。这样就可以避免区块生产者操纵 Gas 费用。BaseFee 是动态的，根据网络拥塞状况自动调整。这一事实使网络对垃圾消息攻击具有弹性。考虑到垃圾消息攻击会导致网络负载增加，从而导致 BaseFee 的增加，攻击者因此不可能在长时间内维持全区块的垃圾消息。

最后，GasPremium 是发送者设置的优先打包费用，用于激励存储节点选择最赚钱的消息。换句话说，如果消息发送者希望它的消息被更快地打包，可以设置一个更高的 GasPremium。

11.6.3 参数

在 Gas 费用的计算中，Filecoin 系统定义一些内置参数，用于标识并限定消息执行过程中的各类费用，以保证消息被快速打包上链并正确执行。这类参数有：

- GasUsed，表示能源消耗量的数值，其单位就是 Gas。GasUsed 与消息是否正确执行无关。
- BaseFee，每次执行消息时每单位燃烧（发送到一个不可恢复的地址）的 Gas 设定价格（以 attoFIL/Gas 单位计量）。BaseFee 是动态的，会根据当前的网络拥塞状况进行调整。例如，当网络使用超过 5B（50 亿）的 Gas 时，BaseFee 会增加，而网络使用低于 5B 的 Gas 时则相反。应用于每个区块的 BaseFee 应该包含在区块本身中。应该可以从区块链的链头获取当前 BaseFee 的值。BaseFee 应用于每单位 GasUsed，因此，消息燃烧的 Gas 总量是 BaseFee × GasUsed。注意，BaseFee 是针对所有消息的，但是它的值对于同一区块中的所有消息都是相同的。
- GasLimit，Gas 单位的度量，并由消息发送者设置。它对一个消息的执行在链上可以消耗的 Gas 的数量（即 Gas 的单位数）施加了一个硬性限制。消息对其触发的每个基本操作都消耗 Gas，Gas 耗尽的消息将会执行失败。当消息失败时，由于该消息执行而发生的对状态的所有修改都将恢复到之前的状态。不管消息执行是否成功，区块生产者都将获得执行消息所消耗资源的奖励。

- GasFeeCap，消息发送者愿意支付的每单位 Gas（以 attoFIL/Gas 单位计量）的最高价格。与 GasLimit 一起，GasFeeCap 设置发送者将为一条消息支付的最大 FIL 金额——发送者保证一条消息将永远不会超过 GasLimit × GasFeeCap attoFIL（并不包括任何消息包含的收件人的 Premium）。
- GasPremium，每单位 Gas 的价格（以 attoFIL/Gas 单位计量），消息发送者愿意支付高于 BaseFee 的价格，并"提示"区块生产者将该消息打包在块中。一个消息通常赚取它的存储服务提供者 GasLimit × GasPremium attoFIL，其中有效的 GasPremium = GasFeeCap−BaseFee。请注意，GasPremium 应用于 GasLimit，而不是 GasUsed，目的是让存储服务提供者的消息选择更加直接。

ComputeGasOverestimationBurn 计算需要支付的 Gas 总量和以及需要燃烧的 Gas 总量，其返回值分别代表退还和燃烧的 Gas 总量，示例代码如下：

```
func ComputeGasOverestimationBurn(gasUsed, gasLimit int64) (int64, int64) {
    if gasUsed == 0 {
        return 0, gasLimit
    }

    // over = gasLimit/gasUsed - 1 - 0.1
    // over = min(over, 1)
    // gasToBurn = (gasLimit - gasUsed) * over

    // 从 `over` 中排除除法
    // over*gasUsed = min(gasLimit - (11*gasUsed)/10, gasUsed)
    // gasToBurn = ((gasLimit - gasUsed)*over*gasUsed) / gasUsed
    over := gasLimit - (gasOveruseNum*gasUsed)/gasOveruseDenom
    if over < 0 {
        return gasLimit - gasUsed, 0
    }

    // 更清晰的缩放设置
    // over *= 2

    if over > gasUsed {
        over = gasUsed
    }

    // 需要 bigint 类型，避免溢出 gasLimit > 2^32 gasUsed = gasLimit / 2
    gasToBurn := big.NewInt(gasLimit - gasUsed)
    gasToBurn = big.Mul(gasToBurn, big.NewInt(over))
    gasToBurn = big.Div(gasToBurn, big.NewInt(gasUsed))
```

```go
    return gasLimit - gasUsed - gasToBurn.Int64(), gasToBurn.Int64()
}
```

在处理本纪元的消息的同时,区块验证者需要计算下一个纪元的基础燃料费用,这个费用将作为下一个纪元的计算基础。这个计算由 ComputeNextBaseFee 完成,示例代码如下:

```go
func ComputeNextBaseFee(baseFee types.BigInt, gasLimitUsed int64, noOfBlocks
    int, epoch abi.ChainEpoch) types.BigInt {
    // deta := gasLimitUsed/noOfBlocks - build.BlockGasTarget
    // change := baseFee * deta / BlockGasTarget
    // nextBaseFee = baseFee + change
    // nextBaseFee = max(nextBaseFee, build.MinimumBaseFee)

    var delta int64
    if epoch > build.UpgradeSmokeHeight {
        delta = gasLimitUsed / int64(noOfBlocks)
        delta -= build.BlockGasTarget
    } else {
        delta = build.PackingEfficiencyDenom * gasLimitUsed / (int64(noOfBlocks)
            * build.PackingEfficiencyNum)
        delta -= build.BlockGasTarget
    }

    // 最大变化幅度为12.5% (BaseFeeMaxChangeDenom)
    if delta > build.BlockGasTarget {
        delta = build.BlockGasTarget
    }
    if delta < -build.BlockGasTarget {
        delta = -build.BlockGasTarget
    }

    change := big.Mul(baseFee, big.NewInt(delta))
    change = big.Div(change, big.NewInt(build.BlockGasTarget))
    change = big.Div(change, big.NewInt(build.BaseFeeMaxChangeDenom))

    nextBaseFee := big.Add(baseFee, change)
    if big.Cmp(nextBaseFee, big.NewInt(build.MinimumBaseFee)) < 0 {
        nextBaseFee = big.NewInt(build.MinimumBaseFee)
    }
    return nextBaseFee
}
```

代码解释如下:

GasFeeCap 应该始终高于网络的 BaseFee。如果消息的 GasFeeCap 低于 BaseFee,那么弥补差距的部分将来自区块生成者(作为惩罚)。这个惩罚应用于区块生产者,因为它们选择的消息支付低于网络 BaseFee(即没有覆盖网络成本)。但是,如果同一个发送者在消息池中有另一条消息,其 GasFeeCap 比 BaseFee 大得多,则区块生成者可能希望选择 GasFeeCap

比 BaseFee 小得多的消息。回想一下，如果存在多个消息，那么区块生产者应该从消息池中选择发送者的所有消息。其理由是，增加的费用将弥补第一个消息的损失。消息执行过程中的燃烧费用及区块生产者可获得奖励数额的计算逻辑如下所示：

- 如果 BaseFee+GasPremium>GasFeeCap，那么区块生产者可能不会获得整个 GasLimit × GasPremium 作为奖励。
- 一个信息被严格限制为支出不超过 GasFeeCap × GasLimit。从这个金额开始，首先支付（烧毁）网络 BaseFee。扣除 BaseFee 部分之后，剩余的金额作为奖励给予区块生产者，奖励的上限为 GasLimit × GasPremium。
- 一条消息因为耗尽 Gas 而失败，并带有"耗尽 Gas"退出代码。GasUsed × BaseFee 仍将被燃烧（在这种情况下 GasUsed = GasLimit），区块生产者仍将获得 GasLimit × GasPremium 奖励。这里假设 GasFeeCap>BaseFee+GasPremium。
- GasFeeCap 的低值可能会导致消息被卡在消息池中，因为就利润而言，它没有足够的吸引力让任何区块生产者选择它，并将它包含在区块中。当这种情况发生时，需要提高消息的 GasFeeCap，从而使消息对区块生产者更有吸引力。发送方可以推动一个新的消息到消息池来替换消息的 GasFeeGap（默认情况下，将传播到其他区块生产者的消息池），其中：1）新旧信息的标识符是相同的（例如，相同的 Nonce）；2）GasPremium 更新，基于前一个值至少增加 25%。

11.7 系统 Actor

总共有 11 个内置的系统 Actor，但不是所有的 Actor 都与虚拟机交互。每个 Actor 都由一个代码 ID（CID）标识。

虚拟机处理需要两个系统 Actor：
- CronActor：在每个 Epoch 运行关键函数的调度器。
- InitActor：初始化新 Actor 并记录网络名称。

另外还有两个 Actor 与虚拟机交互：
- RewardActor：用于设置区块奖励和通证归属（单例）。
- AccountActor：负责用户账户（非单例）。

其余 7 个不直接与虚拟机交互的内置系统 Actor 如下：
- StorageMarketActor[⊖]：负责管理存储和检索交易。
- StorageMinerActor[⊖]：负责处理存储服务提供者的操作和收集证明。

[⊖] StorageMarketActor：实现可参阅 https://github.com/filecoin-project/specs-actors/blob/master/actors/builtin/market/market_actor.go。

[⊖] StorageMinerActor：实现可参阅 https://github.com/filecoin-project/specs-actors/blob/master/actors/builtin/miner/miner_actor.go。

- MultisigActor[一]（或 Multi-Signature Wallet Actor）：负责处理涉及 Filecoin 钱包的操作。
- PaymentChannelActor[二]：负责支付通道相关资金的建立和结算。
- StoragePowerActor[三]：负责跟踪每个存储服务节点分配的存储算力。
- VerifiedRegistryActor[四]：负责管理已验证的客户。
- SystemActor[五]：一般系统 Actor。

1. CronActor

CronActor 是一个内置的单例实例，对应的 ID 是 03，它是在每个新的链高度都会运行的系统 Actor，负责状态转换。主要接口 EpochPick 在每一个链高度处理完所有消息系统的调用，并调用 StoragePowerActor 和 StorageMarketActor 来维护内部状态和处理延迟事件。

CronActor 的运行保障链状态的正确转换，维持 Filecoin 网络平稳运行。通过 CronActor，Filecoin 网络中的所有 minerActor 可有序地增加和维持算力，每 24 小时检查各自的全部存储，并自动检测和惩罚任何丢失或损坏的数据。

2. InitActor

InitActor 具有独特的创建新 Actor 的能力，例如，那些进入系统的 Actor，对应的 ID 是 01。它维护一个表，将公钥和临时参与者地址解析为规范 ID 地址。如图 11-3 所示，InitActor 创建新 Actor 的流程如下：

1）生成 re-org-stable 地址，以便稳定地寻址新创建的参与者，即使链重组导致它以不同的 ID 结束。

2）为 Actor 分配一个新的 ID，与公钥和地址绑定。

3）创建一个空状态的带有 codeID 和 address 的 Actor。如果先前已创建提供的地址，则只能由 Init actor.Aborts 调用。

4）给新的 Actor 发送消息，调用其自身的 MethodConstructor 接口完成状态的初始化。

请注意，在链重构的情况下，ID 地址存在与之前分配不一致的情况。而 Actor 地址在链重构后仍应保持一致。

[一] MultisigActor：实现可参阅 https://github.com/filecoin-project/specs-actors/blob/master/actors/builtin/multisig/multisig_actor.go。

[二] PaymentChannelActor：实现可参阅 https://github.com/filecoin-project/specs-actors/blob/master/actors/builtin/paych/paych_actor.go。

[三] StoragePowerActor：实现可参阅 https://github.com/filecoin-project/specs-actors/blob/master/actors/builtin/power/power_actor.go。

[四] VerifiedRegistryActor：实现可参阅 https://github.com/filecoin-project/specs-actors/blob/master/actors/builtin/verifreg/verified_registry_actor.go。

[五] SystemActor：实现可参阅 https://github.com/filecoin-project/specs-actors/blob/master/actors/builtin/system/system_actor.go。

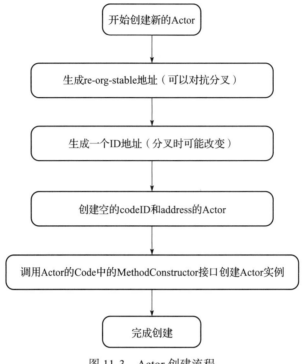

图 11-3　Actor 创建流程

3. RewardActor

RewardActor 是保存记录 Filecoin 通证奖励的合约，对应的 ID 是 02。RewardActor 负责计算 Filecoin 网络中每个链高度的奖励，并依据共识有序地将其分配到每个 minerActor。

RewardActor 的接口有：

- AwardBlockReward，奖励区块生产者。此接口由系统隐式调用，通常区块奖励由两部分构成——出块奖励和打包消息奖励。在 Filecoin 网络中，消息几乎遍布各个节点，故消息有很大可能被打包于多个区块中，对于这类重复消息，只在第一次遇到时会处理，产生收据并向区块生产者支付奖励。
- ThisEpochReward，当前链高度的奖励，在每个链高度结束时通过 CronActor 的 EpochPick 更新。如果之前的 Epoch 是空块，这个接口返回的是最后一个非空 Epoch 计算的奖励值。
- UpdateNetworkKPI，在每个链高度结束时由 PowerActor 调用，仅对非空 TipSet（区块集）调用，追加任意数量的空轮以计算下一个高度的奖励。

4. AccountActor

AccountActor 是用户账户类型的 Actor。此类 Actor 不由 InitActor 创建，而是在某个 BLS 公钥类型或 SECP 公钥类型的地址首次作为接收方出现时由系统自动创建。也就是说，当某个公钥类型的地址从未作为接收方出现过时，它是无法作为有效的发送方地址使用的。

AccountActor 的状态里保存着公钥信息，可作为验签的依据。

AccountActor 仅提供获取公钥地址的接口（PubkeyAddress）。另外，AccountActor 和其他 Actor 一样具有所有 Actor 具备的查询余额和转账接口。

11.8 解释器

虚拟机的消息处理通过解释器进行。整个消息处理的过程会涉及显式消息、隐式消息、Gas 支付、重复消息、消息校验与消息失败等。

1. 显式消息

显式消息是指由区块链参与者发出的经过签名和验证的、会被打包在区块中的一类消息。它是与在解释器执行逻辑中产生的、仅存于过程中的一类消息对应的概念。大多数场景下，我们所说的消息都是指显式消息。

虚拟机解释器会对区块中打包的消息进行编排、执行，产生执行结果（即消息收据），并完成对状态树的变更。

每个区块中消息执行的顺序和结果必须在所有节点上保持一致。这种一致性也会在区块链同步的过程中加以验证。

2. 隐式消息

隐式消息就是"显式消息"部分提及的解释器内部产生的一类消息。隐式消息通常有两类来源：

❑ 在某个高度的区块消息执行过程中，位于头部或尾部的默认执行的逻辑消息，如对存储证明的批量验证、对时空证明的检验、区块奖励的计算和分配等。

❑ 在某个具体的 Actor 方法的逻辑中，为了执行其他方法而产生的可能层层嵌套的调用过程。

所有隐式消息的传递都不会再产生 Gas 消耗，但是它们的执行仍然可能会消耗 Gas。它们也会有执行后的收据，用以确认和传递执行结果，但是一般来说，这些收据并不会被包含在它们所属的显式消息中。它们都是用 From 地址作为区分的系统 Account Actor 构造的。它们指定 Gas 价格为 0，但必须包括在计算中。它们必须成功（退出码为 0），以便计算新的状态。隐式消息的收据不包括在收据列表中，只有显式消息有显式收据。

3. Gas 支付

在 Filecoin 网络中，消息被打包并在链上执行后才可改变链的状态，对网络有意义，消息的发送者需要为此向打包该消息的区块链生产者支付一定的 Gas 费用。

在消息执行后，为每条消息执行所支付的 Gas 费用直接支付给区块生产者，这部分费用遵循奖励释放规则。区块奖励或 Gas 费用不存在任何区别，两者都可以用来消费。

4. 重复消息

由于不同的区块生产者在同一 Epoch 产生区块，因此单个 TipSet 中的多个区块可能包含相同的消息（由相同的 CID 标识）。在这种情况下，消息只在以 TipSet 的规范顺序第一次遇到时才被处理。该消息的后续实例将被忽略，并且不会导致任何状态冲突，也不会产生收据或向区块生产者支付费用。

因此，一个 TipSet 的执行序列总结如下：

- 第一个区块的支付奖励。
- 第一个区块的选举 PoSt。
- 第一个区块的消息（BLS 在 SECP 之前）。
- 第二个区块的支付奖励。
- 第二个区块的选举 PoSt。
- 第二个区块的消息（BLS 在 SECP 之前，跳过任何已经遇到的）。

……

- Cron Tick，区块处理完毕后的其他处理。

5. 消息校验与消息失败

一个有效区块中的每条消息都可以被处理并产生一个收据（注意，区块有效性意味着所有消息在语法上都是有效的并正确签名）。但是，消息执行可能成功也可能失败，这取决于消息应用的状态。如果消息执行失败，相应的收据将携带一个非零退出码。

如果消息失败，可以合理归因于区块生产者打包了消息，但永远无法应用到父状态；或者，因为发送方缺乏资金来支付最大消息成本，那么区块生产者通过燃烧 Gas 费用来支付罚款（而不是发送方向区块生产者支付费用）。

消息失败导致的唯一状态更改是增加发送 Actor 的 CallSeqNum（Nonce），并从发送者向打包消息的区块生产者支付 Gas 费用，或者区块生产者支付与失败消息的 Gas 费用相等的惩罚，从区块生产者那里烧毁（发送者的 CallSeqNum 不变）。

在以下情况下，消息执行将失败：

- From Actor 在状态中不存在（区块生产者被处罚）。
- From Actor 不是账户 Actor（区块生产者被处罚）。
- 消息的 CallSeqNum 与 From Actor 的 CallSeqNum 不一致。
- From Actor 没有足够的余额来支付消息转账额度加上最大的 Gas 成本（GasLimit × GasPrice，区块生产者被处罚）的总和。
- To Actor 不存在于状态中，To 地址也不是公钥风格的地址。
- To Actor 已存在（或隐式创建为一个账户），但没有对应于非零 MethodNum 的方法。
- 反序列化的 Params 数组的长度与 To Actor 的 MethodNum 方法的长度不匹配。
- 反序列化的参数对于由 To Actor 的 MethodNum 方法指定的类型无效。

❑ 被调用的方法消耗的 Gas 比 GasLimit 允许的要多。
❑ 被调用的方法以非零代码退出（通过 Runtime.Abort()）。
❑ 接收方发送的内部消息因上述某个原因而失败。

注意，如果 To Actor 的状态不存在，并且地址是有效的哈希地址，那么它将被创建为一个新的 Account Actor。

11.9 Filecoin 虚拟机的未来发展

Actor 是 Filecoin 虚拟机中的"智能合约"。Filecoin 系统的虚拟机作为部署在区块链上的执行环境，执行以 Actor 为形式的代码。目前的 Fielcoin 系统仅实现了一组预定义的内置系统 Actor。这些 Actor 实现了特定于 Filecoin 的行为，如存储服务提供者管理、扇区跟踪、协议奖励、算力核算、存储市场等。目前的虚拟机只有一个问题：用户无法安装和运行新的 Actor 类型，这将导致 Filecoin 缺乏通用的可编程性。

Filecoin 虚拟机的总体目标是实现完全的以太坊虚拟机 EVM 兼容性，目的是利用以太坊生态系统中已经存在的大量资产、人才和工具。

11.9.1 虚拟机子系统的扩展动力

Filecoin 上的智能合约可以为客户和存储服务提供者带来巨大的利益——从解锁"修复存储服务提供者"，到自动化重复存储交易，到可编程的"启动即忘记"存储，到链上存储合约（一个自动化 slingshot 竞赛），再到为 Filecoin 上的数据提供资金的 DataDAO。总体来说，对于虚拟机子系统的扩展动力主要源自以下几个方面：

❑ 解锁用户空间的创新解决方案。让用户能够在现有的 Filecoin 原语之上构建新的程序，这将释放原语的自由度、创新潜力和可组合性，可以参考的例子是以太坊上的 DeFi。
❑ 对系统 Actor 演化的依赖性降低。本来需要对系统 Actor 进行更改的特性现在可以在用户空间中以免信任的方式实现和部署。
❑ 解锁 Filecoin 区块链的第二层实现方案。目前，第二层解决方案只能作为侧链存在，但它不是通用的可执行规范。
❑ 协议进化得更快。协议升级只需要执行一次智能合约，FIP 的推出将不再是节点完成升级的瓶颈，工程人员之间需要的协调也将更少。
❑ computation-over-data 的基础。有充分的理由相信，一旦基于 WASM 的 IPLD 虚拟机准备就绪，Filecoin 之上的计算将跃升到一个新的台阶。
❑ 治理驱动的自动化协议升级。随着更多的 Filecoin 协议元素迁移到 WASM 空间（例如区块验证、分叉选择规则等），协议更改有可能作为 WASM 模块部署到所有节点，并在链上进行投票。

11.9.2 虚拟机子系统的架构设计

Filecoin 虚拟机（Filecoin Virtual Machine，FVM）子系统的架构设计基本上遵循了 EVM 虚拟机实现的分层设计——代码、虚拟机和节点，如图 11-4 所示。

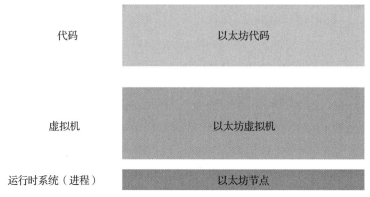

图 11-4　EVM 虚拟机子系统

基于 Filecoin 虚拟机子系统的需求，更多的复杂性被引入。同时，虚拟机子系统是在 Filecoin 区块链中引入计算的重要切入点，所以我们看到了更多 IPLD 风格，这为未来 Filecoin 区块链的更多可能性埋下了伏笔。图 11-5 是 Filecoin 虚拟机子系统工作组正在讨论的架构实现。基本上说，这个架构设计反映了前述的概念和抽象，但有一些表示容易混淆，解释如下：

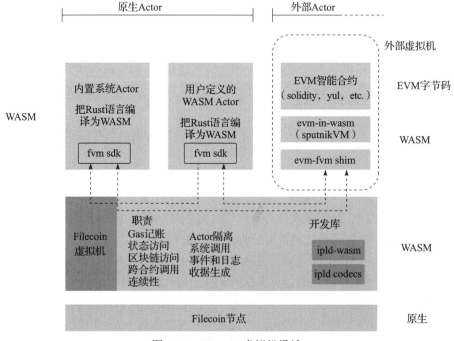

图 11-5　Filecoin 虚拟机设计

- ipld-wasm 是 FVM 使用的一个可重用库。
- FVM 的功能比 IPLD 访问多得多。FVM 的职责是支持当前虚拟机和新虚拟机,也就是要支持跨合约调用。
- EVM 支持由两层组成——基于 WASM 的 EVM 解释器(sputnikVM)和 evm-fvm 适配层。

FVM 的架构设计主要是为了支持 Actor 的多种编程模型,同时兼容为其他环境编写的智能合约,以便这些合约能够利用 Filecoin 网络的存储能力。FVM 的架构灵感主要源自传统操作系统虚拟机的 hypervisor 概念,但并不能直接一一对应。

原生 VM 运行时将基于 WebAssembly(WASM),并可能使用一组有限的 WebAssembly 系统接口。

现有的内置系统 Actor 将被编译到 WASM,并将完全在 WASM 空间中运行,从而避免任何相关的 FFI 屏障成本。也就是说,Filecoin 中的内置系统 Actor 得到的待遇与其他平台中的"预编译合约"相同。内置系统 Actor 由协议指定,隐式部署,在固定位置调用地址,并通过系统升级而扩展。这种向 WASM 的转变为所有 Actor 实现提供了集中在单一代码库的机会。在过去,每个团队都会用自己的语言重新实现 Actor(尽管有些团队依赖 FFI 和 Go 角色,这是一种较慢的方法)。使用 FVM,单个代码库可以被编译为 WASM(它的新可移植、可执行形式),并被所有实现采用。

对于外部运行时来说,通过将各自的解释器编译为 WASM 字节码,在 WASM 上模拟这些运行时,将引入对外部运行时(如 EVM)的支持。我们预计这样做会带来性能损失(具体程度有待确定),但这种权衡是可行的,可以换取最高的执行保真度/奇偶性。每个外部运行时都需要一个适配层来将存储模型、Gas 费用核算、账户/地址模型、Gas 记账、跨 Actor 调用等转换到本机 FVM 运行时。适配层还将通过拦截外部区块链/VM 构造并将它们调整到 FVM 原生运行时来处理它们。这就是 EVM 中的日志/事件,它们可能存储在中心 EVM 日志 Actor 中。

11.9.3 虚拟机子系统的扩展需求

虚拟机子系统的扩展需要实现以下需求:
- 必须支持多种虚拟机运行时环境,支持部署和执行 95% 的 EVM 字节码(合约可能是用 Solidity 编写的),以及支持特定为 Filecoin 编写的本机合约。
- 必须支持与内置系统 Actor 的无缝交互。
- 必须支持不同虚拟机运行时环境的跨合约调用。
- 必须支持同步调用,并且最终应该支持异步调用。
- 必须原生支持 IPLD,能够有效地处理所有 IPLD 访问模式。
- 必须能够在状态突变时跟踪 IPLD 对象的可访问性,以防止状态的任意增长。
- 必须能够审计实际计算的 Gas 成本(高精度 Gas 测量)。

- 用户代码不能阻碍系统消息的执行。
- 应该支持使用 IPLD 模式形式化接口合约（方法、参数、返回值）。
- 必须简单、易用、容易编程。

11.10 本章小结

虚拟机是一个区块链项目中保障一致性和安全性，同时提供扩展性的重要环节。任何对虚拟机的调整都极有可能导致链的硬分叉。本章对 Filecoin 的虚拟机从概念到设计进行了系统性的介绍，并通过与 EVM 的比较，展示了 Filecoin 虚拟机的集成与创新，其实现参考了大量成熟的区块链项目，并引入了一些相对前沿的设计，如 Gas 体系 EIP-1559 等。同时，还保留了比较好的拓展性，使得 Filecoin 的升级得以相对平滑地完成。总体来说，Filecoin 的虚拟机设计和实现为 Filecoin 的稳定运行和持续开发提供了坚实的基础。除此之外，Filecoin 通用智能合约正在研究和设计之中，这将为 Filecoin 区块链解锁更多强大的能力。

第 12 章

Filecoin 存储服务保障

Filecoin 是一个基于分布式存储的区块链系统，稳定、高效的存储服务是系统正常运行的基础。Filecoin 的主要服务，如存储市场、检索市场、出块系统等皆依赖于可靠的存储服务。但是，Filecoin 的存储功能的提供者不是区块链本身，而是参与到 Filecoin 网络中的存储服务提供者，这样，如何保证存储服务提供者正常提供服务就特别重要。Filecoin 系统通过两种手段保障存储服务，即奖励与惩罚机制：一方面，对于遵守共识机制、提供稳定存储服务的提供者给予一定奖励，如出块奖励、打包消息奖励、成功举报奖励等；另一方面，对于没能及时提交存储证明或提交错误复制证明的提供者给予一定的惩罚，督促它们及时解决自身环境问题，保障存储服务。本章就 Filecoin 系统如何保障存储服务进行详细说明，包括 Filecoin 基本存储单元（扇区）的详细介绍，区块生产的过程描述，存储服务的节点质押机制，以及与之相关的存储证明系统。

12.1 扇区

扇区（sector）是 Filecoin 的基本存储单元，存储服务提供者通过扇区向网络承诺某些存储将在承诺期内持续保留。通常所说的维持算力就是保障存储的扇区都是正确的、可被证明的，增长算力本质上就是密封更多的扇区。

扇区有标准的大小，以及明确定义的时间增量的承诺。扇区大小的设计权衡了安全性和可用性。扇区的生存期由存储市场决定，并设置扇区承诺的生存期。

在协议的第一个版本中，支持 32GiB 和 64GiB 大小的扇区。最大扇区生命周期由证明算法决定。扇区的最大生命周期最初为 18 个月，基于算法安全性上的考量，生命周期可能会调整，理论上可以无限延期。当一个扇区达到其生命周期的终点时，它自然会失效。此外，存储服务提供者还可以延长其扇区的生命周期。当存储服务提供者履行承诺时，就会获得区块奖励，并需要对应的通证质押。

当存储服务提供者和客户在 Filecoin 的存储市场上互相匹配时，就形成了独立交易。Filecoin 协议目前没有区分与真实客户匹配的存储服务提供者和自我产生交易的存储服务提供者。然而，承诺容量的引入使得自我交易变得不必要，经济上不合理。

如果一个扇区中的数据只有部分来自交易，该网络会将其余部分视为承诺容量。同样，没有交易的扇区被称为承诺容量扇区；存储服务提供者因向网络证明它们质押承诺容量而获得奖励，并被鼓励寻找需要存储的客户。当存储服务提供者发现存储需求时，可以升级其承诺容量扇区，以向付费客户收取交易费的形式赚取额外收入。更多关于增加存储和升级扇区的详细信息，请参见 12.1.6 节。

承诺容量扇区可以提高存储用户数据的动力，但并不能完全解决问题。存储真实的用户文件会增加运营成本。在某些情况下（例如，存储服务提供者认为区块奖励的价值远远超过交易订单的价值），存储服务提供者可能仍会选择完全忽略用户的数据，而只存储承诺容量以尽快获得区块奖励来提高其存储算力。这将减少 Filecoin 的效用，并限制客户在网络上存储数据的能力。Filecoin 通过引入验证客户的概念来解决这个问题，经过验证的客户由一个去中心化的验证者网络进行认证，一旦得到验证，就可以根据数据配额（DataCap）的大小，将预先确定的客户交易数据发布到存储市场。与没有客户交易的扇区相比，有客户交易的扇区获得了更多的存储算力，因此可能获得更多的区块奖励，这为存储服务提供者存储客户数据提供了额外的动力。

数据得到验证并不困难，对于拥有真实数据并存储在 Filecoin 上的所有参与者来说，进行验证非常容易。验证者可以自由地（但负责并透明地）分配已验证用户数据，使其更容易加入进来，总体效果应该是大大增加了 Filecoin 网络中有用数据的比例。

一个扇区既可以填充承诺容量（Committed Capacity，CC）数据，也可以填充客户数据，一旦被填满后就开始封装过程，未封装的扇区和证明树合并为一个根 UnsealedSectorCID，即 CommD。然后，封装过程将未封装的扇区编码（使用 CBOR）为封装扇区，形成的根为 SealedSectorCID，即 CommR。

12.1.1 生命周期

一旦扇区生成，并且交易上链，存储服务提供者就开始基于该扇区生成时空证明（Proof of Space-time，PoSt），并有可能赢得区块奖励和存储费用。设定生命周期的参数是为了让存储服务提供者保证其扇区在原始合同期限内继续存在，从而创造并获取更多价值。

为了提高网络性能，Filecoin 在扇区的生命周期上设置了一些界限。扇区的生命周期越短，网络容量越可能面临瓶颈。原因是链的带宽将会被新扇区所消耗，而新的扇区只替换即将过期的扇区。因此，为了更有效地利用链带宽，引入了最少 180 天的扇区生命周期，存储服务提供者有动力提供生命周期更长的扇区。最大扇区生命周期受目前证明结构的安全性限制，对于一组给定的证明和参数，Filecoin 的复制证明算法（Proof-of-Replication，PoRep）的安全性预计会随着扇区生命周期的增加而降低。

可以假设存储服务提供者是通过增加承诺容量扇区（即不包含用户数据的扇区）进入网络的。一旦存储服务提供者与客户达成存储协议，就会将其扇区升级为常规扇区。或者，如果找到验证客户并达成存储协议，将相应地升级扇区。根据一个扇区是否包含验证交易，存储服务提供者获得网络中相应比例的存储算力。

预计所有扇区都将保持活跃，直至其扇区生命周期结束，而扇区生命周期过早结束将导致大额惩罚，这样做的目的是为客户托管数据的可靠性提供一定程度的保证。扇区终止可以附带相应的终止费用。就像每一个系统一样，预计各个扇区均有可能出现故障，尽管这可能会降低网络提供的服务质量，但存储服务提供者针对故障的反应驱动系统决定其是否应该惩罚以及惩罚的额度。

与扇区故障相关的一个概念是扇区恢复，即存储服务提供者试图恢复提交错误证明或被标记为故障的扇区。如果故障扇区无法恢复，存储服务提供者将面临扣除部分质押的风险。

存储服务提供者可以在任何时候延长一个扇区的生命周期，不过预计该扇区将一直维持到新的扇区生命周期结束。这可以通过向链提交 extended sector expiration 消息来完成。

如图 12-1 所示，一个扇区在其生命周期内可以处于下列状态之一：

- Packing，为新创建的扇区添加数据片（参见 9.2 节），该数据片可以是验证数据，也可以是非验证数据。
- Sealing，扇区的封装过程，主要状态有 Precommitted 和 Committed：
  - Precommitted，存储服务提供者封装扇区并提交，对应的方法为 miner.PreCommitSector。
  - Committed，生成一个封装证明并提交，对应的方法为 miner.ProveCommitSector。
- Proving，存储服务提供者生成有效的 WindowPoSt 证明并及时提交，对应的方法为 miner.SubmitWindowedPoSt。此状态需要扇区每个周期的 WindowPoSt 正确执行，一旦发生错误将会进入 Faulty 状态，即存储服务提供者无法生成正确证明（参见 12.1.4 节）。如果想恢复故障扇区，需要存储服务提供者通过 miner.DeclareFaultRecovered 方法宣布恢复，此时扇区进入 Recovering 状态（参见 12.1.5 节）。
- Terminated，存储服务提供者通过调用 miner.TerminateSectors 方法提前终止扇区，或在连续 14 个证明周期失败时标记为此状态。
- Expired，扇区已过期，如果存储需求者不续约，那么存储服务提供者可以删除扇区，且不会造成任何损失。
- 一个扇区在创建时会记录生命周期到链上，从扇区完成复制证明开始算起，链高度到达生命周期所在高度时过期，存储服务提供者就可以删除扇区文件而不用支付任何费用付出。图 12-1 展示了一个扇区的整个生命周期，上面的一排方块代表区块链的演进，即周期性地生产区块。

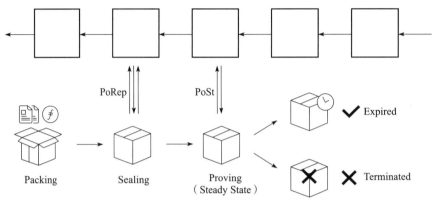

图 12-1 扇区生命周期

12.1.2 扇区质量

根据扇区内容，不同的扇区对网络有不同的用处。"扇区质量"的概念用于区分扇区中保存的数据对 Filecoin 网络的价值。Filecoin 利用这一区别向质量更高的扇区分配更多补贴。为了量化一个扇区对网络的贡献，下面对一些相关参数进行描述。

- 扇区时空。这个度量等于扇区大小乘以以字节为单位的承诺持续时间。
- 交易权重。这个权重在竞争出块权时将被转化为共识的算力。一个扇区中经过验证的客户交易的交易权重被称为验证交易权重，将大于常规交易权重。
- 交易质量乘数。这个因素被分配给不同的交易类型（承诺容量、常规交易和验证客户交易），以奖励不同的内容。
- 扇区质量乘数。扇区质量是在激活扇区时分配的（当存储服务提供者开始证明它们正在存储客户文件的链高度时）。扇区质量乘数的计算方法是求交易质量乘数的平均值（承诺容量、常规交易和经验证的客户交易），并根据行业中每种类型的交易所占的时空进行加权。
- 原始字节算力。这个度量是扇区的大小，以字节为单位。
- 实际算力。这个参数衡量存储在网络上的数据的共识算力，等于原始字节算力（raw byte power）乘以扇区质量乘数（sector quality multiplier）。

承诺容量乘数和常规交易乘数相等，使得当前协议配置下的自我交易不合理。将来，对于防止攻击的其他方法，选择不同的值可能是有意义的。

经过验证的客户协议的高质量乘数和易于验证的过程有助于分散存储服务提供者的算力。与比特币等其他基于工作证明的协议不同，网络的中央控制不是简单地基于新参与者所能带来的资源来决定的。在 Filecoin 中，积累控制要么需要大量的资源，要么需要一定数量已验证客户的同意，这些客户必须与集中式存储服务提供者达成交易，以增加影响力。验证客户机制为纯资源驱动的网络添加了一层社会信任。高扇区质量乘数是一个非常强大的杠杆，客户可以推动存储服务提供者构建对整个网络有用的特性，并增加网络的长期价值。验证过程和 DataCap 分配将随着自动化和过程改进而不断发展。

实际算力是其空间质量的加权平均值，是基于交易的规模、持续时间和质量而确定的。其计算过程中定义的参数有：

- QualityBaseMultiplier（QBM），无交易扇区的算力乘数，默认为 10。
- DealWeightMultiplier（DWM），未验证交易扇区的算力乘数，默认为 10，即未验证交易扇区的实际算力和无交易扇区一致。
- VerifiedDealWeightMultiplier（VDWM），验证交易扇区的算力乘数，默认为 100，即验证交易扇区的实际算力为无交易扇区和未验证交易扇区的 10 倍。

扇区质量调整算力（QAP，通常简称为算力）的计算利用了下列因素：

- sectorSpaceTime，扇区持续时间规模之和，是扇区大小和扇区有效周期的乘积。
- totalDealSpaceTime，未验证交易扇区持续时间的规模之和。
- totalVerifiedSpaceTime，验证交易扇区持续时间的规模之和。

扇区的实际算力在 MinerActor 的 PreCommitSectorBatch 接口中执行，这个接口处理批量 PreCommitSector 消息，对于每一个扇区调用 QAPowerForWeight 函数进行计算，在 Golang 的实现中，其定义如下：

```go
// DealWeight 和 VerifiedDealWeight 是一个部门中未验证交易和验证交易占用的时空
// DealWeight 和 VerifiedDealWeight 的总和应小于或等于扇区的总时空
// 充满 VerifiedDeals 的扇区将具有 VerifiedDealWeightMultiplier/
// QualityBaseMultiplier 的 SectorQuality
// 充满 Deals 的扇区的 SectorQuality 为 DealWeightMultiplier/QualityBaseMultiplier
// 无交易的扇区将具有 QualityBaseMultiplier/QualityBaseMultiplier 的 SectorQuality
// 一个扇区的 SectorQuality 是基于它们的比例的乘数的加权平均值
func QualityForWeight(size abi.SectorSize, duration abi.ChainEpoch, dealWeight,
    verifiedWeight abi.DealWeight) abi.SectorQuality {
    // sectorSpaceTime = size * duration
    sectorSpaceTime := big.Mul(big.NewIntUnsigned(uint64(size)), big.NewInt
        (int64(duration)))
    // totalDealSpaceTime = dealWeight + verifiedWeight
    totalDealSpaceTime := big.Add(dealWeight, verifiedWeight)

    // Base - all size * duration of non-deals
    // weightedBaseSpaceTime = (sectorSpaceTime - totalDealSpaceTime) * Quality-
    // BaseMultiplier
    weightedBaseSpaceTime := big.Mul(big.Sub(sectorSpaceTime, totalDealSpaceTime),
        builtin.QualityBaseMultiplier)
    // Deal - all deal size * deal duration * 10
    // weightedDealSpaceTime = dealWeight * DealWeightMultiplier
    weightedDealSpaceTime := big.Mul(dealWeight, builtin.DealWeightMultiplier)
    // Verified - all verified deal size * verified deal duration * 100
    // weightedVerifiedSpaceTime = verifiedWeight * VerifiedDealWeightMultiplier
    weightedVerifiedSpaceTime := big.Mul(verifiedWeight, builtin.
        VerifiedDealWeightMultiplier)
```

```
// Sum - sum of all spacetime
// weightedSumSpaceTime = weightedBaseSpaceTime + weightedDealSpaceTime +
// weightedVerifiedSpaceTime
weightedSumSpaceTime := big.Sum(weightedBaseSpaceTime, weightedDealSpaceTime,
    weightedVerifiedSpaceTime)
// scaledUpWeightedSumSpaceTime = weightedSumSpaceTime * 2^20
scaledUpWeightedSumSpaceTime := big.Lsh(weightedSumSpaceTime, builtin.
    SectorQualityPrecision)

// Average of weighted space time: (scaledUpWeightedSumSpaceTime /
// sectorSpaceTime * 10)
return big.Div(big.Div(scaledUpWeightedSumSpaceTime, sectorSpaceTime),
    builtin.QualityBaseMultiplier)
}
```

12.1.3 扇区封装

在一个扇区可以使用之前，存储服务提供者必须封装扇区：编码扇区中的数据，为证明过程做准备。因此，在存储服务提供者的设备上，扇区在密封前后存在两种状态——未封装扇区和封装扇区。

- 未封装扇区。原始数据的扇区，将未封装扇区默克尔树的根哈希值（UnsealedCID，也称为"数据承诺"）赋给扇区结构体的 CommD 字段。
- 封装扇区。已编码的扇区，为验证过程做准备，将封装扇区默克尔树的根哈希值（SealedCID，也称为"副本承诺"）赋给扇区结构体的 CommR 字段。

扇区在 Golang 中部分字段定义如下：

```
type SectorInfo struct {
    // PreCommit2
    CommD *cid.Cid
    CommR *cid.Cid
    Proof []byte
}
```

封装扇区的过程通过复制证明（Proof-of-Replication, PoRep）完成。封装扇区是一个计算密集型的过程，会形成扇区的唯一编码。一旦数据被封装，存储服务提供者会生成证据，并对证明运行 zk-SNARK 压缩。

最后，将压缩结果提交给区块链作为存储承诺的证明。根据 PoRep 算法和协议安全参数的不同，成本配置文件和性能特征也不同，必须在封装成本、安全性、链上占用空间、检索延迟等方面进行权衡。然而，扇区可以用商业硬件封装，封装成本预计将随着时间的推移而下降。Filecoin 未来将推出强大的堆叠深度复制证明算法（SDR PoRep），并计划升级为窄堆叠扩展器复制证明算法（NSE PoRep），改善成本和检索延迟[⊖]，尝试在安全性和性能之间取得更好的平衡。

⊖ 关于复制证明算法的研究请参考 https://filecoinproject.slack.com/archives/CEGB67XJ8#fil-proof。

12.1.4 扇区故障

为了维护网络稳定的存储，存储服务提供者必须有强烈的动机向链报告故障并尝试从故障中恢复，这个动机便是获得一定的奖励。没有这种激励，Filecoin 网络难以区分是一个诚实的存储服务提供者的硬件故障还是恶意行为。故障费的大小取决于故障的严重程度，以及存储服务提供者为确保激励措施一致，预计将从该行业获得的回报。扇区存储故障费用的三种类型是：

- 扇区故障费。扇区出现故障时马上丢失算力，如果在下一次时空证明前仍然未能恢复，存储服务提供者将会被扣除部分质押。这笔费用的数额略高于该行业预计每天获得的区块奖励。如果一个扇区连续故障超过 2 周，存储服务提供者账号将被扣除终止费用，并将扇区从链状态中移除。
- 扇区故障检测费。这是在故障发生时支付的一次性费用，如果存储节点没有诚实地报告故障，而未报告的故障被链捕获，则需要支付。鉴于我们的 PoSt 检查的概率性质，这个数值将被设置为某个特定扇区能够获得的数天的块奖励。
- 扇区终止费。扇区可以通过自动故障来终止，存储服务提供者决定在其到期前终止。终止费原则上相当于一个扇区迄今为止的收入，但有一定限度，以避免妨碍扇区的长期生命周期。在存储服务提供者主动终止的情形下，它们支付一笔费用并离开。在因故障自动终止的情形下，扇区处于故障状态的时间过长，链终止交易，将未支付的交易费用返回给客户端，并惩罚存储服务提供者。终止费目前的上限是一个扇区获得的 90 天的区块奖励。存储服务提供者有责任决定是否遵守当地法规，有时可能需要接受终止费，以遵守法律。

上述许多费用的计算以"一个扇区一天能获得的奖励收益"为基本单位，以便理解和调整对参与者的激励措施。这个概念在链上被稳健地跟踪和外推。

12.1.5 扇区恢复

存储服务提供者应设法恢复有故障的扇区，以避免支付罚款，罚款大约等于该扇区获得的区块奖励。扇区故障通常是扇区文件被损坏或目录无法访问引起的，因此扇区恢复可从以下几方面着手：

- 文件损坏或丢失，解决方案是将扇区置于相应的状态重做一遍，产生正确的文件。
- 目录无法访问，可以检查目录挂载、权限等是否存在问题。
- 扇区路径找不到，通常的原因是移动了扇区文件或数据库中记录有误，解决方案是将记录与实际文件路径对应起来。

在扇区文件修复后，存储服务提供者应该调用 RecoveryDeclaration 并产生 WindowPoSt 挑战，以便从那个扇区重新获得算力。

请注意，如果一个扇区连续 14 天处于故障状态，该扇区将被终止，存储服务提供者将受到惩罚。如果存储服务提供者知道不能恢复扇区，则可以通过调用 TerminationDeclaration 来终止扇区，在这种情况下，服务提供者将支付一些罚款。

RecoveryDeclaration 和 TerminationDeclaration 都可以在存储服务提供者角色实现中找到。

12.1.6 增加存储

存储节点以扇区的形式添加更多的存储。增加更多的存储空间需要两个步骤：

1）预承诺一个扇区。一个存储服务提供者发布一个扇区的 SealedCID 并进行质押，通过向链上提交 PreCommitSector 消息来完成。扇区现在注册到存储服务节点。

2）证明提交一个扇区。存储服务提供者为扇区提供一个复制证明（PoRep），这个证明通过 ProveCommitSector 消息提交上链，必须在 InteractiveEpoch 延迟之后（目前是 PreCommitSector 消息上链之后最多 30 天）和 PreCommit 过期之前提交。存储服务提供者必须证明并提交扇区，否则将失去其抵押金。

这两个步骤就是一个扇区完整的复制证明过程，向网络表明本节点已经复制了扇区数据并生成了证明。

对于每一个成功地提交复制证明的扇区，存储服务提供者将负责不断证明其扇区数据的存在。作为回报，存储服务提供者将获得算力，并能竞争区块生产权以获取区块生产奖励。

12.1.7 扇区升级

存储服务提供者被授予存储能力，以换取专用于 Filecoin 的存储空间。理想情况下，这个存储空间用于存储客户数据，但是可能没有足够的客户数据来满足庞大的存储需求。

为了让存储服务提供者最大化存储能力（和利润），它们应该立即利用所有可用的存储空间，甚至在找到足够的客户数据使用这个空间之前加以利用。

为了促进这一点，有两种类型的扇区可以封装和证明承诺：

❑ Regular Sector，包含客户数据的扇区。

❑ 承诺容量扇区，没有客户数据的扇区（全 0）。

存储服务提供者可以自由选择存储哪些类型的扇区。特别是 CC 扇区，允许存储服务者立即利用现有的磁盘空间获得存储能力和生产块的更多机会。存储服务者可以决定是应该升级 CC 区域以接受客户交易，还是继续证明 CC 区域。目前，CC 扇区在客户端实现中默认存储随机性，但这并不排除存储服务提供者在 CC 扇区中存储任何类型的有用数据，以增加私有实用价值（只要它是合法的）。Filecoin 构建者和使用者期望新的用例和多样性从这种行为中出现。

为了激励存储服务提供者囤积存储空间并将其用于 Filecoin，CC 扇区可以"升级"为常规扇区，也称为"替换 CC 扇区"。

存储服务提供者预提交一个常规扇区，并指定它应该取代现有的 CC 扇区来升级承诺容量扇区。一旦成功证实常规扇区，它将取代现有的 CC 扇区。如果新 proveCommitted

Regular 扇区包含一个验证客户端协议的订单，即成为一个具有更高质量的扇区，那么存储服务提供者的存储算力将相应地增加。

目前，提高算力涉及重新封装，即通过计算密集的过程，对该区域所包括的新数据建立一种独特的表示。展望未来，承诺容量的升级应该最终不需要重新封装。一个简洁的、可公开验证的证明可以实现这一目标，证明承诺容量已被正确地替换为复制数据。

12.2 区块生产

区块的产生，不仅是存储服务提供者将自己的服务兑换成奖励收益的过程，同时也是继续维持链的运行、持续审视存储服务提供者自身存储质量的必要环节，这里包含了三层关系：
- 存储服务提供者必须持续保证自己的存储服务质量，才能获取足够比例的奖励。
- 存储服务提供者必须在获取出块权之后，完成对已存储数据的一次随机挑战才能兑现出块权。
- 出块过程中打包的消息是推动区块链继续活跃运行的基础，同时，对自身的存储质量证明也依靠消息来完成。

12.2.1 出块系统

Filecoin 共识协议是决定在一个周期内由谁来产生区块的算法，这个协议中的存储服务提供者更愿意投身于存储而不是计算能力，并以此来平衡区块奖励计算。存储服务服务者提供存储，并利用自己的计算能力生成数据已被存储的证明，以此参与到这个共识协议中。存储服务提供者的有效存储空间占比越大，算力越强，则竞争选票获胜的概率就越高。

1. 流程概述

Filecoin 共识协议的出块流程如下：

1）必要数据准备，如 baseinfo、Ticket 等。
2）尝试去生产一个块 mineOnce。
3）获得出块权，将要生产一个块。
4）获取时空证明需要的随机数。
5）进行时空证明计算。
6）从消息池选择消息，创建一个新的区块。
7）新的区块发送到同步节点进行"合法性"验证，通过后对全网广播。

以上步骤仅是正常情况下的出块流程，一旦过程中发生意外情况，如进行时空证明失败，获取 Ticket 失败等，还需要包含异常处理逻辑。存储服务提供者的出块流程如图 12-2 所示。

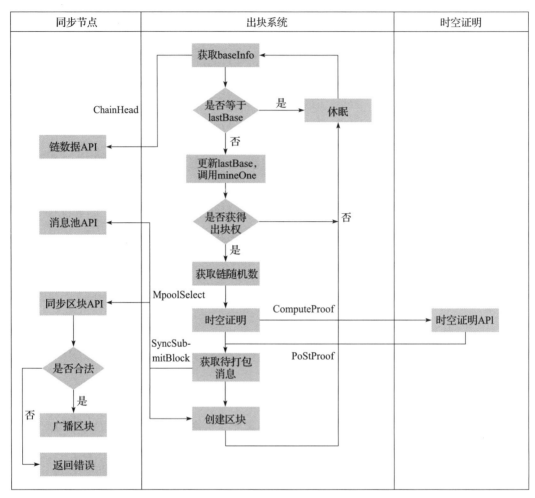

图 12-2 区块生产流程

2. 出块周期

目前 Filecoin 主网的出块周期是 30 秒，也就是链高度每 30 秒增长一次。对于区块生产者来说，必须在周期开始后的 30 秒内完成选择消息、创建区块、广播区块的过程。在目前的 Lotus 逻辑中，每个周期开始后有 6 秒时间等待上一轮的所有出块，故实际上区块在新周期开始后的 6 秒内能在 Filecoin 网络中完成验证即可，否则将成为孤块。

12.2.2 证明算法

证明算法是封装扇区数据并为之生成复制证明的过程。这个算法既要考虑复制证明的安全性，适当延长计算时间，又不能不计成本，如果成本过高，会使 Filecoin 在存储市场中的竞争力下降。

1. 抽查个数设置

扇区个数以及总的抽查的叶子个数的定义在 rust-fil-proofs/filecoin-proofs/hide/constants.rs 中，示例代码如下：

```
pub const WINNING_POST_CHALLENGE_COUNT: usize = 66;
pub const WINNING_POST_SECTOR_COUNT: usize = 1;
```

也就是说，要从有效扇区中抽取一个扇区，并在这个扇区上抽查 66 个叶子节点。

2. 扇区的抽查逻辑

generate_winning_post_sector_challenge 函数实现了扇区的抽查逻辑。具体的逻辑在 fallback::generate_sector_challenges 的函数中，其中主要逻辑截取如下：

```
let mut hasher = Sha256::new();
hasher.input(AsRef::<[u8]>::as_ref(&prover_id));
hasher.input(AsRef::<[u8]>::as_ref(&randomness;));
hasher.input(&n.to;_le_bytes()[..]);

let hash = hasher.result();

let sector_challenge = LittleEndian::read_u64(&hash.as;_ref()[..8]);
let sector_index = sector_challenge % sector_set_len;
```

简单地说，就是把 prover_id、随机信息和抽查扇区的编号做 sha256 的哈希计算，计算结果和当前有限的扇区个数取模。sector_index 就是最终抽查的扇区的 ID。

3. Challenge 的叶子抽查逻辑

generate_winning_post 在抽查的扇区形成的 Merkle 树（replica_r_last）上抽查叶子节点。抽查叶子节点的计算逻辑在 fallback::generate_leaf_challenge 的函数中其中主要逻辑截取如下：

```
let mut hasher = Sha256::new();
hasher.input(AsRef::<[u8]>::as_ref(&randomness;));
hasher.input(&sector;_id.to_le_bytes()[..]);
hasher.input(&leaf;_challenge_index.to_le_bytes()[..]);
let hash = hasher.result();

let leaf_challenge = LittleEndian::read_u64(&hash.as;_ref()[..8]);

let challenged_range_index = leaf_challenge % (pub_params.sector_size / NODE_
    SIZE as u64);
```

把随机信息、sector id 和挑战叶子的编号进行哈希计算。计算的结果和叶子的总个数取模。32G 的扇区，叶子个数为 1G。

4. 零知识证明电路

零知识证明的计算部分可以查看 rust-fil-proofs/post/fallback 目录。大体的逻辑模块和结构可以查看 3.2 节，具体的细节可以参考 rust-fil-proofs 的相关实现。

下面的代码是 rust-fil-proofs/post/fallback/circuit.rs 中的扇区结构。这个结构就代表一个抽查。Sector 结构如下：

```rust
#[derive(Clone)]
pub struct Sector<Tree: MerkleTreeTrait> {
    pub comm_r: Option<Fr>,
    pub comm_c: Option<Fr>,
    pub comm_r_last: Option<Fr>,
    pub leafs: Vec<Option<Fr>>,
    pub paths: Vec<AuthPath<Tree::Hasher, Tree::Arity, Tree::SubTreeArity,
        Tree::TopTreeArity>>,
    pub id: Option<Fr>,
}
```

抽查过程由 Circuit 函数实现，主要有以下过程：

- 验证 comm_r：
  - 验证 comm_r 是否正确。
  - 验证 comm_r 是否由 comm_c 和 comm_r_last 计算得到（Verify H(comm_c || comm_r_last) == comm_r）。
- 验证从叶子节点是否可以正确计算出 Merkle 树根（Verify Inclusion Paths）：

```rust
impl<Tree: 'static + MerkleTreeTrait> Circuit<Bls12> for &Sector<Tree> {
    fn synthesize<CS: ConstraintSystem<Bls12>>(self, cs: &mut CS) -> Result<(),
        SynthesisError> {
        let Sector {
            comm_r,
            comm_c,
            comm_r_last,
            leafs,
            paths,
            ..
        } = self;

        assert_eq!(paths.len(), leafs.len());

        //1. Verify comm_r
        let comm_r_last_num = num::AllocatedNum::alloc(cs.namespace(|| "comm_
            r_last"), || {
            comm_r_last
                .map(Into::into)
                .ok_or_else(|| SynthesisError::AssignmentMissing)
        })?;

        let comm_c_num = num::AllocatedNum::alloc(cs.namespace(|| "comm_c"), || {
            comm_c
                .map(Into::into)
                .ok_or_else(|| SynthesisError::AssignmentMissing)
        })?;
```

```rust
    let comm_r_num = num::AllocatedNum::alloc(cs.namespace(|| "comm_r"), || {
        comm_r
            .map(Into::into)
            .ok_or_else(|| SynthesisError::AssignmentMissing)
    })?;

    comm_r_num.inputize(cs.namespace(|| "comm_r_input"))?;

    // 1. Verify H(Comm_C || comm_r_last) == comm_r
    {
        let hash_num = <Tree::Hasher as Hasher>::Function::hash2_circuit(
            cs.namespace(|| "H_comm_c_comm_r_last"),
            &comm_c_num,
            &comm_r_last_num,
        )?;

        // Check actual equality
        constraint::equal(
            cs,
            || "enforce_comm_c_comm_r_last_hash_comm_r",
            &comm_r_num,
            &hash_num,
        );
    }

    // 2. Verify Inclusion Paths
    for (i, (leaf, path)) in leafs.iter().zip(paths.iter()).enumerate() {
        PoRCircuit::<Tree>::synthesize(
            cs.namespace(|| format!("challenge_inclusion_{}", i)),
            Root::Val(*leaf),
            path.clone(),
            Root::from_allocated::<CS>(comm_r_last_num.clone()),
            true,
        )?;
    }
    Ok(())
}
```

12.2.3 账本管理

Filecoin 网络中所有的参与者都是"记账人"，无论是检索方还是存储方，都需要将自己相关的账目记录在区块内。每一次区块上链相当于在这个账本上增加一页账单。区块中消息执行后就是一条条的账单，其生成与验证逻辑如下所示：

1）记账人（区块生产者）记录这段时间内的账目。
2）其他记账人检查这些账目。
3）其他记账人（51% 及以上）确认区块账目完全正确后将其加入账本。

4）记账人获取做这页账单的收益（获取区块奖励）。

1. 余额管理

下面介绍 Filecoin 网络中存储服务提供者账户余额管理的相关信息。
- Sealer Balance：总金额，可用的及抵押的总和。
- PreCommit：预充值质押，预提交扇区的质押总数，待相应的复制证明完成后，这部分相对应的质押将返还到可用余额部分。
- Pledge：扇区过期质押金额。
- Vesting：出块奖励总额，根据 Filecoin 经济模型，当天奖励的 25% 当即释放，这部分会进入可用余额内，剩余的 75% 按照每天 1/180 释放。
- Available：可用余额，用户可以随意支配的部分，可通过发送消息提取到 owner 地址中。

2. 故障、惩罚、欠债

Filecoin 网络通过奖励机制激励参与者保证存储服务，当存储服务提供者偏离对网络的承诺时，惩罚是缓解不良行为的主要方式，而惩罚的前提是系统对存储服务提供者的算力有对应的质押。

如果任何存储服务提供者出现疏忽或恶意行为，将被惩罚，即没收其部分质押。通过这种手段，对存储服务提供者的不良行为产生强烈的经济抑制，阻止不良行为，让 Filecoin 网络上的所有存储服务提供者保持诚实可靠。

目前可能会被惩罚的情况有：
- 撕毁合约，即在扇区生命周期结束之前将其删除。这类故障包括两种——存储服务提供者将其承诺的扇区离线；自愿提前终止合同，将一次性扣除终止费用。
- 存储故障，未能按共识提交正确的时空证明。至少一次 WindowPoSt 失败被 Filecoin 协议认为扇区处于故障状态，存储服务提供者将失去处于故障状态的扇区的存储算力，只有在成功响应后续的 WindowPoSt 后，才能恢复其扇区算力。但是，如果连续两天处于这种状态，每天都会扣除存储故障费。如果一个扇区达到连续允许的最大故障天数，那么该扇区获得的所有奖励及其初始质押将被扣除。
- 共识故障，例如，在同一高度出两个区块：基于同一个 TipSet 出了两个块，但两个块高度不一样；在相邻两个高度都出块了，但后一个高度出的块的 parent 没有包含前一个高度等。与存储故障和断约故障不同，共识故障必须由 Filecoin 网络中的其他参与者报告，在这种情况下，惩罚过程不会自动执行。任何检测并报告共识故障的参与者都会获得奖励，即犯规存储服务提供者被扣除的部分质押。

12.3 节点质押

Filecoin 中的质押机制是指存储服务提供者算力增长过程、区块奖励释放过程及市场数据交易过程中涉及的代币质押与释放机制。

代币质押机制的设计,既需要考虑新存储服务提供者加入网络的成本,也需要考虑应对早期扇区故障、罚款的费用,同时还要激励存储服务提供者长期维护网络健康,稳定地发展。所以,质押机制的设计对于网络的长期稳定发展至关重要。具体体现在以下几个方面:

- 新存储服务提供者加入网络的成本。质押机制需要设置一定的加入网络的成本,增加存储服务提供者黏性(存储服务提供者不会轻易退出网络),同时需要考虑不能因成本太高而阻止新存储服务提供者的加入。
- 扇区故障、罚款的费用。存储服务提供者需要不断运行时空证明以保证数据真实有效存储,但是偶尔的扇区故障或者恶意停机会导致数据丢失,所以一定的代币质押可以满足扇区故障及罚款费用的支付,以此保证数据存储的稳定性。
- 激励存储服务提供者长期维护网络健康稳定地发展。前置质押与后置质押机制保证了存储服务提供者需要质押大量的代币,这样会使存储服务提供者持续且理性地做出对网络有利的行为。

质押机制能够有效保证存储服务提供者为客户提供长期稳定的数据存储服务,为 Filecoin 生态提供坚实的基础设施。

Filecoin 有三种不同的质押机制:前置质押、后置质押、市场质押。

- 前置质押:指存储服务提供者封装扇区的过程中需要质押一定的 FIL 代币确保数据的正常封装(算力正常增长),其中包含两个部分,第一部分指在数据封装完成后(PreCommitSector 消息)需要质押一定量的 FIL,以督促存储服务提供者完成密封数据(扇区)的证明过程,第二部分指在完成扇区证明(ProveCommitSector 消息)时需要质押一定量的代币。在这个过程中,第一部分质押会在扇区证明完成之前释放,如果 ProveCommitSector 未及时上链,则会被销毁,第二部分质押需要在扇区到期(当前默认 540 天)之后一次性释放。
- 后置质押:指存储服务提供者通过生产区块得到的奖励,先释放 25%,剩余 75% 将会在 180 天内线性释放。
- 市场质押:指客户端数据交易需要质押一定量的代币,以保证市场交易能够正常进行。

12.4 证明子系统

存储奖励系统是 Filecoin 协议的一部分。存储区块奖励通过存储客户数据并产生证明信息来展示节点正确地存储了客户的数据。

存储奖励系统是 Filecoin 协议最核心的部分之一,因为它提供了基于客户证明存储算力所需要的共识算法。根据存储服务提供者提交到网络的存储算力,选择存储服务提供者来生产区块并扩展区块链。

存储的单位为扇区。扇区向网络承诺某些存储将在承诺期内持续保留。为了参与生成区块，存储服务提供者必须向系统添加存储，并且证明在整个扇区的生命周期中维护其承诺的数据副本。

存储数据和生成证明是一个复杂的、高度可优化的过程，有许多可调优的选择。存储服务提供者应该探索设计空间，以达到以下目的：

- 满足协议和网络范围的限制。
- 满足客户的要求和期望（如交易中所标识的）。
- 提供最具成本效益的运维。

Filecoin 规范中详细描述了必须做什么和应该做什么，并为实现者、存储服务提供者和用户的各种优化留下了充足的空间。在某些部分，描述了可以被其他更优化的版本取代的算法，但在这些情况下，满足协议约束很重要。协议约束指出得很清楚，实现者若要选择不同于本文提出的算法，则必须确保它们的选择满足这些约束，特别是那些与协议安全性有关的约束。

12.4.1　扇区时空证明管理器

Filecoin 的时空证明（PoSt）会被 WinningPoSt 和 WindowPoSt 调用。WinningPoSt 是存储服务提供者在出块时对已经提交的扇区进行证明，证明扇区保存的数据依然存在；WindowPoSt 是在对应的周期内对已经提交的扇区进行证明，证明数据一直被持续地保存。

WindowPoSt 每 24 小时为一个全周期，需要证明所有封装成功并且活跃的扇区。共有 48 个窗口期，每 30 分钟为一个区间，提交一次 SubmitWindowedPoSt。其调度器在 Lotus 中的实现代码如下：

```
type WindowPoStScheduler struct {
    api              storageMinerApi
    feeCfg           config.MinerFeeConfig
    addrSel          *AddressSelector
    prover           storage.Prover
    verifier         ffiwrapper.Verifier
    faultTracker     sectorstorage.FaultTracker
    proofType        abi.RegisteredPoStProof
    partitionSectors uint64
    ch               *changeHandler

    actor address.Address

    evtTypes [4]journal.EventType
    journal  journal.Journal

    // failed abi.ChainEpoch // eps
    // failLk sync.Mutex
}
```

WindowPoStScheduler 会监听链上的状态，在每个新高度都会尝试去调用 doPost 函数，doPost 函数包括两部分：一个是 runPost 函数，主要计算需要的时空证明信息；另一个是 submitPost 函数，将生成的证明通过消息向链广播。当 SubmitWindowedPoSt 消息被打包上链后，每个节点的虚拟机会执行消息并更新对应的 Actor 状态。

WinningPoSt 是一项周期性事件，当前 Filecoin 网络的协议中每 30 秒进行一次，获胜者将获得一次出块权，可以创建一个区块并获取相应的 FIL 奖励。这个过程中不会产生消息，而是打包消息并创建一个区块。

12.4.2 扇区复制证明管理器

复制证明（Proof-of-Replication，PoRep）用于证明数据的一个单独的副本已经在一个特定的扇区内创建成功。可以保证每份数据的存储都是独立的，可以防止女巫攻击、外包攻击和生成攻击。

复制证明在 Filecoin 系统中只会在第一次存储数据时，即封装扇区的过程中发生。扇区复制证明管理器就是用来管理扇区封装的，主要分为两个步骤：

1）填充扇区并生成 CommD。当存储服务提供者节点接收到客户端据时，会将其放入一个扇区，一旦扇区填满，就会生成 CommD（数据承诺，又名 UnsealedSectorCID），表示该扇区中包含的所有片段 CID 的根节点。

2）封装和生成 CommR。在封装过程中，扇区数据（由 CommD 标识）通过一系列图和哈希过程进行编码，以创建唯一的副本。结果副本的 Merkle 树的根哈希值是 CommRLast。CommRLast 与 CommC（复制证明的另一个 Merkle 根输出）一起进行哈希计算产生 CommR（复制承诺，又名 SealedSectorCID），记录到公共区块链中。CommRLast 由存储服务提供者私下保存，以备将来在证明时空时使用，但不会保存到链中[⊖]。

12.5 本章小结

作为一个存储项目，存储质量是 Filecoin 的生命线。Filecoin 不遗余力地构建了围绕存储质量运作的、复杂且精密的完整体系。在去中心化的场景下，需要通过经济手段鼓励、调节参与者的行为，更需要奖励诚实的参与者，防范、惩罚恶意的参与者。这对存储体系的设计提出了非常严苛的要求。从目前来看，绝大多数参与者认可了当前的质量体系。

当然，对质量体系的改善优化也始终是所有参与者关注的焦点，尤其是在提升证明系统的效率方面。

⊖ 扇区封装的状态变化过程参考 https://github.com/filecoin-project/lotus/blob/6c3acb8e212783200a15fbe39e5eb480c0657484/extern/storage-sealing/fsm.go。

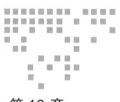

第 13 章

Filecoin 的实现案例

区块链网络中的各个节点通过遵循相同的共识机制、通信协议、证明和验证方法来构建整个网络，Filecoin 也不例外。但是，每一个节点所运行的软件可以是不同的实现，可以是基于不同语言编写的程序，也可以采用不同的架构来适应不同的应用场景。

Filecoin 在设计之初就希望有更多的人参与，也希望用网络中不同的实现来提升整个网络的安全性和可靠性。Filecoin 目前包括四种实现，由于篇幅有限，Filecoin 的具体代码实现不是本书的重点，本书侧重原理和实现的方法介绍，而非具体实现细节。本章首先分析为什么需要多种实现和为什么可以有多种实现，而后简单介绍四种团队和实现的特点，以给读者一个基本印象，对于希望进一步研究具体实现，或需要选择某一个实现的读者，建议联系相关团队，或者直接阅读源代码。

13.1 为什么需要多种实现

区块链是去中心化的，人们可以自由地参与或退出，这与中心化的项目完全不同。而一个区块链项目一旦上线，将难以再进行及时调整和操控。

尽管 Filecoin 团队在网络协议的设计和代码审计等方面付出了很大的努力来保证代码安全，但是无论如何努力去保障整个系统或者每一个节点的运行，软件本身的缺陷总是存在的。如果网络中运行着不同的实现（节点软件），就可能大大降低风险。每一种实现都可能存在一些缺陷，但是，由于实现软件来自不同的团队和工程师，所有实现包含相同的安全问题的可能性极小。那么，在运行有多个软件实现的区块链网络中，可能出现一些节点故障，但不会对整个网络产生灾难性的影响。

除了安全保障之外，运行多种实现的区块链还有很多好处，比如，可以吸引更多的开发人员加入进来对软件进行不同层面的优化，可以探索不同的软件架构来满足不同的应用场景。对于 Filecoin 而言，可以有适合个体用户的实现，也可以有满足大规模集群存储服务的实现，还可以有支持分布式部署的软件实现。

总而言之，区块链项目的多种实现在网络安全、系统的可靠性以及社区参与等方面都很有价值。

13.2　Filecoin 的四个实现实例

Filecoin 在上线之初就确定，至少要完成两个可以互操作的实现。在主网上线之时，两个基于 Golang 的实现基本就绪，分别是 Lotus 和 Go-Filecoin（后来更名为 Venus）。同时，基于 Rust 语言的实现 Forest 和基于 C++ 语言的实现 Fuhon 在主网上线后启动，并已经接入主网。图 13-1 展示了四个实现和所使用的语言。

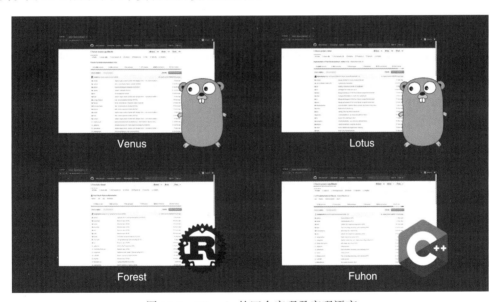

图 13-1　Filecoin 的四个实现及实现语言

Filecoin 的实现是一个庞大的工程，下面针对每一种实现分别进行简单介绍，并提供相关源码或文档链接，供希望了解细节的读者查阅。

13.2.1　Lotus：广泛采用的 Filecoin 实现

Lotus[⊖] 由协议实验室（Protocol Labs）开发，整个开发过程几乎与 Filecoin 的详细设计

⊖　Lotus 是一个完全开源的项目，其源代码参见 https://github.com/filecoin-project/lotus。

同步进行，而且 Lotus 的主要开发人员也是 Filecoin 设计团队的重要成员。Lotus 是符合 Filecoin Spec 的第一个实现，在 Filecoin 测试网的后期和正式网初期，作为主要的节点软件被广泛采用。

Lotus 是第一个 Filecoin 主网广泛采用的节点软件，采用 Go 语言编写，可以看作一组命令行应用。它有以下三个基础组件：

- Lotus Node（Lotus）：Filecoin 节点软件，用于同步 Filecoin 链数据，验证网络消息，管理 FIL 钱包，同时可以执行存储和检索交易。
- Lotus Miner（lotus-miner）：一个 Filecoin 存储服务和证明系统，Filecoin 的存储服务提供者通过存储信息或提供信息检索来获取区块奖励。
- Lotus Worker（lotus-worker）：在 Filecoin 区块链中用于协助 Miner 完成存储证明的软件，其主要工作包括存储信息的加工、加密、证明以及解密等。

上述组件在利用 Lotus 建立节点提供服务时是必需的，因此称为基础组件。这些组件在默认编译的情况下即可生成。除了这些基本组件之外，Lotus 软件还提供一些额外的工具用于协助网络运行和查看链信息或协助调试。这些附加组件不会在默认编译的情况下生成，但只要简单地指定相应的组件进行编译即可得到，如下所示：

- lotus-bench：基准测试工具，可用于用户计算设备对 Filecoin 存储证明的各个阶段的性能基准测试，从而帮助 Filecoin 存储服务提供者调整配置。
- lotus-chainwatch：Filecoin 链查看工具，此工具通过可视化的方式展现 Filecoin 一定高度内链的状态。
- lotus-fountain：用于测试网络，提供代币以供社区用户测试和调试程序。
- lotus-gateway：Lotus 网关，为应用提供 API。通过网关服务，Filecoin 用户不需要运行节点软件就可以与 Filecoin 网络进行交互。
- lotus-health：一个简单的 Lotus 节点程序健康检测工具，提供 Lotus 当前运行状态，供用户参考。
- lotus-keygen：一个简单的 Filecoin 网络支持的 BLS 地址和私钥生成工具。
- lotus-seed：用于产生创世节点启动的种子，主要用于开发调试。
- lotus-shed：这是一个万能工具包，提供了大量实用工具。使用这个工具包，不仅可以对 Filecoin 链进行查询，也可以解析各种数据，构建消息，与链进行交互，还有很多 Lotus 中没有提供的命令可以为专业用户提供帮助。
- lotus-stats：用于收集 Filecoin 网络的一些基本状态信息。
- lotus-townhall：在开发网络时使用得比较多的一个工具，用于查看整个网络的节点情况，在主网上线之后，不再具有太大的使用价值。
- lotus-wallet：Filecoin 的钱包工具。

上述工具中，lotus-shed 最实用，功能也最强大，建议开发者多多探索和使用这个工具。

13.2.2 Venus：Filecoin 集群软件

Venus[⊖]的前身被称为 go-filecoin，是 Filecoin 的第一个实现。go-filecoin 于 2019 年 2 月 14 日开源，作为 Filecoin 开发网络采用的节点软件，为 Filecoin 的前期开发和实验做出了不可忽视的贡献。

2020 年 9 月，IPFSForce 社区接手 go-filecoin，并更名为 Venus。而后经过三个月的努力，Venus 实现了与 Lotus 的互操作，并成功接入 Filecoin 主网。

而后，Venus 继续演进，承诺将设法降低 Filecoin 网络的接入门槛，并帮助中小存储服务提供者接入 Filecoin 网络，协助发展 Filecoin 生态。

现在，Venus 进一步对 Filecoin 网络功能解耦，通过提供不同的组件来建设分布式 Filecoin 数据中心，这些组件包括 venus、venus-sealer、venus-miner、venus-wallet、venus-messager 和 venus-auth 等。

与 Lotus 一样，Venus 的主要组件采用 Go 语言编写，但 Venus 与 Lotus 的开发目标是不同的。Venus 更侧重于支持集群组网，并针对分布式服务进行了设计和开发。

Venus 拥有很多功能独立的模块，使这些模块不仅能用于 Venus，同时可以为 Filecoin 的其他实现服务，也可以为其他区块链项目提供参考。图 13-2 展示了 Venus 架构示意图。

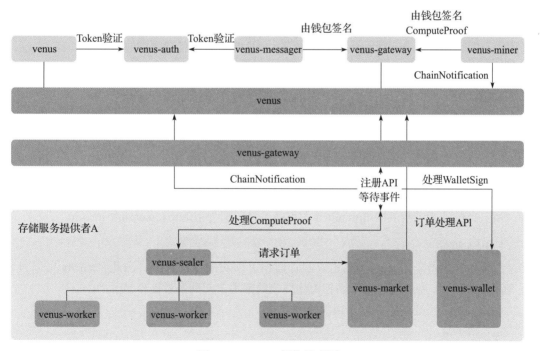

图 13-2　Venus 架构示意图

[⊖] Venus 是一个完全开源的项目，其代码请参见 https://github.com/filecoin-project/venus，相关文档请参见 https://venus.filecoin.io/。

下面简单介绍一下 Venus 的各个组件及其用途，详细信息和支持可以直接在 GitHub 上查看源码，或联系开发团队——IPFS 原力区。

- venus：Filecoin 链同步和链数据服务模块，包含链同步、消息验证相关功能，也包含消息池、钱包等功能，可以单独使用。
- venus-auth：认证模块，为 venus、venus-miner、venus-messager 等提供认证服务，保证远程链接的安全。
- venus-miner：出块获取区块奖励的模块，可以为多个服务节点服务，保障安全，并且提供记账信息。
- venus-sealer：存储服务及相关复制证明模块，包括相关的证明服务、状态机、存储管理等功能。
- venus-worker：存储证明服务模块，具体实施证明各个阶段的工作。
- venus-wallet：远程钱包模块，独立的模块支持任何实现。支持常规的钱包管理，并在安全上有所增强，用户可以针对不同的地址配置不同的安全规则。
- venus-messager：消息处理模块，负责消息池的管理和保障消息上链等。

13.2.3　Fuhon：Filecoin 的 C++ 实现

Fuhon 是采用 C++ 语言的 Filecoin 实现。相对于 Golang 而言，C++ 历史更久一些，常被用于系统级别的开发或底层开发，在性能上可能也有更多的挖掘空间。

Fuhon 的开发从 2020 年 1 月开始，与 Filecoin 的设计同步进行，由于 Filecoin 的协议本身在演进，Fuhon 也在同步演进。Fuhon 由 Soramitsu 负责开发。

Soramitsu 是一家日本金融科技公司，拥有创建基于区块链的基础设施、支付系统和身份解决方案等专业知识。Soramitsu 团队在构建企业级金融科技系统方面拥有丰富的经验；在构建分布式软件（例如区块链）时，这些经验对稳健性和高软件质量的承诺尤其重要。除了 C++ Filecoin 实现，Soramitsu 目前正在用 C++ 构建一个 Polkadot 实现，同时也是 libp2p 的 C++ 实现的主要维护者。

有兴趣的读者若想获取 Soramitsu 的更多信息，请参考 https://soramitsu.co.jp/。

Fuhon 软件

Fuhon 的代码采用 Hunter 来生成和管理相关模块的依赖关系，因此，cmake 可以自动下载需要的模块，免去了手工下载相关软件包的麻烦，使开发者更容易上手。

编译 Fuhon 需要的编译器及版本如下：

- GCC 7.4
- Clang 6.0.1
- AppleClang 11.0

Fuhon 软件引入了由 Rust 实现的 BLS 加密和签名模块，因此，在编译 Fuhon 时，Rust

语言环境也是必需的。

Fuhon 是一个完全开源的项目，详细信息请参见 https://github.com/filecoin-project/cpp-filecoin。

13.2.4 Forest：Filecoin 的 Rust 实现

Forest 是采用 Rust 语言编写的 Filecoin 实现。Rust 是一种高效率的新兴语言，在许多需要高性能的场景下，经常被采用，相对于 C++ 而言，Rust 在关注效率的同时也关注安全。由于 Rust 对于安全性的独特设计，其在金融相关领域被广泛采用，比如量化交易，Rust 在区块链密码学相关的开发中使用也比较广泛。

为了保证零知识证明和其他存储证明的效率，Lotus 和 Venus 实现中的复制证明和时空证明部分也是采用 Rust 语言实现的。Forest 希望完全采用 Rust 实现整个链节点软件。Forest 由 ChainSafe Systems 负责开发。ChainSafe Systems 是一家区块链研发公司，其目标是为 Web 3.0 构建基础设施。ChainSafe Systems 由早期以太坊聚会上相识的一群开发人员创建。从那时起，该团队一直在以太坊、以太坊经典、Cosmos、Polkadot 和现在的 Filecoin 生态系统中进行软件开发和基础设施构建。除了 Rust Filecoin 实现之外，ChainSafe Systems 还在构建 Ethereum 2.0 和 Polkadot 协议实现。

感兴趣的读者若想获取 ChainSafe Systems 的更多信息，请参考 https://chainsafe.io/。

Forest 软件

Forest 采用模块化的方式来构建 Filecoin 节点软件。主要包含两个部分：
- 使用 Rust 构建 Filecoin 协议设计中的安全关键系统，特别是虚拟机、区块链、节点系统等。
- 通过集成上述功能组件来实现 Filecoin 的存储和检索市场以及激励模型，实现 Filecoin 节点的基础功能。

Forest 是一个完全开源的项目，详细信息请参见 https://github.com/ChainSafe/forest。

13.3 本章小结

本章介绍了 Filecoin 的四大实现——Lotus、Forest、Fuhon、Venus（Go-Filecoin）。这四种实现虽然是互相独立的，但是都能在 Filecoin 网络启动、升级，以及相互间同步数据。我们首先分析了为什么要有多个实现，其目的是保障 Filecoin 网络持续、稳定、多元化运行；接着分别介绍了每种实现的团队组织与技术架构。通过阅读，我们能够发现四大实现间的共同点及各自的优势与特色，以便加入 Filecoin 网络时能根据拥有的资源选择最佳的实现。

第 14 章

Filecoin 集群架构及搭建基础

集群是将多台服务器集中、统一管理，部署相同应用或服务组件，相互协调、配合，提高系统整体效率，降低运维成本，实现特定业务的一种资源组织形态。Filecoin 系统复制证明过程相当复杂，每个过程对服务器资源的要求和偏向各不相同，故需要合理搭配各个组件、优化软件，让系统利于扩展、灵活，充分发挥集群性能。Filecoin 的四大实现均有各自的集群架构，本章我们将介绍 Lotus 和 Venus 的集群架构及搭建流程。

14.1 Lotus 集群

Lotus 集群⊖是 Filecoin 网络的四大实现之一，也是 Filecoin 网络的第一个实现，旨在为整个网络奠定坚实而有弹性的基础。Lotus 的集群包含三个组件：lotus，lotus-miner，lotus-worker。其中，lotus 是链服务程序，理论上可以供多个集群使用，主要包括钱包私钥管理、消息池管理、链同步及存储、链数据查询接口等。lotus-miner 是存储市场和检索市场的入口，并保证长期存储了用户的数据，故需要定时提交时空证明。lotus-worker 主要负责封装扇区，进行复制证明。

14.1.1 组件介绍

本节首先对 Lotus 的相关组件进行逐一介绍，让读者了解各组件的相关功能，以及在集群中所扮演的角色，为学习集群搭建打下基础。

⊖ Lotus 集群随着生态系统的发展也在不断演进，本节的介绍以 Lotus 1.10 版本为基础。

1. Lotus

Lotus 是由 IPFS、libp2p 和 Filecoin 的创建者协议实验室（Protocol Labs）编写的 Filecoin 实现，是用 Go 编写的，实际上是一套命令行应用程序。

Lotus 在网络中扮演节点的功能，Filecoin 节点或 Filecoin 客户端是同步 Filecoin 区块链并验证每个块中的消息的对等点，一旦应用，就会提供全局状态。节点可以管理 Filecoin 钱包并在其上接收 FIL。

Filecoin 节点还可以通过广播将不同类型的消息发布到网络。例如，客户端可以发布一条消息，将 FIL 从一个地址发送到另一个地址。节点可以向 Filecoin 服务商提出存储和检索交易，并在执行时支付费用。

运行 Filecoin 节点是一项基础工作，通常意味着保持程序全天候运行。有几个 Filecoin 节点实现正在开发中，Lotus 是第一个实现。

2. lotus-miner

lotus-miner 和 Lotus 一样，由协议实验室研发，可以为网络提供多种服务，例如，封装扇区，打包不同类型的交易，验证这些交易，计算证明，形成区块，将新区块广播到区块链网络中（每 30 秒一次），获取 FIL 奖励等。

运行 Filecoin 存储证明系统是一项具有很高硬件要求的高技术工作，需要完成必要的证明。lotus-miner 是迄今为止最先进的 Filecoin 区块生成模块实现。

按提供的服务不同，可以将其功能大致划为三类。

1）sealer 服务。这部分主要负责封装扇区，在收到存储服务提供者生成一份存储证明的请求之后，sealer 会控制整个复制证明的流程，包括：调动相应的 worker 进行封装的各个阶段的工作，发送消息上链，采集必要的参数进行封装等。sealer 是整个复制证明算法的控制器。

2）poster 服务。这部分主要负责产生时空证明，包括 WinningPoSt 和 WindowPoSt。

❑ WinningPoSt 周期性地生产区块，以获得区块生产奖励。在每个高度上，lotus-miner 程序会尝试获取 base（一系列进行秘密领导人选举所需要的参数），然后计算自己是否赢得了选举，如果是，则根据对应的扇区产生 E-Proof，并通过 Lotus 节点向网络广播区块，获取收益。

❑ WindowPoSt 提交扇区存储证明，维持算力。在每个窗口区，lotus-miner 程序会获取 WindowPoSt 所需要的参数（一个挑战随机数，一组需要被验证的扇区），程序会检测扇区的合法性，并生成对应的 WindowPoSt 证明，将暂时非法的扇区（各种可能出现的故障导致的）和证明通过 Lotus 节点向网络中发送，网络收到后可以进行相应的计算和对其进行算力增减。

3）market 服务。这部分主要负责向网络提供存储服务，每个 lotus-miner 程序启动的时候会向网络中广播自己的地址（可以关闭），并设置一个 StoreAsk，声明自己的存储定价和服务时长等信息。每个客户可以自由地选择网络里的存储服务提供者，并向网络中发送存储和检索订单。lotus-miner 节点在接收到用户的存储或者检索订单时，会根据自己的喜好选择是否接受，一旦接受就开始进行数据存储；如果是存储订单，还需要在其活跃时间到期之前，完成扇区的封装并提交至网络来真正激活订单，获取收益。

3. lotus-worker

lotus-worker 和 Lotus 一样，由协议实验室研发，程序通过 RPC 协议和 lotus-miner 通信，接受 miner 程序的调度，在机器上进行真正的计算，提供密封过程中所需要的计算资源，这样一来存储服务提供者可以通过异构机器来实现每个阶段的硬件利用率最大化。

14.1.2　Lotus 集群硬件要求

本节主要介绍各个组件对于硬件的要求，不构成任何投资建议，且只针对当前版本的算法，所有算法的改动都有可能引起硬件的变化，所以本章仅供参考。

Filecoin 记账的硬件要求与封装扇区和为每个扇区生成常规时空证明（WindowPoSt）所需的计算资源相关。

这些是计算成本高昂的操作，取决于运行存储服务提供者的 Filecoin 网络使用的扇区大小（nerpa、testnet、mainnet）。作为参考，下面列出的硬件要求对应于主网和一些测试网（calib、nerpa）使用的 32GiB 扇区。

不同的 Filecoin 存储证明系统实现可能会以不同的方式分配封装任务，例如，使用除 lotus-miner 之外的其他 Worker。以下是假设所有记账操作由同一台机器执行的一般硬件要求。每个操作所需的资源将在后面详述。

1. 基础硬件需求

运行 Lotus 集群的基础硬件要求如下所示。

- CPU：存储服务提供者需要 8 核以上的 CPU。协议实验室强烈推荐支持 Intel SHA Extensions 的 CPU 型号——自 Zen 微架构以来的 AMD，或自 Ice Lake 以来的 Intel。缺少 SHA 扩展会导致非常显著的减速。
- RAM：至少需要 128GiB 的 RAM。这应该与非常快的 NVMe SSD 存储介质上的 256GiB 交换相辅相成。
- GPU：推荐使用功能强大的 GPU，因为它可以显著加快 SNARK 计算。有关可以利用 GPU 优势的操作，请参见"不同计算阶段的计算资源依赖"部分。

Filecoin 支持的 GPU 型号核心数如表 14-1 所示。

表 14-1　Filecoin 支持的 GPU 型号核心数列表

设备名	核心数
Quadro RTX 6000	4608
TITAN RTX	4608

(续)

设备名	核心数
Tesla V100	5120
Tesla P100	3584
Tesla T4	2560
Quadro M5000	2048
GeForce RTX 3090	10 496
GeForce RTX 3080	8704
GeForce RTX 3070	5888
GeForce RTX 2080 Ti	4352
GeForce RTX 2080 SUPER	3072
GeForce RTX 2080	2944
GeForce RTX 2070 SUPER	2560
GeForce GTX 1080 Ti	3584
GeForce GTX 1080	2560
GeForce GTX 2060	1920
GeForce GTX 1660 Ti	1536
GeForce GTX 1060	1280
GeForce GTX 1650 SUPER	1280
GeForce GTX 1650	896
gfx1010	2560
gfx906	7400

需要注意的是，在一台机器上混用 NVIDIA 和 AMD 的 GPU 会使 OpenCL 出现问题，应该避免这种混用。

Miner 操作的性能可能会受到慢速磁盘的严重影响。例如，32GiB 扇区在密封过程中占用内存会扩展到 480GiB 以上。Filecoin 网络参数证明文件超过 100GiB，需要在 Miner 启动时读取和验证。若内存不足，则需要通过快速交换驱动器或文件来解决。基于此，建议至少使用最少 1TiB 的基于 NVMe 的磁盘空间来进行缓存。另外，还需要使用最终存储"密封扇区"、Lotus 链等的额外硬盘驱动器。

2. 不同计算阶段的计算资源依赖

存储服务提供者必须根据不同阶段来规划硬件资源，其中使用 CPU 和 GPU 资源的方式是不同的。表 14-2 显示了如何根据密封阶段或正在运行的证明计算来利用资源。

表 14-2 不同计算阶段的计算资源依赖

计算步骤	是否使用 CPU	是否使用 GPU	内存使用	注意
Sealing: preCommit phase 1	使用（1 个核或者 CCX）	不使用	128GiB	PoRep SDR 编码。不适合并行化。核心使用取决于 FIL_PROOFS_USE_MULTICORE_SDR 的值。（该值的详细定义可以在 seal 文档中找到）

（续）

计算步骤	是否使用 CPU	是否使用 GPU	内存使用	注意
Sealing: preCommit phase 2	使用（没有 GPU 的时候全部使用）	使用	128GiB	使用波塞冬哈希算法生成默克尔树。仅使用 CPU 时速度较慢
Sealing: commit phase 1	使用（所有核）	不使用	—	—
Sealing: commit phase 2	使用（没有 GPU 的时候全部使用）	使用	大约 192GiB	仅使用 CPU 时速度较慢
Unsealing	使用（1 个核）	不使用	128GiB	—
Proving WindowPoSt	使用（没有 GPU 的时候全部使用）	使用	—	WindowPoSt 必须在 30 分钟内提交。当没有可用的 GPU 时，CPU 内核越多，则速度越快
Proving WinningPoSt	使用	不使用	—	WinningPoSt 是一种不太密集的计算。必须在 25 秒内完成

上述硬件基本需求和不同阶段的资源消耗情况可以为存储服务提供者提供参考。存储服务提供者根据自己的集群规模、增长速度以及提供服务的要求进行全面设计。一个 Filecoin 集群的搭建还涉及很多方面，比如网络、安全、集群管理等，这些内容不在本书所介绍的范畴，因此不再赘述。

14.1.3 Lotus 的编译和安装

14.1.2 节介绍了硬件资源的基础要求和配置参考，接下来讲述 Lotus 集群软件的安装和配置过程。本节主要讲述 Lotus 程序的编译和安装。Lotus 是一个开源软件，用户可以直接下载源码到本地编译成可执行代码，也可以直接下载二进制码运行。但是，因为 Lotus 自身会根据本地环境的不同进行代码级的优化，因此，建议直接下载源码编译。

1. 程序依赖

以下以 Ubuntu 操作系统为例，其他操作系统可以按照各自的使用方法进行依赖的安装：

```
sudo apt install mesa-opencl-icd ocl-icd-opencl-dev gcc git bzr jq pkg-config
    curl clang build-essential hwloc libhwloc-dev wget -y && sudo apt upgrade -y
curl --proto '=https' --tlsv1.2 -sSf https://sh.rustup.rs | sh
wget -c https://golang.org/dl/go1.16.4.linux-amd64.tar.gz -O - | sudo tar -xz
    -C /usr/local
```

2. 编译和安装

1）克隆仓库。代码示例如下：

```
git clone https://github.com/filecoin-project/lotus.git
cd lotus/
```

2）切换分支至想要编译和运行的网络版本：

```
git checkout <tag_or_branch>
```

对于主网，一般会选择最后一个发行的版本，例如：

```
git checkout <vX.X.X> # 发行版本的版本号
```

3）用户需要注意以下两点：
- 加快首次启动的证明参数下载。运行 Lotus 需要下载链的证明参数，这些参数是默认托管在中国境外的大文件，在那里下载非常慢。为了解决这个问题，用户应该在运行 lotus、lotus-miner 和 lotus-worker 时设置以下环境变量：

```
export IPFS_GATEWAY=https://proof-parameters.s3.cn-south-1.jdcloud-oss.com/ipfs/
```

- 在构建期间加快 Go 模块的下载。构建 Lotus 需要下载一些 Go 模块。这些通常托管在 GitHub 上，其来自中国的带宽非常低。要解决此问题，请在运行 Lotus 之前通过设置以下变量来使用本地代理：

```
export GOPROXY=https://goproxy.cn
```

4）根据 CPU 型号，需要导出额外的环境变量。如果有 AMD Zen 或 Intel Ice Lake CPU（或更高版本），请通过添加以下两个环境变量来启用 SHA 扩展：

```
export RUSTFLAGS="-C target-cpu=native -g"
export FFI_BUILD_FROM_SOURCE=1
```

一些没有 ADX 指令支持的较旧的 Intel 和 AMD 处理器可能会因非法指令而提示错误。要解决此问题，请添加 CGO_CFLAGS 环境变量：

```
export CGO_CFLAGS_ALLOW="-D__BLST_PORTABLE__"
export CGO_CFLAGS="-D__BLST_PORTABLE__"
```

5）构建和安装 Lotus。Lotus 被编译为在单个网络上运行，运行以下命令之一为特定的 Lotus 网络构建 Lotus 节点：

```
# 编译加入主网的程序
make clean all
# 编译加入测试网的程序
make clean calibnet # Calibration 支持最小 32GiB 的扇区
sudo make install
```

这便将 lotus、lotus-miner 和 lotus-worker 放在 /usr/local/bin 中。

Lotus 默认使用 $HOME/.lotus 文件夹进行存储（配置、链数据、钱包）。安装完成后，使用下面的命令确保为正确的网络成功安装了 Lotus：

```
lotus --version
> lotus version 1.9.0+calibnet+git.ada7f97ba
```

现在应该安装好了 Lotus，可以运行了！

14.1.4　运行 Lotus 集群

在本地编译获得 Lotus 可执行程序后，就可以开始真正运行 Lotus 集群了。Lotus 集群包含很多组件，下面逐一介绍各组件的配置和运行步骤。

1. 启动 Lotus 守护进程并同步链

Lotus 应用程序作为节点程序和客户端运行，以控制该节点程序并与之交互。节点进程是一个长时间运行的程序，通常在后台运行。

使用主网时，我们建议从受信任的状态快照启动节点程序并进行同步。在任何情况下，都可以使用以下命令启动节点程序：

```
lotus daemon
```

在第一次运行期间，Lotus 将：
- 在 ~/.lotus 中设置它的数据文件夹。
- 下载必要的证明参数。这是一次下载的数吉比特数据。
- 导入快照（如果指定）并开始同步 Lotus 链。

节点进程将立即生成大量日志消息。从这一刻开始，你将不得不在新终端上工作。现在运行的任何 Lotus 命令都将与正在运行的节点进程通信。

2. 可选的环境变量

建议在你的环境中设置以下环境变量[一]，以便在每次启动 Lotus 应用程序时（即守护进程启动时）定义它们：

```
export BELLMAN_CPU_UTILIZATION=0.875
```

BELLMAN_CPU_UTILIZATION 是一个可选变量，用于指定将多幂运算的一部分移动到与 GPU 并行的 CPU。这是为了保持所有硬件都被占用。间隔必须是 0 ~ 1 之间的数字。0.875 是一个很好的起点，但如果想要最佳设置，则应该尝试使用它。不同的硬件设置将导致不同的最佳值。省略此环境变量也可能是最佳选择。示例代码如下：

```
export FIL_PROOFS_MAXIMIZE_CACHING=1 # More speed at RAM cost (1x sector-size of RAM - 32 GB).[二]
export FIL_PROOFS_USE_GPU_COLUMN_BUILDER=1 # precommit2 GPU acceleration
export FIL_PROOFS_USE_GPU_TREE_BUILDER=1
export FIL_PROOFS_USE_MULTICORE_SDR=1[三]
```

[一] 更多配置参见 https://github.com/filecoin-project/bellman。
[二] 更多配置参见 https://github.com/filecoin-project/rust-fil-proofs/。
[三] 更多配置参见 https://github.com/filecoin-project/rust-fil-proofs/ 及相关的 sealer 和 Worker 文档。

3. 在与 Lotus 节点不同的机器上运行 lotus-miner

如果选择在与 Lotus 节点不同的机器上运行 lotus-miner 程序，请进行如下设置，并确保 ListenAddress 已启用远程访问。

```
export FULLNODE_API_INFO=<api_token>:/ip4/<lotus_daemon_ip>/tcp/<lotus_daemon_port>/http
```

4. 添加必要的 Swap

如果你只有 128GiB 的 RAM，则需要确保系统提供至少 256GiB 的超快交换（最好是 NVMe SSD），否则将无法密封扇区：

```
sudo fallocate -l 256G /swapfile
sudo chmod 600 /swapfile
sudo mkswap /swapfile
sudo swapon /swapfile
# 显示当前 swap 的大小
swapon --show
# 将以下行附加到 /etc/fstab（确保最高优先级），然后重新启动
# /swapfile swap swap pri=50 0 0
sudo reboot
# 检查 256GiB 的 swap 文件是否被自动挂载，并具有最高优先级
swapon --show
```

你至少需要一个 BLS 钱包（f3... 用于主网）进行记账。建议使用单独的 owner 和 worker 地址：

```
# 创建一个新的 BLS 地址作为 owner 地址

f3...

# 创建一个新的 BLS 地址作为 worker 地址
lotus wallet new bls
f3...
```

接下来确保向 worker 地址发送一些资金，以便完成存储服务提供者的设置。

5. 下载参数

要启动 lotus-miner 程序，需要读取并验证 Filecoin 证明参数。这些可以提前下载（推荐），否则 init 过程中会自行下载。证明参数由多个文件组成，在 32GiB 扇区的情况下，总计超过 100GiB。

建议设置一个自定义位置来存储参数和证明父缓存（在第一次运行期间创建），示例代码如下：

```
export FIL_PROOFS_PARAMETER_CACHE=/path/to/folder/in/fast/disk
export FIL_PROOFS_PARENT_CACHE=/path/to/folder/in/fast/disk2
```

每次（重新）启动时都会读取参数，因此使用访问速度非常快的磁盘（如 NVMe 驱动

器）将加快 Miner 程序和 Worker 程序的（重新）启动速度。当没有上面的变量设置时，参数文件会默认在 /var/tmp/ 中，这个目录通常缺乏足够的空间。

下载两种证明参数可以使用如下命令：

```
lotus-miner fetch-params 32GiB
lotus-miner fetch-params 64GiB
```

6. 启动前检查清单

以下是一些基本的检查项。用户可以根据自己集群的不同配置添加更多检查项。

❏ Worker 地址有一些资金，以便初始化 lotus-miner。

❏ 以下环境变量已定义，可用于任何 lotus-miner 运行：

```
export LOTUS_MINER_PATH=/path/to/miner/config/storage
export LOTUS_PATH=/path/to/lotus/node/folder          # 使用一个本地节点时需要指定
export BELLMAN_CPU_UTILIZATION=0.875                  # 根据机器性能调整
export FIL_PROOFS_MAXIMIZE_CACHING=1
export FIL_PROOFS_USE_GPU_COLUMN_BUILDER=1            # 有 GPU 时使用
export FIL_PROOFS_USE_GPU_TREE_BUILDER=1              # 有 GPU 时使用
export FIL_PROOFS_PARAMETER_CACHE=/fast/disk/folder   # 这个目录空间需要大于100GiB
export FIL_PROOFS_PARENT_CACHE=/fast/disk/folder2     # 这个目录空间需要大于50GiB
export TMPDIR=/fast/disk/folder3                      # 这个目录会在执行 seal 的过程中
                                                      # 被使用
```

❏ 参数已预取到上面指定的缓存文件夹。

❏ 系统有足够的交换并且是活动的。

7. lotus-miner 程序初始化

在第一次启动 lotus-miner 程序之前运行如下代码：

```
lotus-miner init --owner=<address>  --worker=<address> --no-local-storage
```

❏ 使用 --no-local-storage 标志，以便以后可以配置特定的存储位置。这是可选的，但建议使用。

❏ lotus-miner 配置文件夹创建在 ~/.lotusminer/ 或 $LOTUS_MINER_PATH（如果设置）。

❏ 地址指南中解释了 owner 地址和 worker 地址之间的区别。如上所述，我们建议使用两个单独的地址。如果未提供 --worker 标志，则使用 owner 地址。存储节点运行时可以稍后添加 control 地址。

8. 与 lotus-miner 程序的连接

在启动 lotus-miner 程序之前，重要的是对其进行配置，以便可以从 Filecoin 网络中的任何对等方访问它。为此，需要一个稳定的公共 IP 并按如下方式编辑 ~/.lotusminer/config.toml：

```
...
[Libp2p]
    ListenAddresses = ["/ip4/0.0.0.0/tcp/24001"]    # 选择一个匹配的端口
```

```
    AnnounceAddresses = ["/ip4/<YOUR_PUBLIC_IP_ADDRESS>/tcp/24001"]  # 很重要
...
```

启动 lotus-miner 程序后，请确保可以访问其公共 IP/ 或连接到公共端口。

9. 启动 lotus-miner 程序

按照上述说明修改配置文件后，需要重启 lotus-miner 服务，这时 Filecoin 网络中的其他节点就可以访问此节点的服务了，命令如下：

```
lotus-miner run
```

10. lotus-worker

lotus-worker 是一个单独的应用程序，可用于将封装过程的各个阶段分散到不同的机器上运行。本指南解释了如何设置一个或多个 lotus-worker。

虽然 lotus-miner 默认运行每个封装阶段，但可以使用 lotus-worker 创建封装管道以提高资源利用率。封装管道将 lotus-miner 从 CPU 密集型任务中解放出来，专注于执行和提交 WindowPoSt 和 WinningPoSt 到链。

11. 获取身份验证令牌

lotus-miner 通过接口给其他节点提供服务，出于安全考虑，请求接口时需要提供身份验证信息，即身份令牌。可以使用如下的命令获取身份令牌：

```
lotus-miner auth api-info --perm admin
```

lotus-worker 将用这个令牌连接到 lotus-miner。更多相关信息请查看 API 文档。记下输出，以便你可以在下一步中使用它。

12. 配置 lotus-miner 封装功能

lotus-miner 本身就是一个工作程序，像其他任何工作程序一样为封装作业做出贡献。可以选择配置 lotus-miner 将直接执行的阶段。这是在 lotus-miner 的 config.toml 的 Storage 部分完成的：

```
[Storage]
   AllowAddPiece = true
   AllowPreCommit1 = true
   AllowPreCommit2 = true
   AllowCommit = true
   AllowUnseal = true
```

如果想将这些操作中的任何一个完全委托给 lotus-worker，请将它们设置为 false。

13. 启动 lotus-worker

lotus-worker 负责扇区封装的各个阶段性任务，其特点是：性能高度依赖系统资源及调度，对硬件资源对应的环境变量进行控制。故在实际部署时，需要充分了解系统性能及资源，合理调度资源，如 CPU、磁盘空间、GPU 等。通过以下环境变量可以设置 lotus-worker 使用相关的资源，需要在启动 lotus-worker 之前设置：

```
# MINER_API_INFO as obtained before
export TMPDIR=/fast/disk/folder3                          # 封装时使用的配置
export MINER_API_INFO:<TOKEN>:/ip4/<miner_api_address>/tcp/<port>/http`
export BELLMAN_CPU_UTILIZATION=0.875                      # 根据具体硬件设置的调优值
export FIL_PROOFS_MAXIMIZE_CACHING=1
export FIL_PROOFS_USE_GPU_COLUMN_BUILDER=1     # GPU 可用状态下开启
export FIL_PROOFS_USE_GPU_TREE_BUILDER=1       # GPU 可用状态下开启
export FIL_PROOFS_PARAMETER_CACHE=/fast/disk/folder  # 大于 100GiB
export FIL_PROOFS_PARENT_CACHE=/fast/disk/folder2    # 大于 50GiB

# 接下来的这个配置会提升 PreCommit1 的速度，代价是耗费一部分 CCX 资源
# 详见 https://github.com/filecoin-project/rust-fil-proofs/ 中的 Worker co-location 部分
export FIL_PROOFS_USE_MULTICORE_SDR=1
```

14. 运行 lotus-worker

设置好需要的环境变量后，就可以启动 lotus-worker 了，命令如下：

```
lotus-worker run <flags>
```

lotus-worker 需要根据系统自身的资源来设置可以进行的任务类型，例如，系统没有 GPU 卡时，尽量不要进行依赖 GPU 资源的任务，否则将会耗费大量时间，导致系统效率下降。lotus-worker 可以配置的任务类型如下：

```
--addpiece         开启 addpiece（默认为 true）
--precommit1       开启 PreCommit1 (32G 的 sectors：需要 1 个核，128GiB 内存)（默认为 true）
--unseal           开启 unsealing (32G 的 sectors：需要 1 个核，128GiB 内存)（默认为 true）
--precommit2       开启 PreCommit2 (32G 的 sectors：使用多核，96GiB 内存)（默认为 true）
--commit           开启 commit (32G 的 sectors：使用多核或者 GPU，128GiB 内存 + 64GiB 交换
                   区)（默认为 true）
```

一旦 lotus-worker 运行，它应该连接到 lotus-miner。可以通过以下方式验证：

```
$ lotus-miner sealing workers
Worker 0, host computer
        CPU:  [                                              ] 0 core(s) in use
        RAM:  [|||||||||||||||||                             ] 28% 18.1
              GiB/62.7 GiB
        VMEM: [|||||||||||||||||                             ] 28% 18.1
              GiB/62.7 GiB
        GPU: GeForce RTX 2080, not used

Worker 1, host othercomputer
        CPU:  [                                              ] 使用 0 个核
        RAM:  [|||||||||||||||                               ] 23% 14
              GiB/62.7 GiB
        VMEM: [|||||||||||||||                               ] 23% 14
```

```
             GiB/62.7 GiB
     GPU: GeForce RTX 2080, not used
```

15. lotus-miner 和 lotus-worker 在同一台机器上

你可以在与 lotus-miner 相同的机器上运行 lotus-worker。这有助于管理进程之间的优先级或更好地为每个任务分配可用的 CPU。为避免冲突，建议在 lotus-miner 封装配置中禁用所有任务类型。

此外，请注意密封过程使用的本地资源（尤其是 CPU）。WindowPoSt 是 CPU 密集型的，需要由 Miner 程序定期提交。如果 Miner 程序在并行执行其他受 CPU 限制的密封操作，则可能无法及时提交 WindowPoSt，从而在此过程中丢失抵押品。基于这个原因，建议为 lotus-miner 和 lotus-worker 仔细分配可用的 CPU 内核和封装资源。

请注意，如果将 lotus-miner 和 lotus-worker 放在一起，则不需要打开 Miner API，它可以继续监听本地接口。

16. lotus-worker 运行在同一台机器上

在大多数情况下，每台机器应该只运行一个 lotus-worker，因为 lotus-worker 会尝试使用所有可用资源。在一个操作系统上下文中运行多个 lotus-worker 会导致资源分配问题，这将导致调度程序相较正常情况（无多个 lotus-worker）占用更多的资源。

唯一有可能适用于在相同机器上运行多个 lotus-worker 的情况是，这台机器上有多个 GPU 可用时，因为 Lotus 目前只支持单个 GPU。在这种情况下，建议在具有非重叠资源的单独容器中运行 lotus-worker（单独的 CPU 内核、单独的 RAM 分配、单独的 GPU）。

17. 分离 NVIDIA GPU

使用专有 NVIDIA 驱动程序时，可以使用 NVIDIA_VISIBLE_DEVICES=[设备编号] 环境变量选择 Lotus 将使用哪个 GPU 设备。可以使用 nvidia-smi -L 命令获取设备编号。

14.2　Venus 分布式存储服务

Venus 的设计是支持存储池的发展，最初的设计是思考"如何扩展单一集群"，这在理论上是可行性的，最大的问题在于 Filecoin 独特的证明机制。因为 Filecoin 网络的集群必须周期性地提交时空证明，而为了生成证明，必须读取整个存储分区的数据，如果扇区极其分散地分布到不同的地方，通过公网读取，是一个则不可执行的方案。

Venus 分布式存储池外在的体现和传统的分布式存储池是相似的。在存储资源上体现出地域分布性，只要有网络可以访问的地方，都可以使节点接入到 Venus 存储池；在出块的角度上，因为 Filecoin 按算力比例来计算出块概率，所以分散计算和整体计算的最终结果应该是相同的——$n_1/p+n_2/p+n_3/p\cdots = (n_1+n_2+n_3+\cdots)/p$，这在算法的基础上提供了理论基础。

14.2.1 Venus 集群的目标

Venus 集群的目标可以简述为：专门的组件提供专业的服务，按照提供的服务或在集群中担任的角色将系统进行解耦，每个组件各司其职，共同维护集群的正常运行。在 Venus 的集群架构中，部分组件只需要部署一套，而不必每个集群各自部署，这称为链服务组件。一套链服务支持多个集群访问，这些集群只需关注独立组件的稳定运行，而不必将大量精力放在维持链同步、消息处理、出块等方面。在这个基本思想的指导下，对于 Filecoin 的第一个实现 Lotus 而言，Venus 主要聚焦以下目标：

- 共享组件。支持高可用，保证服务的质量，减少存储服务提供者的时间成本与维护成本，这使得存储服务提供者能够更容易地加入存储池生态中。
- 聚集出块权。存储池能够将所有集群的出块权集中在一起，执行集群用户认可的奖励分配系统，保障参与其中的每个存储服务提供者都能有持续稳定的收入，避免因运维经验不足或系统资源短缺等引起不必要的出块错误。
- 提升 Filecoin 网络的吞吐量。如果同一高度存在多个区块，则让每个区块尽可能打包不同的消息；而如果各自出块，消息则很可能大量重复。
- 提升消息的稳定性。Venus 矿池中所有集群产生的消息都推送到 venus-messager 中，由 venus-messager 统一管理。venus-messager 会根据链的最新状态对消息进行 nonce 值的分配、Gas 估算、签名，将其推送到节点消息池中，并跟踪上链过程，处理出现的错误。
- 提升数据访问速度。目前 Filecoin 网络更多的还是作为一个存储服务，最终需要对外输出检索服务才能实现根本价值。如果有足够多的存储提供者使用 Venus，那么 Venus 在真实数据的处理上就有更多的可能。比如数据的分布，Venus 可以将数据分布到距离客户最近的一些存储服务节点，这样可以提高客户的访问速度。再比如一些公有数据，可以把这些数据尽可能地分散到更多节点上，保障在任意位置的访问都有效，这可以大大提升 IPFS 网络的效能，进一步实现 IPFS Web 3.0。

14.2.2 Venus 的分布式存储架构

Venus 采用了类似微服务的架构，通过对服务内容的分析，将整个系统分解成多个独立的服务组件，每个组件仅负责特定的功能，组件间通过明确定义的 API 进行通信。根据扮演的角色不同，我们将这些组件分为两类：链服务组件和独立组件。一套链服务可以为很多独立组件提供服务，通常一套独立组件即代表一个集群，保障一个集群的算力增长。⊖

链服务层可以由多个存储服务提供者联合建立，而存储服务提供者只需要在本地运行 venus-sealer、venus-worker、venus-wallet 即可。实际上，Venus 的所有组件都是面向协议的，如果存储服务提供者有足够的技术实力，也可以把公共组件的全部或者部分部署在本

⊖ Venus 集群的更多信息请参考 https://venus.filecoin.io/。

地，这样存储服务提供者可以更灵活地进行部署。

在经典的架构中，venus、venus-miner、venus-auth、venus-messager、venus-market、venus-gateway 是作为链服务组件存在的；venus-sealer（包含 venus-worker）、venus-wallet 作为本地组件存在。这种架构允许存储服务提供者将主要精力放在算力的增长与维持方面，而无须考虑链同步、消息打包、出块之类的工作。venus-wallet 作为独立组件，最大限度地保障密钥的安全，允许用户自己管理私钥，设置签名策略。

14.2.3　组件介绍

Venus 存储池中一套链服务可以服务于多个集群。Venus 的组件分为两部分：链服务层组件和独立组件。链服务层组件可以由云服务商提供，为多个独立的存储服务提供者公共服务；独立组件由每个存储服务提供者单独运行，可以直接接入服务提供商平台来享受公共服务。

链服务层组件包括：

- venus-auth，用于 JWT 统一鉴权，为其他组件生成访问各自 API 所需的 token，并远程验证每个组件请求中所带 token 的完整性和正确性。
- venus-gateway，在 Venus 系统中，出于安全考虑，部分组件是不可公开访问的，一般信息仅由用户自己管理，当需要访问这些组件的服务时，就需要一个桥接服务，即 venus-gateway。
- venus，负责 Filecoin 网络中链数据交互，如链同步、消息管理、区块广播、链信息查询 API 等。
- venus-messager，管理系统中的消息，为消息分配 nonce 值，预估 Gas 费用，控制消息流量，定点广播消息，重发错误消息，保证消息上链等。可处理多个集群的消息。
- venus-miner，统筹 Venus 存储池中所有集群的出块，每一个出块周期为存储池中所有集群计算出块权，一旦某个集群获得出块权，通过 venus-gateway 调用对应集群进行 WinningPoSt。
- venus-market，Venus 系统中的市场组件，其愿景是打造 Filecoin 网络中分布式的存储和检索市场。目前已经实现了兼容 Lotus 协议的订单存储和检索，逐渐向着 venus-market 服务多个集群的接单、提供多样性的检索服务的方向扩展。

独立组件包括 venus-wallet、venus-sealer 和 venus-worker。顾名思义，这些组件一般由每个集群自己管理，用于算力的稳定增长与维持，根据产量需求部署相应的规模。各组件的功能如下：

- venus-wallet，钱包管理，数据签名。可以管理多个钱包，并对每个钱包签名服务进行策略管理，如 w0 只能做 ExtendSectorExpiration 消息签名，w1 做 SubmitWindowedPoSt 消息签名等，这样做的好处就是让每个钱包各司其职，在一定程度上保障系统资金安全。

❏ venus-sealer,负责算力的封装与维持。这是储服务集群的核心组件,既可以自己密封扇区,也可以将密封扇区任务交给某个 venus-worker 执行。
❏ venus-worker,实质上执行具体的密封扇区阶段性任务,任务类型包括 AP/PC1/PC2/C1/C2/Finalize,这些任务由 venus-sealer 产生并调度到具体的 venus-worker 执行。

14.2.4 链服务层组件部署

在 Venus 的双层架构中,链服务层由云服务商运行,提供统一的服务。本节就链服务层各个模块的部署实施进行介绍。

表 14-3 列出了 Venus 链服务组件。

表 14-3　Venus 链服务组件

程序	服务器	端口
venus-auth	\<IP1\>	\<Port1\>
venus-gateway	\<IP2\>	\<Port2\>
venus	\<IP3\>	\<Port3\>
venus-messager	\<IP4\>	\<Port4\>
venus-miner	\<IP5\>	\<Port5\>
venus-marker	\<IP6\>	\<Port6\>

为了便于理解,对 Venus 安装步骤中的部分命令标识及编译程序时依赖的环境说明如下:

```
- 所有 `<>` 都是需要替换的参数,根据部署实际情况替换
- 为了便于说明,特将每个组件的 IP 和 Port 虚拟化标识
- 环境依赖:
    - golang ^1.16
      - go env -w GOPROXY=https://goproxy.io,direct
      - go env -w GO111MODULE=on
    - rustup ^1.22.1
    - git: 具体版本使用 git checkout 选择
```

下面介绍主要组件的安装和配置。

1. venus-auth

venus-auth 是 Venus 整个集群的认证组件,用于控制云上组件服务的接口的调用,每个请求都需要在 venus-auth 上面验证是否有足够的合法性和权限。这样其他组件的实例都可以使用统一的授权服务,在运维部署上会更加方便快捷。

venus-auth 启动命令如下:

```
$ .venus-auth
```

venus-auth 服务默认配置文件目录为 ~/.venus-auth/config.tom。

venus-auth 的存储方案默认为 badger 内嵌 k-v 数据库,也支持 MySQL 存储,需要自行

修改配置文件后启动。log 存储默认为控制台打印，同时也支持 influxDB 存储。

- 如果选择 MySQL 取代 badger 作为 venus-auth 的存储，可以修改 config 中的 db 设置，并重启生效，下面是参考配置文件：

```
$ vim ~/.venus-auth/config.toml

# 数据源配置项
[db]
# support: badger (default), mysql
# the mysql DDL is in the script package
type = "mysql"
# The following parameters apply to MySQL
DSN = "user:password@(127.0.0.1:3306)/venus_auth?parseTime=true&loc=Local&char
    set=utf8mb4&collation=utf8mb4_unicode_ci&readTimeout=10s&writeTimeout=10s"
maxOpenConns = 64
maxIdleConns = 128
maxLifeTime = "120s"
maxIdleTime = "30s"
```

Venus 的服务组件间 API 调用需要 token 验证，统一由 venus-auth 生成 JWT token。因此在启动 venus-auth 之后，其他服务组件需要获取 token 来加入 Venus 集群。获取 token 通过注册生成服务组件进行。示例代码如下：

```
$ ./venus-auth token gen --perm admin <admin>
<auth miner>
```

其中，--perm 为 RPC 2.0 接口访问权限限制；admin 为虚拟的权限拥有者，可以随意指定。venus-miner、venus-messager 及 venus-sealer，推荐标记为程序名，若存在多个相同程序加入存储池服务组件，推荐使用"程序名 + 标记符"。

2. venus-gateway

venus-gateway 是独立组件与链服务层的桥梁，用于简化部署并降低服务接口访问的复杂性，提升服务的安全性。独立组件启动时将其服务接口注册到 venus-gateway，链服务组件需要通过 venus-gateway 请求对应集群的服务接口。使用 venus-gateway 有如下优点：

- 存储服务提供者不需要外部 IP 和曝光钱包服务。
- 存储服务池配置 SSL 证书后，集群与存储池的连接是安全的。
- 存储服务提供者可以简单地将多个客户端（钱包 / 证明）注册到存储池以获得高可用性。

venus-gateway 启动命令如下：

```
$ ./venus-gateway --listen=/ip4/0.0.0.0/tcp/45132 run --auth-url=http://<IP1>:<Port1>
```

3. venus

venus 是 Venus 集群的链同步以及链信息服务组件，是 Venus 集群的信息出口和入口，其他所有组件和链的交互最终都要通过这个组件来接收和发送。可以说 venus 组件是集群的数据驱动之源。

venus 实例的启动命令如下：

```
# 启动 venus daemon 设置网络与 venus-auth 的地址
# 启动成功后执行 tail -f venus.log，可以看到数据同步的 log，同步时间与链高度有关
$ venus daemon --network=nerpa --authURL=http://<IP1>:<Port1>
```

venus 默认监听地址为 127.0.0.1:3453，对于跨服务器集群，需要修改监听策略，重启后生效。示例代码如下：

```
$ vim ~/.venus/config.json
# replace api.apiAddress from
# "/ip4/127.0.0.1/tcp/3453"  to  "/ip4/0.0.0.0/tcp/3453"
```

4. venus-messager

venus-messager 组件提供消息管理和发送服务，并能够灵活地控制消息上链的时机，减少 Gas 消耗、流量控制等。区块链是由消息驱动的状态机，Venus 集群会不可避免地在运行过程中产生许多消息，如果每个组件都自己控制消息发送，则会显得过于零散，不利于集群管理，因此 venus-messager 的作用在于接受集群产生的所有消息并进行统一控制管理，降低整个集群的维护成本。

venus-messager 启动方式如下：

```
$ nohup ./venus-messager run --auth-url=http://<IP1>:<Port1> --node-url=/
    ip4/<IP3>/tcp/<Port3> --gateway-url=/ip4/<IP2>/tcp/<Port2> \
--auth-token=<auth token> --db-type=mysql/sqlite \
--mysql-dsn="user:password@tcp(127.0.0.1:3306)/venus_messager_db?parseTime=tr
    ue&loc=Local&readTimeout=10s&writeTimeout=10s" > msg.log 2>&1 &
--auth-token 为在 venus-auth 中生成的具有 admin 权限的 token，用于在和 venus 通信时进行身份验证
```

5. venus-miner

venus-miner 组件是 Venus 集群的区块生产组件，由于小存储服务提供者出块概率偏小，单打独斗的情况下抗击风险的能力比较弱，而通过 venus-miner 来聚集集群存储服务提供者的出块权，做到统一出块，在一个周期有多个出块权的情况下差异化消息选择，能够帮助存储服务提供者提高抗风险能力，同时也提高了 Filecoin 的消息吞吐能力。

其启动过程包括初始化和运行 venus-miner 两个步骤。

1）进行 venus-miner 初始化时需要提供一些初始化选项，比如接入哪个网络、认证接口、venus-gateway 地址以及 token 等。初始化的命令如下：

```
# 初始化环境配置
$ venus-miner init --nettype=<nerpa> ---auth-api=/ip4/<IP1>/tcp/<Port1>  \
--gateway-api=/ip4/<IP2>/tcp/<Port2>   --api=/ip4/<IP3>/tcp/<Port3>   \
--token=<SHARED_ADMIN_AUTH_TOKEN>
```

2）运行 venus-miner，命令如下：

```
# 启动
$ venus-miner run
```

每次启动时会从 venus-auth 请求当前已加入 Venus 分布式存储池中的存储服务提供者列表。venus-miner 的运行情况可以通过命令查询，代码如下：

```
$ ./venus-miner address state
[
    {
        "Addr": "<MINER_ID>",
        "IsMining": true,
        "Err": null
    }
]
```

如果某个存储节点的 IsMining=false，则说明该存储节点因为某些错误而没能正常启动出块逻辑，这时需要人工排查并修正，之后执行如下命令：

```
$ ./venus-miner address start <MINER_ID>
```

14.2.5 独立组件部署和接入

在有链服务商提供链服务的情况下，存储服务提供者可以只部署独立组件，并接入链服务商的网络，利用其服务加入 Filecoin 网络。Venus 的独立组件主要包括 venus-wallet、venus-sealer 和 venus-worker。

1. venus-wallet

Venus 集群共享组件部分不控制用户私钥，用户必须自己保存自己的私钥。然而集群运行中需要用到数据签名（消息签名、区块签名、随机数计算等），因此需要启动一个本地钱包进行签名。和传统的设计不同，这里并不要求用户暴露钱包服务接口，只需要接入 venus-gateway 组件，响应对应的事件即可。

venus-wallet 启动方式如下：

```
$ venus-wallet run
```

在 venus-wallet 启动后，用户需要为钱包设置密码，通过加密私钥的方式来保护钱包私钥的安全，示例代码如下：

```
# 设置解锁密码
$ ./venus-wallet setpwd
Password:******
Enter Password again:******
```

在设置密码的基础上，需要创建钱包私钥和地址，此处创建了两个 BLS 钱包，用于之后的 venus-sealer 初始化：

```
$ 生成 BLS 地址
$ ./venus-wallet new bls
<bls address 1>
$ ./venus-wallet new bls
<bls address 2>
```

接下来，需要配置 venus-wallet 接入共享服务。用户需要与链服务商联系，取得相关的账户信息和 token，并配置到 ~/.venus_wallet/config.toml 中的 [APIRegisterHub] 部分。示例代码如下：

```
# Default config:
[API]
    ListenAddress = "/ip4/0.0.0.0/tcp/5678/http"

[DB]
    Conn = "/root/.venus_wallet/keystore.sqlite"
    Type = "sqlite"
    DebugMode = true

[JWT]
    Token = "auto generate local token"
    Sec
```

至此，venus-wallet 的部署和接入完成。

2. venus-sealer

venus-sealer 是存储服务提供者进行扇区密封时需要执行的程序。venus-sealer 的作用包含三个方面：

❑ 接收服务层事件，当接收到 WinningPoSt 任务的时候立即计算和响应。
❑ 封装算力，调用下面的 venus-worker 完成数据封装任务。
❑ 接收链上信息，完成 WindowsPoSt 任务，并把消息提交到服务层组件。

其执行分为初始化和运行程序两个步骤。

venus-sealer 的初始化有两个情况，即初始化新节点和重新初始化已存在的节点（例如搬迁或重新安装系统等）。

1）初始化。初始化新节点的示例代码如下：

```
$ ./venus-sealer init --worker=<bls address 1> --owner=<bls address 2> --sector-
    size=512M --network=nerpa \
--node-url=/ip4/<IP3>/tcp/<Port3> --messager-url=/ip4/<IP4>/tcp/<Port4> --gateway-
    url=/ip4/<IP2>/tcp/<Port2> \
--auth-token=<auth token> \
--no-local-storage
```

初始化新节点时需要指明钱包地址和路径。上述代码中，<bls address 1> <bls address 2> 为 venus-wallet 中创建的 BLS 钱包地址，注意这两个钱包地址都需要有 FIL；<absolute

path> 为绝对路径。

初始化结束后，可以查看日志等待消息上链，其中关键部分的日志示例如下：

```
2021-04-25T18:41:31.925+0800    INFO    main    venus-sealer/init.go:182
    Checking if repo exists
2021-04-25T18:41:31.926+0800    INFO    main    venus-sealer/init.go:217
    Checking full node version
2021-04-25T18:41:31.927+0800    INFO    main    venus-sealer/init.go:233
    Initializing repo
2021-04-25T18:41:31.928+0800    INFO    main    venus-sealer/init.go:309
    Initializing libp2p identity
2021-04-25T18:41:32.082+0800    INFO    main    venus-sealer/init.go:485
    Pushed CreateMiner message: aaf489f9-af4b-4e4b-9084-018d43f05b7e
2021-04-25T18:41:32.082+0800    INFO    main    venus-sealer/init.go:486
    Waiting for confirmation
2021-04-25T18:46:32.088+0800    INFO    main    venus-sealer/init.go:502
    New miners address is: t01640 (t2cxzf7xvrqo3froqn2xgdqjdbydhkcrgakj7j3ma)
2021-04-25T18:46:32.088+0800    INFO    main    venus-sealer/init.go:381
    Created new miner: t01640
2021-04-25T18:46:32.089+0800    INFO    main    venus-sealer/init.go:302
    Sealer successfully created, you can now start it with 'venus-sealer run'
```

初始化在网络中已经存在的节点。与初始化新节点不同，此处需要指明 ActorID，其命令如下：

```
$ ./venus-sealer init --actor=<t0 addr> --network=nerpa \
--node-url=/ip4/<IP3>/tcp/<Port3>  --messager-url=/ip4/<IP4>/tcp/<Port4>
    --gateway-url=/ip4/<IP2>/tcp/<Port2> \
--auth-token <auth token> \
--no-local-storage
```

2）运行程序。初始化成功后，就可以启动 venus-sealer 并执行扇区封装，代码如下：

```
$ venus-sealer run
```

venus-sealer 是独立组件中最重要的程序。它为用户提供了丰富的选项以支持不同的用户需求。下面做一些简单介绍，具体操作可以参阅 Venus 集群文档。

通过 storage attach 命令直接指定存储路径：

```
$ ./venus-sealer storage attach --init --store --seal <absolute path>
```

开始一个封装任务：

```
$ ./venus-sealer sectors pledge
```

查看已完成和正在做的扇区列表：

```
$ ./venus-sealer sectors list
```

查看 venus-sealer 的具体信息：

```
$ ./venus-sealer info
Chain: [sync ok] [basefee 100 aFIL]
Sealer: <t0 addr> (512 MiB sectors)
Power: 0   / 15 Ti (0.0000%)
        Raw: 0 B / 1.5 TiB (0.0000%)
        Committed: 3 GiB
        Proving: 0 B
Below minimum power threshold, no blocks will be won
Sealer Balance:      383.869 FIL
        PreCommit:   0
        Pledge:      93.75 mFIL
        Vesting:     0
        Available:   383.775 FIL
Market Balance:      0
        Locked:      0
        Available:   0
Worker Balance:      1000 FIL
Total Spendable:     1383.775 FIL
```

venus-sealer 启动时默认会检查参数文件，这需要很长时间，在确保参数文件已存在的情况下可以关闭检查，命令如下：

```
TRUST_PARAMS=1
```

3. venus-worker

venus-worker 用于执行具体的封装过程，因为需要连接 venus-sealer 接收任务信息，所以需要指定 venus-sealer 的连接地址和 token，可以在 venus-sealer 目录下面的 api 和 token 文件中获取。另外，还需要指定 venus-worker 上的任务类型，如果不指定，则默认全执行，在确定 venus-worker 上具体运行的任务类型后可以直接运行程序。

控制任务类型如下：

- --addpiece，支持执行 AddPiece 任务。
- --Precommit1，支持执行 PC1 类型任务。
- --Precommit2，支持执行 PC2 类型任务。
- --commit，支持执行 C2 类型任务。
- --unseal，支持执行解封数据的任务。

venus-worker 的启动命令如下：

```
$ ./venus-worker run --miner-addr /ip4/<venus-sealer>/tcp/2345 --miner-token
    <sealer token>
```

启动完成后，可以在 venus-sealer 中通过 venus-sealer sealing workers 命令来观察 venus-worker 是否启动成功并注册。

随着 Venus 不断演进，部署方式也会持续更新。有关 Venus 架构的最新进展，读者可以参考 https://venus.filecoin.io/zh/guide/Using-venus-Shared-Modules.html。

14.3　本章小结

　　本章以 Lotus/Venus 为例介绍了 Filecoin 中两种已成熟实现的具体部署方法以及一些基础的使用方式。在 Filecoin 网络中，凡是遵守其共识协议的实现就能加入，各个实现基于自己的愿景都会设计出符合自己目的的集群架构。对于 Lotus 而言，其目的在于提供一个大而全的集群软件。Venus 的目标在于不断降低区块链参与人员的门槛，以便在 Filecoin 中充分利用社会闲散存储资源。相信在不远的未来，Fuhon 和 Forest 也会开发出适合自身的存储集群程序。

拓展篇

Filecoin 技术创新与生态探索

- 第 15 章　区块链世界中的 Filecoin
- 第 16 章　Filecoin 新技术探索
- 第 17 章　Filecoin 实现的发展和生态开发

第 15 章

区块链世界中的 Filecoin

作为区块链世界中的一个新成员。Filecoin 基于大量前人提出的优秀理念和技术完成了自身的实现，作为回馈，它同样带来了一些新颖的视角和思路。同时，为了让 Filecoin 能够真正落地，继而在 Web 3.0 的演进过程中真正起到作用，项目的维护者、参与者进行了大量的工作来将其和其他区块链项目连接起来，达到协同和扩展的目的。

本章将从宏观视角来审视 Filecoin，不谈具体的原理细节和实现，而注重理念与创新。首先，从技术创新的维度，讲述 Filecoin 的一些创新对区块链世界的回馈，包括在工作量证明（PoW）和权益证明（PoS）共识机制之上的创新，一些安全挑战的解决方案，以及在社区治理方面的全新设计；然后，描述 Filecoin 在整个区块链世界中的定位，以及如何与其他区块链系统相互链接，并形成完整生态。

15.1 对区块链世界的回馈

作为区块链世界的一员和面向存储的区块链方向的探索者，Filecoin 除了要在庞大的工具箱中找出最能帮助自己的工具，还必须对这些工具进行改良，甚至发明一些新工具。这是一个特定领域的技术与泛用技术之间正向反馈的过程。接下来我们就来看一看 Filecoin 在哪些方面完成了创新。

15.1.1 共识：PoW 和 PoS 之外的一点小创新

共识是信任的基石，也是区块链的基石。自区块链诞生起，针对共识机制的研究就从未中断过。区块链的参与者依靠共识机制来获取出块权并产生区块（即记账的权利）。PoW

和 PoS 是两种为从业人员广泛接受的共识机制。

此前我们已经介绍了工作量证明。在区块链的发展过程中，参与者逐渐发现这类证明问题对所有参与者都是相同的，因而计算速度成为核心因素，又由于这类计算完全可以并行进行，因此可以将大量计算设备集中起来，分别针对一部分输入值集合进行计算，从而大幅度节省得出结果的时间。在此基础上，还有人将分布在网络上的计算设备联合起来，共同完成计算任务。这类做法加快了区块的产生，对区块链来说是有好处的。但是从另一个角度看，这又导致算力大规模集中，在一定程度上走向了中心化而非去中心化。

正是看到了工作量证明的种种弊端，一位名为 Quantum Mechanic 的区块链爱好者提出了权益证明的设想，其基本理念是：让所有参与者在同一个问题的计算上进行竞争是很浪费资源的。而权益证明通过选举的形式产生出块者，其中任意节点被随机选择来验证下一个区块。而验证节点并不是完全随机选择的。要成为验证者，节点需要在网络中存有一定数量的担保，即权益。一旦发现验证节点进行了不当的行为，就会从它的权益中扣除一部分作为惩罚。正是存在这样的惩罚机制，使得验证节点不敢轻易做出违反网络共识的行为。当然，权益证明同样存在缺点，主要集中在权益的数量和分布，以及验证者的失能上。相应地，区块链设计者也提出了种种措施来抑制可能的安全性风险，如引入权益的时效，引入多候选人机制等。

在设计、实现 Filecoin 的时候，区块链领域对于共识机制的研究已经形成了比较成熟的结论。从基本上来说，Filecoin 选择了权益证明作为自己的共识机制基础，并引入了一些较为新颖的细节。

首先是权益的类型。在常规的权益证明共识中，权益通常是已存在的、确定的。而在 Filecoin 中，存储服务提供者完成存储订单，并将存储的结果转化成可以持续验证的数据。这部分数据扮演了权益的角色，因而在 Filecoin 中，权益的数量、占比其实是不断变化的。

其次，Filecoin 引入了秘密选举的概念，即是否当选的结果只能由存储服务提供者本人计算完成，其他节点无法重复这一计算过程，也无法影响选举的计算结果。

最后，Filecoin 在选举过程中引入了一个小规模的时空证明，从而确保权益的存续始终和存储服务提供者提供的存储空间紧密联系。

除了上述几点之外，Filecoin 还通过每天对存储数据全量检查，即 WindowPoSt 的方式，来确保存储服务提供者的每一份权益都源于其所提供的稳定的存储服务。总而言之，Filecoin 以权益化的方式，促使存储服务提供者提高自身的存储能力和稳定性，反过来又能令使用 Filecoin 存储数据的用户受益。

15.1.2 安全性挑战

存储的数量和质量是 Filecoin 权益证明体系的核心，也是 Filecoin 区块链的安全性核心。不论设计者还是参与者，必然都会将注意力集中到这里，展开攻防拉锯。

那么 Filecoin 的安全性究竟面临哪些挑战？通常来说，我们认为一个存储项目存在以下几项挑战：
- 存储空间的真实性。如何证明存储服务提供者确实可以提供那么多空间用来存储？
- 存储空间的持续性。如何证明存储服务提供者在持续提供服务？
- 避免权益的转化泛滥。如何防止存储服务提供者将一份存储空间提供给多人？

这些挑战具体会以什么样的形式出现？Filecoin 做出了哪些对抗挑战的措施？接下来我们尝试进行分析。

1. 存储空间的安全挑战

存储空间面临的挑战主要有真实性和持续性两种。具体来说：
- 真实性，即每一份权益应当真实对应一份独立的存储空间，不应当出现一份存储空间宣称冒认多份权益的情况。
- 持续性，即权益的存续应当以存储空间的存续为基础，当存储空间无法正常提供服务时，相应的权益应该被正确移除。

Filecoin 的核心算法就是针对这些挑战产生的。

复制证明（PoRep）可以确保存储空间的独立、完整，而时空证明（PoSt）则能够不断地检查权益是否持续有效。

2. 如何用算法对抗作弊

原始的存储空间需要经过一定的计算才能转化成权益，并需要接受检查。一旦这个转化过程过于简单，或能被快速完成，那么存续性的检查将会失去意义。

举例来说，一旦被抽查的存储空间可以在抽查窗口期内被计算完成，那么就存在轮转使用一份真实存储空间以应付抽查的可能性，实际占用的存储空间可能仅需要原本的十几分之一甚至几十分之一，而用户的数据存储也将无法得到保障。

这就需要转化算法能够对抗这样的攻击行为。在目前使用的复制证明算法 StackedDRG 中，可通过无法避免的串行计算来延长整个转化过程，迫使参与者无法采取上述提到的攻击方式。

3. 抗 ASIC 的尝试

从以往的经验来看，当参与者对项目本身熟悉到一定程度之后，总会尝试用更快的方式来完成项目中的全部和部分算法。而专用集成电路（ASIC）可以说是其中最直接、快捷的方式。

在各类区块链项目中，多少都会存在对抗 ASIC 的设计。

ASIC 有计算快、成本低的优势，但也存在明显的劣势，比如：
- 较难应对同时存在多种不同类型算法的场景。
- 能用到的存储空间（包括运存和持久存储）通常都比较小，且扩充时成本高昂。
- 一旦算法发生变化，则原先的 ASIC 面临完全失效的风险。

因此，核心的算法设计也通常围绕这几点去做文章。

在 Filecoin 中，复制证明中引入了一些举措，比如：
- 使用了多种不同的哈希算法来完成不同的阶段。
- 通过强制的串行计算降低 ASIC 带来的收益。
- 加强对存储的需求，以降低 ASIC 的成本优势。
- 设计了算法替换的规划，以降低 ASIC 的持续性收益。

目前来看，在 Filecoin 领域暂时还没有出现全流程大范围使用 ASIC 的迹象。因此我们认为，至少在目前，Filecoin 的这些举措应该是有效的。

15.1.3 社区治理的新尝试

理想情况下，区块链是去中心化的、自治的。但是，任何一个区块链在设计之初都不可能完全预料到今后的所有情况，因此也会发生变化。同时，当一个区块链项目开始运行时，它就不再独属于开发者，而要接受所有参与者的共同治理。区块链的运行和改进，事实上离不开良好的社区治理机制。

通常来说，区块链中重大的改变和升级都需要所有参与者的认同，否则会形成分叉。在这些方面，Filecoin 与其他区块链项目无异。Filecoin 拥有一个活跃的社区，网络升级和改进提案无论由谁提出，都会交由社区充分讨论、形成共识，然后才进行开发和测试。所有参与者在同一时间节点前完成软件版本的升级。迄今为止，Filecoin 的几次重大版本升级都十分顺利。

除此之外，由于 Filecoin 自己的特性，社区治理领域得到了一些扩展。

1. 可信客户和可信额度

Filecoin 项目的目标始终是成为未来网络的存储基础设施，因此在 Filecoin 上存储真正有价值的数据是一件重要且紧迫的事情。为了鼓励更多人将自己的存储需求放到 Filecoin 上，也为了鼓励存储服务提供者更多地去完成真实有效的存储订单，Filecoin 设计了可信客户（Verified Client）和可信额度（DataCap）的机制。

前者是说，来自可信客户的存储订单将在计算权益时获得更高的权重，使得存储服务提供者能够在完成真实订单之后，获得更多的权益积累。

后者是说，社区应当持续地审视网络上出现的存储需求，避免出现滥用或不当使用可信客户身份的情况。为此，可信客户仅仅是持有一定的存储额度，当额度消耗殆尽之后，可信客户产生的存储需求需要重新接受社区的审核，进而获取新的配额。

可信客户和可信额度这一机制刚被提出时，社区中也产生过一些质疑，包括对这种方式是否会导致权益分配集中化的担忧。而经过一段时间的运行，通过观察在后续的 Filecoin 应用开发竞赛中的实施效果，社区成员在一定程度上打消了这种担忧。目前来说，在防止高权重权益过于泛滥和鼓励应用存储真实有效的数据这两方面，这一套审核机制表现尚可。至于今后，这套机制是否能继续发挥正向作用，我们拭目以待。

但毫无疑问的是，一旦这样一种治理机制开始出现不适应区块链发展的征兆，社区治理本身就会及时反应。这正是社区治理，同时也是广义上的"自治"的有趣之处。

2. 链下验证的取舍

存储转化成权益的过程，本身就会占据一定的网络吞吐量和 Gas 份额。Filecoin 曾面临吞吐量紧缺的问题。为此，开发组和社区协商推出了多项旨在提高网络吞吐能力、降低链同步成本的举措。其中就包括 FIP10: Off-Chain WindowPoSt Verification⊖及与之相关的几个提案。

在 FIP10 中，提出将 WindowPoSt 的验证从链上移到链下，从实时验证变为延时验证，同时激励网络参与者上报发现的错误 WindowPoSt。由于 WindowPoSt 的验算是一项长期、持续、耗时的事务，因此在该提案实施之后，链同步的时间确实得到了显著缩减。而从对链的观测中我们能够确认，受经济手段的影响，链的参与者也确实有动力去对错误提交 WindowPoSt 的行为进行纠正。

当然，链下验证这一方式也存在一些不足，例如重复的验算和提交，以及只有首次提交的参与者才能获得激励等。但总体来说，这一提案还是很好地实现了它的设计初衷。

15.2　与其他区块链的合纵连横

通常来说，我们认为区块链是构建未来的去中心化、通用计算平台的基础设施。自诞生以来，出现了数量众多的区块链项目。它们的侧重点各不相同，但迄今为止，尚未有项目能够兼顾计算平台所必要的方方面面。因此，目前我们需要让不同的区块链项目有效地联合起来，各自发挥特定领域的优势。

在真正构建面向用户的应用时，我们需要确认 Filecoin 本身具备哪些方面的优势，以及如何与其他区块链项目联动。

15.2.1　Filecoin 的自我定位

Filecoin 是提供分布式存储的区块链项目。因此，我们来分析一下 Filecoin 所关注的稳定存储能力，以及作为区块链项目所展示出来的一些特点。

1. IPFS PLUS

IPFS 是一个旨在创建持久且分布式存储和共享文件的网络传输协议。在它的开发过程中，借鉴了大量成熟的技术和协议，包括点对点组网和传输协议、默克尔有向无环图、分布式哈希等。IPFS 具备以下特性：

❑ 内容寻址。即通过内容生成的独立哈希值来定位文件在全网中的位置，并有效消除

⊖ FIP10 的相关内容可参见 https://github.com/filecoin-project/FIPs/blob/master/FIPS/fip-0010.md。

数据的被动冗余。
- 版本化。基于默克尔有向无环图这一项来自 Git 的技术，IPFS 保存的内容可以做到基于内容的版本化，以及修改历史可追溯。
- 点对点网络。基于点对点网络，实现数据的就近访问，以及由访问行为决定的冷热数据平衡分布等。
- IPLD（Inter Planetary Linked Data）。将内容寻址的数据块组织起来以实现复杂数据结构、数据关联，以及跨领域的数据互操作能力。

基于这些特性，IPFS 雄心勃勃地将自己定位成一项提供永久的、去中心化保存和共享文件的技术，目标是成为未来 Web 3.0 的数据传输和存储基础设施，代替现在的 HTTP。同时，去中心化的特性还是要求 IPFS 在数据安全性和隐私保护方面有更好的表现。

从我们已经观察到的现状看，IPFS 在承载静态数据方面展现出了成为 HTTP 挑战者的潜力——IPFS 公网的规模逐年递增，IPFS 协议也得到一些主流浏览器的支持。

当然，作为一项还很年轻的技术，IPFS 还存在很多不足，例如：
- HTTP 在漫长的发展过程中，早已从单纯展示静态数据进化成同时具备静态（数据）和动态（服务）的呈现能力。而目前的 IPFS 在动态数据处理这一领域还存在不小的差距。
- 去中心化的组网方式使得 IPFS 能够摆脱中心化的垄断组织对网络的把控，避免这类组织对数据安全和隐私的威胁。但是与此同时，为了提供稳定、高效、持续的服务，IPFS 必须有能力积聚足够多的参与节点。单纯基于热情和信仰的参与者无法支撑起 IPFS 庞大的资源需求。

这些不足在一定程度上制约了 IPFS 的适用场景和发展速度。区块链的出现，让所有关注 IPFS 的人看到一种新的可能性：同样是为了安全和隐私而生，同样基于点对点的组网方式，应用的技术栈也有大量重叠。同时，新式的区块链中所包含的智能合约能弥补 IPFS 自身缺乏的动态数据处理能力，与区块链密不可分的激励模型也能吸引更多参与者的加入，从而提供更高质量的整体服务能力。

于是，在协议实验室的努力下，Filecoin 诞生了。这一项目从设计开始，就着力于将更多的 IPFS 特性与区块链相结合。Filecoin 作为 IPFS 的"升级版"，即在"成为 Web 3.0 的数据传输和存储基础设施"这一目标上，终于集齐了所有必需的拼图。

更多受初期收益吸引的参与者加入进来，为 Filecoin 提供了更强的存储履约能力和服务稳定程度的保障。而牢固的基础，又使得用户更有信心将重要的数据迁移到 Filecoin 网络中来，如此形成良好的正向循环，推动形成活跃的、自治的数据市场。

2. 智能合约

随着区块链技术的热度提升，"智能合约"这个概念也频繁出现在公众视野中。但是事实上，"智能合约"这个术语的出现至少可以追溯到 1995 年，其定义如下：

一个智能合约是一套以数字形式定义的承诺（commitment），包括合约参与方可以在上面执行这些承诺的协议。

而在区块链的语境中，智能合约的含义也得到了充实，在维基百科中其定义如下：

智能合约（Smart Contract）是一种特殊的、执行合约条款的计算机协议，在区块链内制定合约时使用。其中包含了代码函数，也能与其他合约进行交互，还可以做决策、存储资料及发送代币等。智能合约主要提供验证及运行合约内所订立的条件。智能合约允许在没有第三方的情况下执行可信的行为。这些行为可追踪且不可逆转。智能合约能提供优于传统合约方法的安全性，并减少其他操作成本。

智能合约需要公开以数字形式部署，这使得区块链上的智能合约具备可审计、自由、透明的特点。但同时，对于编写得不够严谨的智能合约来说，包括安全漏洞在内的所有漏洞也都是公开可见的，并且很有可能无法迅速修复。

对于一个区块链项目来说，具备提供智能合约的执行能力通常代表着：
- 具备相对充足的链上存储空间。
- 具备一门逻辑完备的编程语言。
- 具备一致的执行环境。
- 具备量化和限制资源使用的沙箱环境。

以这样的标准来看，我们通常认为 Filecoin 具备合约但是不具备智能合约，原因在于 Filecoin 具备执行一定的逻辑的能力，即 specs-actor。但是这种逻辑无法自行定义，也就达不到"智能"的标准。

是否提供完备的智能合约能力？毫无疑问，提供这样的能力有助于形成完整的生态，但这也提出了更高的要求。胡安在 FIP issue #113 中就罗列了对此的一些思考。从长远来看，Filecoin 提供智能合约能力的可能性还是很高的，但必然是经过长期思考后成熟设计的产物。

15.2.2　与外部的互通互动

出于对真实存储的需求，Filecoin 本身具备基本完备的、完成数据存储、提取订单的接口。大量第三方应用使用这些接口向它们的用户提供数据服务。

在 Filecoin 上线之前，IPFS 已经作为存储层被集成到一些区块链或智能合约中了。作为 IPFS 的升级版本，Filecoin 完全可以满足这部分存储需求。自动完成数据存储的完整流程，必然要求 Filecoin 具备与其他区块链交互的能力。

在目前还不具备智能合约能力的情况下，Filecoin 需要借由其他渠道获取与其他链互通互动的能力。通常来说，这样的互通互动能力可以由预言机等机制提供。

1. 预言机

区块链预言机（Blockchain Oracle）简称预言机，是区块链中非常重要的一个功能。

在 2018 年 11 月 6 日中国人民银行发布的《区块链能做什么？不能做什么？》报告中，预言机是这样定义的：

区块链外信息写入区块链内的机制，一般被称为预言机。

展开来说，预言机的功能就是桥接链内链外的数据，完成区块链与现实世界的数据互通。它允许确定的智能合约对不确定的外部世界做出反应，是智能合约与外部进行数据交互的唯一途径，也是区块链与现实世界进行数据交互的接口。

由于区块链属于确定性的环境，不允许不确定的因素出现，因此智能合约不管何时何地运行，结果都必须一致。所以，智能合约不能进行 I/O，无法主动获取外部数据，只能通过预言机将数据给到智能合约。

Chainlink 是目前最常用的预言机之一。它通过在链上的智能合约和链下的数据节点，以结合奖惩机制和聚合模型的方式进行数据的请求和馈送，经常被用在对链间安全和信任有较高要求的场景，如在银行与企业之间建立智能合约等。

2. Chainlink 与 Filecoin 的集成

通过将 Chainlink 集成到 Filecoin 的生态系统，使得 Filecoin 网络具备了和外部智能合约进行双向沟通的能力，继而使得智能合约的开发者拥有了完整的 Web 3.0 基础设施栈：

- 智能合约：处理链上逻辑和状态。
- 沟通协议：完成链上链下、不同区块链之间的通信和计算。
- 存储能力：完整的、稳定的去中心化分布式存储服务。

3. 一些应用场景

Filecoin 可以通过与外部的互动链接 Web 2.0 和 Web 3.0 的应用。接下来我们举几个使用预言机将 Filecoin 与其他区块链联系起来的例子。

（1）跨链的数据访问层。

研究机构可以将体量巨大的科研数据集，如自动驾驶传感器采集的数据、病毒基因测绘结果等分散保存在 Filecoin 上，然后在其他区块链上部署智能合约，以便对数据集中一个较小的子集进行查阅、计算或校验。接下来，使用者就可以简单地通过触发智能合约来完成对数据的访问。在这个过程中，会有一个预言机机制在其中完成沟通工作，过程如下：

1）监听智能合约的触发。

2）将智能合约中对于数据集子集的定位信息转译成 Filecoin 上的扇区和数据片位置信息。

3）找到 Filecoin 中持有必要数据片的检索服务商，完成数据提取。

4）将提取到的数据以直接传输或临时第三方存储的方式返回给使用者。

在这个过程中，预言机主要扮演一个"翻译员"的角色。

（2）自动化存储

在类似监控视频转存、生产线测控数据归档这样一类需求确定、周期性明显的存储场景中，预言机或自动程序会按规则，定期或定量地将产生的新数据发送到 Filecoin 网络中进行存储。在这个过程中，外部程序会将数据按照符合 Filecoin 规范的方式进行切片，并保存它们的组织结构数据。此外，外部程序还可以定期检查链上的时空证明结果，或直接向存储服务提供者发起时空证明挑战，以确保数据持续存在。

（3）数据 DAO

数据 DAO（Decentralized Autonomous Organization，简称 DAO）是一组区块链外部数据的集合，如证券市场历史价格数据、自动驾驶传感器数据等。Chainlink 可以根据需求，将数据集的一部分传递给其他链上的智能合约作为输入。随着 Filecoin 的推出，我们看到 DAO 的产品市场非常强大，特别是监督和治理 DeFi 产品和协议的 DAO。Filecoin 有能力存储深度的、丰富的数据集，使以太坊和其他链上的 DAO 能够提供和利用这些信息来支持更灵活的应用。

15.3　本章小结

在区块链中如何确保存储的真实有效？设计者的总体原则始终是：严防针对存储的作弊行为，鼓励真实有效的存储需求，降低链本身的负荷，提升吞吐能力。

围绕这些原则，Filecoin 的开发者和社区共同提出了一些与之前区块链项目不太一样的思路。这些思路同样也被后来的区块链项目参考、借鉴，激发出更多区块链设计开发中的新意。

从这一点上来讲，Filecoin 从前人的经验中汲取了足够多的养分，也对区块链领域、区块链的从业者做出了一定的回馈。毫无疑问，这种模式是整个区块链领域大家所期望看到的正向循环。

作为 IPFS 的增强版，Filecoin 目前还没有支持智能合约，这使得其跨链还需要依赖其他机制，如何更好地在链原生层面就支持跨链操作，在 Filecoin 前进的路上，这也将成为一座大山。作为创始人，胡安也向社区公开和讨论了自己的一些思考，截至本书完成，这些讨论还没有一个结论。

第 16 章 Filecoin 新技术探索

作为面向 Web 3.0 的基础设施的区块链项目，Filecoin 集合了很多已有的技术并对其加以创新，以推进互联网及区块链行业的持续发展。Filecoin 开发团队设立了大量的方向和领域各异的工作组进行技术层面的探索。迄今为止，这些工作组已经产出了大量论文、演讲等形式的成果。这些成果都可以在 Filecoin 的官网上访问。

本章我们将了解 Filecoin 团队在技术层面进行的一些新探索，包括当前面临的一些挑战，以及正在研究和实现的 NSE 复制证明算法、零知识证明聚合算法的 SnackPack 聚合证明、Winkle 抵御针对 PoS 系统的长程攻击、抗攻击的消息分发协议等。

16.1 构建未来

预测和塑造一项新技术的发展轨迹是一个复杂的过程。Filecoin 的上线仅仅意味着去中心化存储的可行性和安全性，但在效率方面还有非常大的提升空间，有待于长时间的发展和完善，尤其是对于密码学在 Filecoin 中的使用，以及对整个区块链行业的影响等。协议实验室的研究人员，包括 CryptoLab、ResNetLab 和 ConsensusLab 的成员，以及更广泛的研究团体，对未来有关密码学的研究领域有一些思考和想法，下面是一些重要的方向：

❑ 零知识证明（zk-SNARK）——目前的研究热点，包括使用 SNARK 聚合技术和设计新的向量承诺（Vector Commitment，VC）方案，以降低 Filecoin SNARK 中 Merkle 树的开销。研究重点是为 SNARK 设计更好的系统，涉及多方计算（Multi-Party Computation，MPC）。多方安全计算是在网络中的多个节点不透露输入信息的前提下，基于它们的输入共同计算一个函数。

- 可验证的随机函数（VRF）——允许公开可验证的确定性承诺。在 Filecoin 中，VRF 作为系统的一部分，用于验证存储服务节点所存储数据的完整性。Filecoin 中产生的每个区块都包含从两个随机源（VRF 和 Drand 随机信标）中提取的值。存储服务节点提交存储数据的证明，包括在特定时间内添加的随机数，确保存储节点是在特定时间点生成的证明。未来的 VRF 工作将改进随机生成系统。
- 可验证的延迟函数（VDF）——保证随机延迟，前提是有硬件假设和其他一部分需求。VDF 在公共随机性信标、共识协议的领导人选举和复制证明中发挥重要作用。在 Filecoin 规范中，VDF 目前还没有实现，但它是一个活跃的研究领域。
- 深度鲁棒图（DRG）——一种有向无环图的结构形式，在 Filecoin 的复制证明步骤中生成，因为原始数据需要被编码到副本中并提交给区块链。在 DRG 上的工作是正在进行的证明系统和图结构研究的一部分。
- 向量承诺（VC）——允许预先秘密承诺的密码原语，这些承诺可以在以后被验证。向量承诺是 Filecoin 可验证的去中心化存储模型的一个重要组成部分，而新的向量承诺技术是 CryptoLab 研究的一个活跃领域。
- BLS 签名——数字签名的一种形式，也是一种验证数字数据真实性的方案。随机信标利用阈值 BLS 结合参与者独立产生的单个部分信标共同计算签名。安全协同计算是无偏性的一个重要组成部分，也是未来研究的一个热门课题。

以上，并不是 Filecoin 项目未来研究方向的详尽清单。密码学兼区块链专家 Dan Boneh 在他的 *Filecoin Liftoff* 中指出，区块链是"部署加密工具的一个惊人的试验场"，部分原因是"区块链的变化速度要快得多"。

研究社区的人们很高兴能够推动 Filecoin 网络的突破发展，但真正的技术加速将是 Filecoin 正在被更广泛的 Web 3.0 社区所采用，并且将研究与现实联系起来，以创造新的技术和应用。

在密码学与区块链本身的发展持续推进的同时，Filecoin 社区也在 Filecoin 生态规划和应用方面进一步进行探讨和设计，简单地说，就是如何利用 Filecoin 为下一代互联网（Web 3.0）的发展助力。Filecoin 为新生的 Web 3.0 空间引入了令人兴奋的新技术配置和激励机制。但 Filecoin 仅仅在现实世界中撕开了 Web 3.0 的一条缝，这并不意味着构建安全和高效数据存储技术的工作结束了。研究人员已经开启了 Filecoin 开发的新阶段——将真实数据集成到研究和部署周期中。下面是部分研究方向。

- 更高效的复制证明算法：目前有多种选择，研究还在继续。
- 有效数据相关的验证客户和验证机制：Filecoin Discover/Filecoin Plus/Layer2。
- 智能合约的支持：直接支持 EVM 或者是 WASM。
- 高效的存储市场和检索市场：更好、更高效地提供存储。
- 检索服务激励和数据修复服务激励：预留了区块奖励支持。
- 跨链支持：支持整个区块链生态应用。

这些研究大部分都需要逐步完善。下面就现阶段正在推进的几个方向进行介绍和探讨，包括改进复制证明算法、聚合证明，以及如何更好地防攻击等。读者或研究人员在了解的基础上可以参与相关的研究工作。

16.2 新的 PoRep 尝试

自 PoRep 上线伊始，协议实验室就表达过，复制证明算法并不会一成不变。硬件和算法的不断发展，必然要求 Filecoin 的核心算法也要不断改进以应对新的挑战。

早在测试网期间，协议实验室就提出了一种名为 NSE（Narrow Stacked Expander）的新型复制证明算法。虽然基于种种原因，NSE 最终未能实装上线，且终止了开发进程，但这并不妨碍我们对这个算法进行一些解读，分析协议实验室对于未来复制证明算法的设计思路。

NSE 的 Narrow 表现为，这个算法中所处理的每一个数据单元要比 StackedDRG 小得多。多个数据单元完成各自的复制过程后，再聚合起来构成最终的完整结果。

与 StackedDRG 类似的是，每个数据单元都需要经过多层的处理，但是 NSE 所包含的中间层类型要更多一些。按照已有的代码，包括：

- Mask 层，这一层与具体数据没有关系，只和窗口编号和节点编号有关。
- Expander 层，这组数据层基于 ExpanderGraph 生成依赖的上一层的节点数据。这些数据和一些编号信息的 sha256 结果作为新的节点数据。
- Butterfly 层，这组数据层的计算类似于 Expander Layer，不同的是父节点的选取和哈希计算的方式。根据实现算法，它的节点依赖具有固定间隔的形状，类似蝴蝶翅膀的条纹，因而得名。

在完成多层数据处理之后，将原始数据和最后一层 Butterfly 层的结果进行编码，得到最后的复制结果。图 16-1 展示了 NSE 复制证明算法。

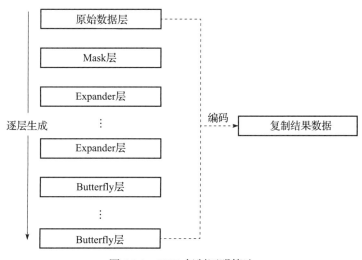

图 16-1　NSE 复制证明算法

由于数据单元变小，NSE 通过大幅增加数据单元数量和扩大整个数据容器的体积来维持整个算法在时间尺度上的安全性。相比目前 StackedDRG 最大 64GiB 的容器体量，NSE 的设计支持多达数 TiB 容量的容器。这也使得 NSE 在应对更大的单体数据时更加方便。

StackedDRG 稳定的表现和极为普及的硬件，使得 NSE 的实装不那么紧迫，也给予协议实验室更多的时间去充分思考和设计新型复制证明算法。

16.3 SnarkPack：零知识证明的聚合算法

Filecoin 采用零知识证明 zk-SNACK 来构建存储证明的核心算法——复制证明和时空证明。在 Filecoin 主网上线时的复制证明中，存储服务提供者必须对每一个单独的扇区进行零知识证明计算，以提供自己对用户数据进行封装和存储的证据。但是，由于对每一个扇区都需要证明，证明消息所消耗的网络资源巨大，大大限制了 Filecoin 系统的处理能力。经过研究和探索，协议实验室提出了 SnarkPack 的证明算法，可以大幅降低网络消耗。目前，SnarkPack 聚合证明算法已经在 Filecoin 的 HyperDrive 版本部署，效果很好。本节将对这一新的证明算法进行介绍。

16.3.1 背景

在去中心化系统中，需要这样一种协议：
- 允许参与者发布一则声明，以及与之配套的简短证明结果。
- 允许任意其他参与者使用公开的信息来验证证明结果的正确性。
- 验证过程与重新完成证明过程相比，使用的资源更少，花费的时间更短。

这套协议的两个核心指标是证明结果的尺寸和验证过程的耗时。一个典型的场景是在区块链中，由参与的节点验证每个区块中包含的证明结果。在这个场景中，对于校验时间是非常敏感的。

具有以上特征的这种证明系统拥有精简的校验过程，通常用于解决一类"面向 NP 见证的、具有多项式时间复杂度的问题"。通过这套证明系统，验证者可以在非常短的时间内完成校验。zk-SNARK 就是能够满足这一系列要求的一种证明系统，并且在真实世界日渐流行起来。基于 zk-SNARK，已经产生了非常多的常量空间复杂度的实际实现，如 GGPR13、PHGR13、BCTV14、Groth16 等。

在实践过程中，这些常量空间复杂度的 zk-SNARK 都有一个共同的缺点——依赖于由受信的初始化生成的公开参数。理论上来说，这个初始化流程由一个受信的第三方完成。但在实际执行过程中，通常由一组受信的参与者共同完成一个名为"初始化仪式"的程序。这一类仪式程序通常耗时耗力，组织难度很高。

在这类 SNARK 实现中，Groth16 凭借最简短的证明结果尺寸成为大量区块链项目中的事实标准，因此也出现了大量基于 Groth16 的实现、代码审计和不同的独立组织发起的初始化仪式。

16.3.2　为什么需要 SnarkPack

SNARK 中受信的初始化参数决定了系统所能容纳的最大计算尺寸，即零知识证明电路中可容纳的约束数量。受到应用中日渐增长的电路尺寸的影响，Groth16 系统开始面临一些扩展性问题。一个相对简单的方案是，把最终证明分成多个子部分，然后各自独立完成证明。但是这会导致一则声明中所需包含的证明数量逐步递增。

在 Filecoin 中，我们就面临着这样一个非常具体的问题。我们知道，在 Filecoin 中，参与者需要完成大量的复制证明来积累算力。从之前的统计来看，日均大约会产生 500 000 条复制证明的 Groth16 结果。这个场景迫切需要一种充分利用现有条件，同时能大幅降低整体的传输和计算消耗的方案，以降低 Gas 消耗，削减验证耗时，从而提高 Filecoin 的算力的积累速度，同时释放出大量网络吞吐能力。

因此，协议实验室提出了 SnarkPack 这样一种系统，希望能够将原本位于链上的工作量进行聚合并移动到链下，从而简化验证过程。同时，这套方案也适用于任何需要向非受信节点发送大量状态变更的场景。SnarkPack 的设计提出了一种能够在 $O(\log n)$ 的时间和空间复杂度下完成验证的 Groth16 聚合方案，并且完全不需要重新发起一次受信的初始化仪式。

同时，这项技术可以扩展到任何基于配对的 zk-SNARK 实现。

16.3.3　SnarkPack 的实现

协议实验室完成了 SnarkPack 的实现并用于 Filecoin 网络。

1. 简述

这套实现基于 BLS12-381 曲线。为了保证效率，SnarkPack 的实现采用 Rust 语言。在这套实现中，每个原始 Groth16 证明都由 350 个公开输入产生。所有的性能测试都在 32 核 64 线程的 AMD 线程撕裂者 CPU 上完成，得到了在 33ms 内完成 8192 条证明聚合的验证的结果。相应地，原始基于批量验证的方案需要 621ms。此外，整个聚合过程也仅需要 8.7s。

由于算法最大限度地使用了并行化的计算流程，因此性能测试结果很大程度上依赖于机器的并行能力。

2. 受信的初始化

由于不需要发起新的受信的初始化仪式，整个初始化变得非常简单，仅仅使用已经完成的初始化参数，就产生了一组 SnarkPack 所需要的 SRS，最多可容纳 2^{19} 个聚合输入。

3. 优化

在 SnarkPack 的实现中，与原 PoRep 采用的 zk-SNARK 方案相比，进行了多方面的优化，主要体现在：

❏ 合并 MIPP 和 TIPP。相比原始方案带来 20%～30% 的校验时间优化。

❏ 域元素压缩。对有限域 Fp12 上的元素进行了压缩，在无须解压即可完成计算的情况下,削减了约 40% 的证明结果尺寸。
- 压缩配对检查。在计算过程中引入随机线性合并来化简检查过程。

4. 证明结果尺寸

通过大量测试验证,得出当聚合的原始证明数量达到约 150 时,单个聚合结果所占用的空间大小开始低于这些原始证明占用的总空间大小。

5. 聚合时间

根据测试验证的结果,当聚合的证明数量为 1024 时,总耗时不超过 1.4s。在计算过程中,证明者需要进行一个对数数量级别的多指数运算以及代价高昂的配对内积计算。实现中通过并行执行及批量计算的方式来进行优化。

6. 校验时间

这套实现对 Filecoin 最有意义的就是对其 Groth16 证明的校验优化。

在 Filecoin 的 v13 版本网络中,使用 SnarkPack 实现可以有效缩减复制证明的聚合,因此我们认为 SnarkPack 达成了它的设计目标,使 Filecoin 网络的整体表现迈上了一个新的台阶。

7. 实际效果和调节手段

到目前为止,这套方案已经运行了较长时间,经受了广泛的检验。从它的空间和时间复杂度曲线(如图 16-2 所示)可以看到,在数据量允许的情况下,聚合得越多,在时间和空间上的节约效果越明显。

但从另一方面来说,如果只是单纯衡量聚合效果,那么相比小体量的参与者,大体量的参与者始终在成本方面更占优势,这无疑会导致网络的失衡。为了消除这种状况,设计者又引入了 Gas 费用作为调节手段,即使用聚合的参与者需要额外燃烧掉一部分费用。已经证明这种手段能够有效地平衡不同体量参与者的成本,同时还可以通过影响聚合与非聚合的消息比例,间接地影响整个网络的拥塞程度。

这也说明在一个动态平衡的体系中,多种调节手段需要共同作用,技术并非唯一的影响因素。

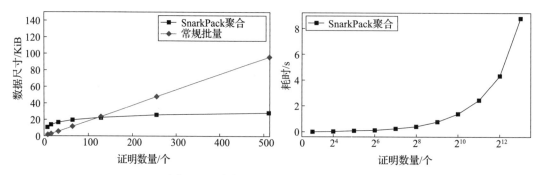

图 16-2 聚合证明对空间和时间的需求

16.4 Winkle：抵御针对 PoS 系统的长程攻击

PoS 共识机制与 PoW 共识机制相比，具有绿色环保的优势，这也是新兴区块链网络基本上都采用 PoS 共识机制的原因。Filecoin 采用了 PoW+PoS 的共识机制，在算力维持的过程中，PoS 机制起主要作用。长程攻击是 PoS 机制的一个弱点，Filecoin 为此提出了自己的解决方案，本节将介绍 Winkle 设计，讲述 Filecoin 在 PoS 机制中抗攻击的探索。

16.4.1 概述

由于采用 PoS 共识机制的系统能够提供更快的出块速度、更容易达成确定性的共识能耗更低，越来越多的区块链项目开始考虑用它来替代原本的工作量证明共识机制。由 PoS 的机制决定，这类区块链的安全性强依赖于所有验证者的签名密钥的长期安全性，以及对使用过往密钥进行长程攻击的潜在威胁的完整审计。

长程攻击，是指攻击者能够基于正确的创世区块，从较早的高度上构造出一条无法有效同真正的主链区分开的分叉链。区块链从业者已经提出了很多抵御长程攻击的方案，例如在软件升级过程中发布链下的检查点，或一份得到认可的归档。但是这类方案通常都引入了一定程度的中心化，使得这些方案比较难以被大部分参与者接受。

验证者对自己的密钥进行周期性的更新并销毁旧密钥，这样的行为有助于降低这种攻击的威胁，但我们始终不能排除存在旧密钥从验证者手上流出，落入攻击者手中的情况，尤其是在验证者处于完全匿名的状态下。当验证者的不诚实行为变得合理起来时，整个系统都会置于巨大的威胁之中。我们注意到，腐化一大批 PoS 的验证参与者（即使这批人不再持有任何权益）会对链安全性造成巨大的挑战，因为他们可能在数量上远大于当前的验证者。

基于这样的观察结果，协议实验室提出了 Winkle——一种通过建立二层网络，让参与者投票确认检查点，以防止长程攻击的新颖机制。投票的过程相当简单：

1）每个参与者在其消息中额外携带一个字段，即前序区块的哈希值。

2）当携带这样的哈希值的区块被提交上链时，它同时承担一张选票的职责，这张选票的权重将由提交者所持有的权益数量决定。

3）当区块得到的选票数量超过一定阈值之后，即可成为"被确认的检查点"。

基于一些安全性假设，我们能够证明"被确认的检查点"可以形成不可逆的链快照。

16.4.2 机制

Winkle 机制的实现比较复杂，主要包括基础协议和实施中的关键部分。

1. 基础协议

❑ 检查点投票：投票有选择前序区块和确定权重两大关键点。

❑ 链校验：对一组可能的候选前序区块以及它们各自所确定的检查点，进行一系列权重计算，完成区块选取。
- 无关校验者的审计：每个参与者获取最近的检查点，然后按照大家达成共识的排序方式将其后的消息顺序依次执行，得到一个新的检查点值。因此，整个检查点的计算过程和由谁来执行是无关的。

2. 委托

基础协议要求大量的投票者账号来完成检查点的确认。而观察结果显示，现存的区块链中都有大量的非活跃账号，几乎从不行使投票权。这导致检查点的确认可能会耗时数月甚至数年。而在这样一个漫长的时间区间中，整个链始终处于相对脆弱的状态。为了解决这种问题，需要引入委托模型。

每个账号创建时都会附带一个"委托"字段，指向另一个账号。这个行为会将这个账号的投票权和权重转移给受委托的账号。当然，这个机制在设计中只允许一层代理。同时，已经转移了投票权的账号还是需要在它们的消息中带上选票。在这样一个机制中，我们还需要考虑权重的重复计算、代理的更换等问题。

参与投票的账号形成一个个账号池，当这些账号池在绝大多数情况下能够正确地代表那些非活跃账号投票时，整个检查点确认的过程将变得更快一些。如果要继续加速这个流程，需要建立一套经济激励机制来鼓励节点更多地参与投票，同时鼓励其他节点将投票权代理给那些更多参与投票的节点。

3. 铸币和权益流血攻击

事实上，还存在另一种形式的长程攻击形式，称为权益流血攻击。在这种攻击方式中，攻击者选择在某一条分叉链上持续创建新区块，从而扩充自己的权益份额，直到能够提交一个不一样的检查点。

为了防止受到这样的攻击，我们需要将铸币事件生效时间推迟到它所在的区块形成一个检查点之后。

4. 密钥更替和账号自愈

账号实际是由签名密钥所控制的。密钥更替操作会缩短密钥的生命周期，避免废弃的密钥签署新的消息。但这种做法无法防范 Winkle 上的一种长程攻击变种：攻击者获取已经被替换的旧密钥，用以创建假的历史消息，从而干扰 Winkle 的安全设计。经过谨慎的观察，我们发现，对于长期活跃的账号来说，总会存在一些无法很好地保护历史密钥的情况。因此，Winkle 引入了一个需要显式上链的密钥变更信息，以确保在变更动作执行后，转为历史密钥的旧密钥立刻失去对账号的控制。

16.4.3 总结

一些 PoS 协议允许比 VBCR 协议数量更多的校验者。一个经常被提出的问题就是，基于 VBCR 使用 Winkle 的实现，相比其他协议，效果如何。事实上，对于其他 PoS 协议来说，仍然会出现一小部分参与者发挥较大作用的情况，因而它们也可以从 Winkle 提出的机制中受益。同时，使用 VBCR + Winkle 的实现在确认耗时和整体延迟上仍然有不小的优势。

Winkle 的设计从 PoS 系统中吸取了很多灵感，但远远不是运行另一个基于 PoS 的安全层。Winkle 依赖于原链上的参与者，且不会给 VBCR 协议带来很大的改动。

Winkle 同样存在一些限制，比如需要参与者关注状态数据库，以及存在于整个机制中各部分的参数的动态适配和调整。此外，Winkle 实际上依赖参与网络的独立个体的数量，而在大多数情况下，Winkle 只能依赖网络中存在的账号数量。由于存在一个个体拥有多个账号的情形，这里面实际上存在一些差异。

Winkle 在设计过程中同样考虑了可扩展性。经过简单的适配，Winkle 同样可以面向 PoW 类型的区块链，以及任何使用工作量证明共识体系的区块链。

在 Filecoin 中，设计者仍然引入了其中的部分概念，如以 ParentState 标记的状态快照、密钥更替和委托等。目前来看，Filecoin 上尚未出现成功的长程攻击案例。

16.5 GossipSub：抗攻击的消息分发协议

区块链依赖底层的点对点网络来进行信息传输。一方面，我们需要消息快速传播，另一方面，也希望消息高效传播，这两者需要取得平衡。另外，由于去中心化的特性，网络节点的控制完全依赖于运行节点的个人和组织，那么对网络实施攻击就变得非常容易。Filecoin 通过探索、测试，提出了采用 GossipSub 的方式传输消息，并实现高效快捷和抗攻击性。

16.5.1 概述

区块链中需要一个数据传输层来传递消息和区块信息。为了有效地完成链同步，区块链需要一个高效、安全的消息分发协议。否则，运行中的区块链将出现状态离散、分叉频发的情况。

此外，公开的区块链网络通常处于缺乏权限控制的状态，这是由网络的去中心化属性所决定的——没有通常也不允许任何单一的个体或组织进行网络消息的审计和控制。任何宣称遵循通信协议的节点都可以加入这样一个公开的、无限制的点对点网络，恶意节点也不例外。

恶意节点通常会尝试篡改经由它所传递的信息，以达到误导与之相连的节点，甚至进一步干扰网络正常运行的目的。

由于区块链高度依赖于节点的诚实和消息的正确性，因此对消息协议的设计是非常重要的。

此前最常见的策略是洪水协议。它能确保消息尽可能快地传遍整个网络，并通过冗余传递的方式抵御部分攻击。然而，这样一个协议对于带宽的需求非常高。以一些比较经典的区块链网络为例，甚至有超过 40% 的流量是冗余的。

而另一种以 Gossip 机制为基础的协议早已被引入点对点的消息分发系统，用来降低节点所传播的消息数量。在这种方案里，节点使用名为惰性拉取的方式，即转发它们所看见的消息的元信息，而非完整消息。然而，由于之前使用这套协议的系统通常都是中心化的、具备权限控制的，因此通常缺乏抗攻击的设计。

为解决上述问题，协议实验室提出了名为 GossipSub 的消息分发协议。这套协议由网格和评分两个核心组件构成，并引入了一些专门设计的缓冲机制。它被设计为能够抵御大量常见的攻击方式，可以适应动态的网络环境，并且提供极高的消息分发效率。

GossipSub 是其所在领域的第一个有效协议，已经用于 Filecoin 和以太坊 2.0 中。

16.5.2　常见的攻击类型

针对 Filecoin 系统的存储安全有几种攻击方式，包括女巫攻击、外包攻击和生成攻击等。同时，Filecoin 系统与其他区块链系统一样，在消息扩散环节面临着一系列不同的攻击形式，这些都是 GossipSub 协议设计需要解决的问题。

这些针对消息扩散环节的主要攻击方式有：
- 女巫攻击。这是点对点网络中最为常见的攻击方式，通过在网络中构造大量廉价的节点来达成其攻击目的。女巫攻击通常也是实施其他类型攻击的基础。
- 日蚀攻击。这种攻击方式既可以针对特定目标，也可以针对整个网络，目的是将目标节点孤立地隔离于网络之外，通常使用消息拒绝或延迟分发等手段。
- 审查攻击。恶意节点连入网络，正常地分发来自目标节点以外的其他节点的消息。与日蚀攻击相反，这种攻击方式中的节点在大部分时间都表现得相当正常。目的是审查目标节点的消息内容，并组织它们传播到网络之中。相比于其他攻击方式，审查攻击通常难以察觉。
- 冷启动攻击。在这种攻击方式中，恶意节点和诚实节点一样在启动时就加入网络。节点会同时连接恶意节点和其他诚实节点以构成它们的网格。由于此时缺乏对节点的评分，恶意节点得以大量进入网络中，而不必担心被立刻发现。这种攻击可以在两种情况下发生：网络启动时恶意节点就立即加入；当网络正在遭受攻击时，有新节点加入。相比前者来说，随着网络规模的扩大，在后一种情形下更容易发生冷启动攻击。
- 闪电攻击和隐蔽闪电攻击。闪电攻击是指恶意节点连入网络后立刻实施攻击。而隐蔽闪电攻击则是指大量恶意节点连入网络后先伪装成正常节点潜伏下来，积累自身的评分，然后在预先设定好的条件下协同发起攻击以达到完全瘫痪网络的目的。这种攻击手段在实施前很难鉴别出来。

16.5.3　组网策略

Filecoin 在其网络层 libp2p 实现的 GossipSub 正是针对上述各种攻击方式而设计的。它包括如何发现节点、一个高效率传播网格的构建，以及在网络传播中的策略等几个方面的设计。

1. 节点发现

GossipSub 的节点发现包含节点交换和独立端点两个功能模块。

- 节点交换：引导节点和常规节点都具备节点发现功能。
    - 引导节点通常由系统管理员维护，必须保持稳定、独立。这类节点不接入任何具体的网格，但会记录与它们交互过的节点的评分。引导节点会拒绝异常的节点，不会广播异常节点的信息。但是它们也会参与消息的分发，负责维护网络的正常运行。
    - 当任意节点被排除在网格之外时，常规节点可以从执行排除动作的节点处获取可替代的节点列表，用于重连、重构网格。
- 独立端点：应用可以列出一组端点，用于在加入网络时连接。对于每个这样的端点，路由必须维持一个双向连接。与独立端点的连接存在于网格之外，任一节点会无差别地向所有独立端点转发所有消息。

2. 构建网格

网格是 GossipSub 协议的最小单元。每个节点会维护一组与之双向直连的对端列表，构成此节点的本地网格。

每个节点的本地网格都是一组最终连接到全局网格的通道。消息经由它们的直连连接发往相邻的本地网格，再逐层向更远的地方传播，如图 16-3 所示。

当节点想要广播或转发消息时，仅需要向它的本地网格进行广播。接收到广播的节点会继续向它们各自的网格广播。在这个过程中，并非每个参与节点都需要维持完整的本地网格。节点可以通过直接请求的方式获取未经消息分发渠道获得的消息。

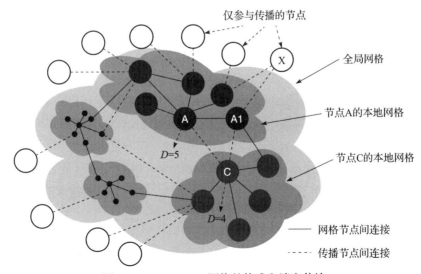

图 16-3　GossipSub 网络的构成和消息传输

在构建网格的过程中，节点之间通过五类控制消息来完成交互。
- GRAFT：通知对端节点，其已经被添加到本地网格中。
- PRUNE：通知对端节点，其已经被移出本地网格。
- PRUNE-Peer Exchange：向被移出的节点发送一组可供替换的节点列表。
- IHAVE：通知对端节点，接下来的消息可以通过请求获取。
- IWANT：向其他节点发起获取某条消息的请求。

3. 传播因子

总体来说，GossipSub 是一种在网格内部进行主动推送和基于 Gossip 进行惰性拉取的混合模式。这种模式确保了对网络状况的自适应。更为重要的是，它同时兼顾了消息分发的效率和流量的可扩展性。

主动推送对带宽的要求更高，但是能够提供更快的消息分发速度。在网格的维度（影响到推送产生的流量）和覆盖全网所需的传播次数之间有一个明显的平衡。

16.5.4 评分体系

评分体系是鉴别恶意节点的一种观察机制。网格中的每个节点都会维护一份与之直连的节点的评分。每个节点之间评分结果相互独立，不会共享。

1. 影响因素

对于节点评分，已经形成了一个相对完整的计算公式，其中主要的影响因素包括：
- 在网格中留存的时间。
- 完成某条消息的首次递送。
- 网格内消息的递送率。
- 网格内消息的递送失败次数。
- 非法消息。
- 应用自定义的评分。
- IP 地址的关联程度。

这样的一组影响因素使得评分难以被恶意节点操纵，从成本和收益对比的角度来说，常规的攻击会是非常不经济的行为。

2. 消息主题价值的衰减

所有影响因素的计数器都会周期性衰减，从而使它们的值不会始终保持递增。这也使得节点不会始终保持比较高的分值——无论是正还是负。衰减的间隔通常由应用来决定。

衰减的间隔和系数共同决定了每一种影响因素的相对占比。

16.5.5 缓冲策略

为了让组网策略和评分体系正常、有效地运作，协议中还引入了网格控制策略、机会嫁接策略、洪水发布策略、自适应传播策略、被移出节点的冷却策略等缓冲策略。
- 网格控制策略。大量涌入的新连接有可能导致优质的节点被移出网格，为此，GossipSub 引入了两个变量来控制节点缩减时的选择策略：1）按照评分表现的节点索引；2）外向连接的质量。

网格控制策略可以抵御女巫攻击、闪电攻击和日蚀攻击。
- 机会嫁接策略。针对网格中的劣质节点导致替换过程漫长的问题，机会嫁接策略通过周期性地将当前节点评分的中位数与某个预设的阈值进行比较，决定是否引入较高评分的节点。这种策略有改善表现低于平均水准的网格的作用，执行周期和引入的节点数量可以由应用决定。这个策略可以抵御冷启动攻击和隐藏闪电攻击中的一些情形。
- 洪水发布策略。这种策略会将新发布的消息发送给所有评分为正的节点，以达到降低消息延迟的目的。但是相应地，这也会增加带宽使用量。在实际情况中，我们仅仅针对由节点本身发布的消息使用这个策略，以期获得良好的延迟表现，并使节点免于日蚀攻击。这个策略在针对特定节点实施日蚀攻击或审查攻击时有很好的反制效果。
- 自适应传播策略。为了抵御网络中不定数量的女巫节点，人们制定了根据连接数量决定传播数量的动态策略。当前，这一数量被设定为全部连接数的 25%。这一策略能够在大量女巫节点存在的情况下，增强对日蚀攻击的抵御能力。
- 被移出节点的冷却策略。这个策略给被移出的节点增加一个冷却时间，来避免持续接到女巫节点的加入请求。这个策略可以拒绝无意义的加入请求，以保护网格免受恶意节点的影响。

16.5.6　总结

经过足够数量的模拟，我们观察到 GossipSub 协议可以有效抵御绝大多数攻击手段。某些复杂的攻击方式依然能影响网络的性能，但无法达到攻击的最终目的。

当然，依然存在某些情况，如针对关联 IP 节点的防范，GossipSub 协议表现得有点乏力。

16.6　本章小结

本章介绍了 Filecoin 持续创新的几个方面，让读者能够进一步了解 Filecoin 的持续优化和发展趋势。这些探索和发展不仅给 Filecoin 的效率和安全性提供了保障，也为整个区块链网络做出了较大贡献。区块链系统就是如此，不同的生态项目的创新，将为整个区块链网络渐进式发展带来帮助，从而引导整个区块链产业快速发展。

第 17 章

Filecoin 实现的发展和生态开发

Filecoin 的实现除了构建基本的区块链系统、Filecoin 共识，以及相关的证明等基础功能之外，每一个实现也需要对 Filecoin 的用户和业务支撑提供支持。Filecoin 作为一个去中心化的存储市场，最重要的功能就是存储和检索，这也是每一个 Filecoin 实现需要考虑的核心功能之一。

本章首先讨论 Filecoin 实现的发展方向，以及如何在架构上适应将来生态的发展。然后讨论在 Filecoin 实现之上构建服务层，服务于 Web 3.0 相关的应用。最后列举一些开发者希望了解的面向 IPFS/Filecoin 开发的平台和服务，帮助开发者进入 Filecoin 生态。

17.1 Filecoin 的实现需要适应生态的发展要求

Filecoin 的上线只是 Filecoin 去中心化存储生态建设的开始，随着 Filecoin 网络存储容量的增长，Filecoin 生态系统在快速发展，生态工具也在不断完善，这就要求 Filecoin 的不同实现需要满足生态要求，与时俱进，不断更新以满足网络的需求并尝试新的机会。特别是检索市场将为 Filecoin 网络引入新功能，包括索引、CDN、公共检索服务等。

17.1.1 Filecoin 节点实现是生态的一部分

生态服务的完整建设是一个比较复杂的体系，这个体系中包含目前的 IPFS、Filecoin 以及相关的支撑技术，同时也需要其他系统的配合，比如浏览器、SDK、信誉系统、支撑服务平台等。

Lotus 设计团队协议实验室对未来生态系统的初步构想如图 17-1 所示，这种架构是一种通用设想，对其他实现也有一定的参考价值。

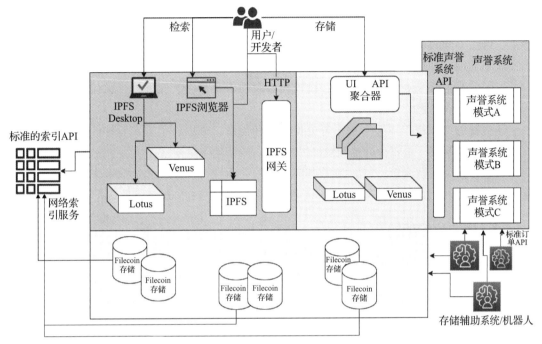

图 17-1 Lotus 设计团队对未来生态系统的初步构想

17.1.2 当前实现过于集中

就目前的 Filecoin 实现而言，软件的实现过于集中。以最成熟的 Lotus 为例，大多数 Filecoin 的区块链处理、虚拟机以及存储和检索处理都在一个代码库中实现，也就是说，整个实现是单体的。Lotus 有两个不同的入口：一个完整节点；一个算力封装和出块程序。然而，除此之外，网络参与者几乎无权选择在存储生命周期中承担哪些责任，例如，存储服务提供者的任务是出块、存储证明、交易等。但是这些是根本不同的职责和功能，而它们确是同一个 lotus-miner 架构耦合在一起的。

从广义上讲，这种整体架构阻止了存储服务提供者在不同的职责之间有效地分配资源。强制合并责任——即在最小化运营风险的同时实现利润最大化与存储服务提供者的核心动机相矛盾，具体来说，单体程序存在许多问题，下面举例说明。

- 脆弱性：当架构内没有隔离时，一个区域的错误可能会泄漏并影响其他关键流程。这使得很难在关键和非关键进程之间进行分割，并使整个实例崩溃。
- 增加的攻击面：Lotus 节点的某些进程需要公开公共端点，这使系统的该部分容易受到攻击。如果架构是单一的，则单个公共端点可能会危及整个系统。
- 功能膨胀：在 Filecoin 的使命中，存储服务提供者不仅存储和提供原始数据，而且还提供有用的服务，例如索引、发现等。使用新的存储侧功能重载单个进程会导致进一步的担忧和操作风险。
- 无法扩展：不同的能力需要不同的特性和不同的升级过程。尝试在单一系统中管理这些不同的功能是很困难的，并且会导致迭代和增长缓慢。
- 缺乏细粒度控制：由于当前实现尚未向存储服务提供者提供主动加入或退出的功能，因此它们必须通过拒绝交易、设置高价以劝阻交易，甚至通过分叉代码库等机制来解决这些问题。
- 更慢的迭代：单体架构意味着更难测试和创新，难以将引入实验性的新功能带来的风险控制在一个较小的范围内。

与任何大型复杂系统一样，为了提供更好的灵活性、强健性和适应未来的需求，系统需要解耦合更加模块化，这就是 Filecoin 未来的发展方向。

17.1.3 模块化的架构

首先需要考虑的就是把不同的功能和职责进行剥离。Filecoin 的存储服务提供者可能分为两个类别：算力维护获取区块奖励；存储和检索市场。这两个部分对服务和客户的要求是完全不同的。比如，进行算力维持以获得区块奖励是直接赚取经济利润的活动，是完全私有的；而市场活动是通过与人协作来获得收益，是完全公开的。它们的模式完全不同。一个自然的想法是市场部分应该完全独立，在 Venus 的设计中以及在 Lotus 的最新设计中都出现了同样的思路。

这种可组合的架构设计还可以体现在很多方面，比如：
- 抽象存储系统以支持不同的存储类型。例如文件系统、对象存储，以及为 Filecoin 定制的专有存储。
- 剥离证明系统以支持计算外包。Filecoin 的有些计算过程比较复杂，普通的存储服务提供者可能更愿意租用第三方服务来完成短期的计算，以节省成本。
- 剥离证明部分以支持单独优化。一个单独算法的优化不用对整个实现进行修改，这是好处之一，另一个更重要的好处是可以培养专业的证明服务提供商。
- 剥离链服务功能以降低存储服务提供者的进入门槛。对于一些小型的存储服务提供者而言，自己运行一个全节点成本较高，如果能够直接利用服务商的链服务，无论是从成本还是从服务保障性上来说都是有需求的。
- 消息处理和保障机制。Filecoin 的所有状态改变都通过消息来触发。消息的发送和处理至关重要，而且不同的消息在 Filecoin 的网络中的重要性和紧急性不同，独立的消息处理程序可以单独演进，提供更好的服务。
- 账户和签名。不仅存储节点需要账户和签名，普通 Filecoin 用户也需要账户和签名，把这个部分解耦独立出来，对于 Filecoin 用户来说，可以有更多的选择。

随着 Filecoin 生态的发展，Filecoin 实现的模块化和可组合性将会越来越重要，这是

Filecoin 的每一个实现都需要考虑的,也是完善实现的方向。目前 Venus 已经对整个系统进行了解耦,将组件分为服务层和独立层两类。

17.2 围绕存储建立生态

在 Filecoin 的实现逐步走向模块化的同时,生态服务层也逐步启动。这是在整个 Filecoin 社区的积极推进下进行的,主要包括通用的存储和检索服务、NFT 存储服务、为 Filecoin 区块链和分布式存储系统建立工具和平台等。本节的目的主要是为开发者提供必要的平台和工具信息。对这些平台和工具,本书不做详细介绍,感兴趣的读者可以自行在网上搜索。

17.2.1 敏捷开发工具

Filecoin 作为分布式存储网络,主要提供存储和检索的基础设施,并未完全实现与应用的无缝衔接。在其发展过程中,需要社区不同的开发者来完善工具模块,开发应用枢纽工具,便于应用快速搭建。

目前流行的主要开发工具包括 Textile、Chainsafe、ASTRAL、Truffle、fission、Fleek、Open-RPC、OrbitDB、GraphSplit 等。这些工具中,Fleek 提供的支持较为全面。Fleek 作为分布式全套工具,主要实现了 Web 2.0 到 Web 3.0 的迁移,为目前的主流链提供解决方案和全套工具。Fleek 目前提供三种基于 Fleek 栈的服务。

❑ Fleek[○] Hosting:在 IPFS 上托管站点和应用程序的工具。
❑ Fleek Storage:一种通过 IPFS 导入、存储、固定和获取文件的服务。
❑ Space Daemon:用于构建点对点加密应用程序的开发人员工具集。

另外,GraphSplit 提供了大文件或者数据集的预处理工具,使得数据集能够更好地适用于 Filecoin 的存储和检索。

17.2.2 Filecoin 存储和检索工具支持

Filecoin 网络作为去中心化存储的基础设施,构建了存储的底层。在此基础上,用户还需要一些服务商来提供更加便捷、友好的服务,这就离不开 Filecoin 之上的存储应用,这些应用为 Filecoin 真正走向实用、真正为客户提供服务提供了方便的接口。

存储和检索服务不是 Filecoin 协议实现直接支持的,但是 Filecoin 的实现为这些服务提供了最基础的保障,包括链访问接口、数据安全和服务保障等。下面简单介绍存储和检索两个方面的常用平台和工具,具体细节可搜索相关平台。

1. 存储工具:Textile 和 Slate

Textile 向开发者提供一个非中心数据库,并提供基于 IPFS 的存储和内容管理功能。另

○ 更多关于 Fleek 的信息请参阅 https://fleek.co/。

外，也常将 Textile 描述为工具的提供者，用于连接和扩展 libp2p、IPFS 和 Filecoin。

目前 Textile 已经提供了 Filecoin"乐高积木"——从存储的交易拍卖、指数和计算器，到交易数据价格监控、Polygon 的衔接桥，再到以太坊二层网络生态的存储桥接。

Textile 的主要目的是为 Web 2.0 的生态提供更多 Filecoin 存储服务，从交易形式到桥接服务，未来还会进一步拓展到 Near 和以太坊原生态等领域。

Slate 是一个基于 Filecoin 的内容存储分享与社交平台，使用了去中心化存储的概念来收集、整理和链接文件。

Slate 是鼓励用户使用分布式网络 Filecoin 进行协作和研究的开源文件存储应用，目的是促进社交和分享。用户可以上传自己收藏的书籍、笔记、电影、摄影作品、音乐专辑等，在存储的同时还可以和好友以及活跃用户进行多种互动。

2. 检索工具：Estuary 和 FileDrive

Estuary 作为一个开源软件，仅需要简单地将公共数据发送至 Filecoin 网络，便可使用户从任何地方进行检索。Estuary 的主要目的是：为用户提供简单使用 Filecoin 进行存储的方式，以及将大量公开许可数据发送至 Filecoin 网络，每个 Estuary 节点通过简单的解决方案满足大规模的数据传输和检索需求。

FileDrive 是一个基于 IPFS 技术及 Filecoin 网络进行生态应用构建的工具集，其开发团队还提供了与检索相关的产品，如 Graphsplit 和 FileDAG。

Graphsplit 作为一个数据预处理工具，将数据组合或切分为大小适合 Filecoin 网络存储的扇区，并生成记录文件，旨在提高存储效率和保证数据的可检索性。

FileDAG 作为一个分布式数据存储平台，支持通过多种方式将数据存储到 IPFS 节点，通过公开 IPFS 网络中使用可检索的 Data CID（数据内容寻址），为 Filecoin 检索市场提供 Pin Service 服务和 IPFS 网络存储。

17.2.3 Filecoin 服务于 NFT

除了存储用户的数据，Filecoin 作为一个区块链项目，在服务原生的 Web 3.0 应用上具有天然的优势。通过引入链沟通机制，扩充了 Filecoin 存储需求的来源和类型。相比于来自链下真实世界的数据，原生于区块链的数据无疑更易于转化。在所有原生的链上数据中，NFT[一]无疑是颇受关注的一类。而 Filecoin 的存储能力同样可以扩展 NFT 类型和适用场景。

NFT 通常用于与特定的资产挂钩，体现数字资产的归属权。NFT 以链上元数据的形式存在。受限于绝大多数区块链所能提供的存储容量，早期的 NFT 通常应用于元数据尺寸较小的场景。以最具代表性、同时也是第一个 NFT 应用场景的加密猫咪（CryptoKitties）为

[一] NFT 是非同质化代币（Non-Fungible Token）的英文缩写，最早由 ERC-721 提出。与它对应的是同质化代币（Fungible Token）。二者的区别在于：是否独一无二；是否可以分割。每一枚 NFT 都是独一无二、不可分割的，这种特性由其对应的合约在区块链上保证。

例，它的元数据仅包含一小段携带猫咪外形特征的数据。

而 Filecoin 的出现，使得数据尺寸不再成为制约 NFT 想象空间的因素，更使依托于极大数据体量的 NFT 成为可能。类似画作原图、数码照片、音频视频等新的 NFT 展现形式层出不穷。

与此同时，Filecoin 提供的稳定存储还能避免 NFT 资产数据的丢失。因此，NFT 和 Filecoin 可以说是一对完美搭档。

为了使 NFT 便捷地存储到 IPFS/Filecoin 网络，Filecoin 与多个公链和应用合作，并提供相关的服务程序，这些程序都是由社区开发的，并在很长一段时间提供免费服务。

NFT.Storage 为 NFT 应用提供存储服务

NFT.Storage 是一个将 NFT 存储到 IPFS/Filecoin 网络的平台和工具。NFT.Storage 使开发人员可以轻松、安全、免费地将 NFT 数据存储在分布式网络上，任何人都可以利用 IPFS 和 Filecoin 的功能来永久存储 NFT。OpenSea、Dapper Labs 等应用就是采用 NFT.Storage 提供的服务接口来将数据存储到 Filecoin 网络。

Filecoin 开发人员协议实验室和云存储服务提供商 Pinata 引入了 NFT.Storage，这是一种分散式协议，允许用户通过内容寻址和分散式存储"备份"其 NFT 和相应的媒体。

NFT.Storage 主要作用体现在两个方面：

- ❑ NFT 的免费存储。开发者在分布式网络上存储 NFT 数据，这一过程变得简单、安全、全程免费。
- ❑ NFT 元数据的安全存储。开发者能够利用内容寻址和去中心化存储保护 NFT 资产及相关元数据，确保所有 NFT 遵循最佳实践方案并能够长期访问。

17.3 本章小结

Filecoin 团队为了构建一个健壮的去中心化存储市场，不断在技术上做出新的尝试，并通过网络的迭代令这些尝试落地，进而促进 Filecoin 协议实现本身与时俱进，同时也推动生态的健康发展。从可见的发展历程来看，Filecoin 及其技术、运营社区比较成功地凝聚了一大批参与者，形成了良好的演进和反馈循环，促进了技术和生态的共同发展。随着技术的不断进步，我们相信，在 Filecoin 的生态建设中，会有越来越多的开发者和服务者参与进来，越来越多的服务平台和应用会进入我们的视野。让我们投入其中，共同推进 Web 3.0 的发展。

推荐阅读

区块链启示录:中本聪文集

书号:978-7-111-60924-7　作者:Phil Champagne　定价:79.00元

走进比特币之父中本聪的文字世界,洞悉区块链技术的核心

中国人民银行科技司前司长陈静、国家技术监督局标准化司副司长姚世全、中国信息大学校长余晓芒、易观国际共同创始人杨彬、磁云科技创始人李大学、阳光保险总裁助理苏文力、Trias创始人阮安邦、车库咖啡创始人苏菂 联袂力荐

比特币之父中本聪的身份只存在于网络空间,就像他所创建的货币一样也是虚拟的。中本聪可能是一个人,也可能是一群人。

本书整理了中本聪所发表的比特币白皮书、在几个网络论坛的对话精选以及部分相关的私人往来邮件,翔实地记录了比特币和区块链的孕育、创立和发展过程,以及围绕着理念、逻辑、原理、实施、安全、设计和普及所进行的深入讨论。

推荐阅读

精通区块链编程：加密货币原理、方法和应用开发（原书第2版）

书号：978-7-111-62605-3　作者：Andreas M.Antonopoulos　定价：119.00元

数字货币领域世界著名布道师Andreas M.Antonopoulos撰写，币圈热门图书，区块链技术入门经典

　　本书从基础技术层面解读开放区块链编程技术在金融领域的应用原理、实践及趋势。本书主要面向程序员，书中详细介绍了加密货币的原理、使用方法，以及如何开发与之相关的软件。对希望理解比特币等加密货币内在工作机制的非程序员读者们，本书前几章还深入介绍了比特币概念及其原理。